江苏省在线开放课程“创业基[illegible]教材

创业管理

主编 蔡啟明 刘益平

U0810364

科学出版社
北京

内 容 简 介

本书共分 8 章，主要涉及创业与创业者、创业机会识别与评价、创业团队组建、商业模式开发、创业计划、创业融资与投资决策、企业创建和新创企业管理等内容。本书主要特色如下：一是以“大众创业，万众创新”的创业环境为背景，强化突出中国式创业特征，有效融合国内外创业实践经验和创业理论研究成果；二是以创业为主线，以创业实践为导向，系统地阐述创业需要经历的全过程及创业实践面临的问题及其解决路径。

本书既可作为高等院校各类专业本科生的创业课程教材，也可作为社会各个层次进行创业教育、创业管理的培训教材，还可作为创业者的参考书。

图书在版编目（CIP）数据

创业管理／蔡啟明，刘益平主编. —北京：科学出版社，2020.9
ISBN 978-7-03-065337-6

Ⅰ. ①创…　Ⅱ. ①蔡…　②刘…　Ⅲ. ①企业管理-高等学校-教材
Ⅳ. ①F272

中国版本图书馆 CIP 数据核字（2020）第 091533 号

责任编辑：郝　静／责任校对：贾娜娜
责任印制：赵　博／封面设计：蓝正设计

科学出版社出版
北京东黄城根北街 16 号
邮政编码：100717
http://www.sciencep.com
北京华宇信诺印刷有限公司印刷
科学出版社发行　各地新华书店经销
*
2020 年 9 月第　一　版　开本：787×1092　1/16
2025 年 1 月第七次印刷　印张：16
字数：380 000

定价：49.00 元

（如有印装质量问题，我社负责调换）

主要作者简介

蔡啟明，男，工学博士，1964 年 6 月生，现任南京航空航天大学经济与管理学院管理科学与工程系教授，工业和信息化部智库——南京航空航天大学航空产业发展战略研究中心负责人，南京佑佐管理咨询有限公司总经理、首席咨询师，南京淼春生物科技有限公司总经理，南京航大意航科技股份有限公司董事，南京三超新材料股份有限公司独立董事，南京茂莱光学科技股份有限公司独立董事，中国人类工效学学会常务理事、管理工效学专业委员会副主任委员。

蔡啟明博士是理论与实践相结合的践行者，在商业模式、战略管理、流程优化、人力资源管理、工业工程、信息化和知识管理等领域均有建树。亲自运作多家企业，并为 100 多家企业进行了管理咨询策划，有着丰富的企业管理实践经验。在学术杂志上发表论文 40 余篇，出版著作、教材 10 余部。

前　言

“大众创业，万众创新”是推动我国成为创新大国的有效途径，创业也成为大学生就业的一条路径，大学生成为大众创业的生力军。但对于大多数大学生来说，有创业的勇气，但缺少对创业过程的了解和对创业所面临困难的认识。实施创业教育是增强大学生创业意识、提升创业能力、提高创业成功率的有效途径。

本书力争系统全面地介绍创业的基本理论和方法、创业者应该具备的素质和创业管理的全过程，旨在使读者在选择自主创业之前，清晰地了解创业的基本知识，正确识别创业，明确为什么要创业，如何进行创业，以及创业可能面临的风险、问题和困难。

本书作者蔡啟明教授于 1998 年开始运作企业，创建了多家公司，20 多年企业高管经历使其积累了丰富的企业运作经验。南京航空航天大学于 2008 年在全校本科生中开设“创业导论”课程，之后 “创业基础”课程作为必修课程被纳入该校本科各专业的培养计划，2019 年由蔡啟明教授主讲的“创业基础”课程在首届“江苏省优秀双创导师及省优秀双创课程评选”中被评为“十佳精品课程”，并入选江苏省在线开放课程。“创业基础”课程开设后，南京航空航天大学成立了由 20 多名教师组成的“创业基础”课程的师资队伍，本书即由“创业基础”课程的核心师资成员共同编写完成。

本书的主要特色如下。

（1）本书充分吸收国内外相关教材的优点，使教材无论是结构还是内容更趋于合理；并将作者在创业实践和企业运作中的体会与经验融入书中，使每章的案例更具有可读性和可参考性。

（2）融合国内外理论，以创业管理理论为基础，以创业实践为导向，将理论与实践进行有效的结合。以创业过程为主线，清晰完整地展现创业的全过程，让读者熟知如何识别创业机会、如何组建创业团队、如何创新商业模式、如何有效制订创业计划、如何进行创业融资、如何创建一个新企业以及如何去管理一个新企业。

（3）以中国的创业环境为背景，突出中国式创业特征，对创业过程中可能遇到的各种问题进行阐述，并以案例的形式进行引导分析，让读者更能理解在中国创业的模式和方法，明确创业过程中的核心环节，助推其未来成功地创业。

本书由南京航空航天大学经济与管理学院牵头，蔡啟明教授、刘益平教授、王子龙教授、耿弘教授、苗建军教授、郇金宝副教授、黄春荣副教授等共同编写，蔡啟明教授负责统稿。书稿的第 1 章由黄春荣副教授编写；第 2 章由郇金宝副教授编写；第 3 章、第 7 章由蔡啟明教授编写；第 4 章由蔡啟明教授、苗建军教授和山东管理学院辛宝英副教授共同编写；第 5 章由耿弘教授编写；第 6 章由刘益平教授编写；第 8 章由王子龙教授编写。在本书的编写过程中，南京航空航天大学经济与管理学院研究生金帅、臧乐平、张旭、刘爽腾、詹梦诗、潘攀、施书生、赵建、赵磊洲、敖雪、梁浩、陈凡、蔡雨菲等做了大量的资料收集和整理工作，在此表示深深的感谢！

限于作者水平，书中不妥之处在所难免，诚请广大读者批评指教，本书的作者愿和各位一起为创业管理在中国的发展做出贡献！

目　　录

第 1 章

创业与创业者

学习目标

了解"创业"和"创业者"的含义，理解影响创业绩效的创业者性格特征，明晰创业型企业在不同阶段面临的挑战，熟知创业的全过程，认识创业研究所关注的不同课题。

引例

史蒂夫·乔布斯（Steve Jobs）是举世闻名的创业者。他建立了苹果公司（Apples），带领团队开发出一系列被奉为经典的产品。可以这么说，乔布斯就是苹果的象征。苹果产品完全体现了他追求完美的那份狂热。然而，与他所创下的诸多丰功伟绩相伴的，是有关他脾气极差的传闻：乔布斯的脾气火爆，大声呵斥业绩不佳的员工是他的家常便饭。更有传言，他曾经在电梯里开除员工，甚至轻易开除了一组表现不能达到他的理想目标的团队。乔布斯不认为规矩与社会规范适用于自己。对他的工作伙伴来说，乔布斯是一个十足的创新天才，却不是理想的工作伙伴（Walter. I，2014）。

同样地，比尔·盖茨（Bill Gates）也是世界闻名的创业者。他白手起家，建立了全球最大的电脑软件公司——微软（Microsoft），一跃成为最年轻的全球首富。在许多人眼里，比尔·盖茨似乎完美无缺。可是据传，盖茨的火爆脾气不逊于乔布斯。这样的一个人，能否成为一个理想的合作伙伴？

前几年，ofo 小黄车的发展可谓十分迅猛，创始人戴威发现共享概念背后隐藏的商机，从北大校园出发，经历多轮融资，终于在几年内让"小黄车"这个名字传遍中国的大江南北，引起"共享单车"概念的热潮。然而，面对共享单车行业"百花齐放"带来的竞争压力，戴威拒绝了各大巨头提出的收购，认为"ofo 能够自己活下去"，如今，ofo 现金流极度紧张，曾经风光无限，被认为前途一片光明的企业面临破产危机。戴威的独断专行，究竟会给这个新兴的企业带来怎样的结局呢？

马云，阿里巴巴集团的创始人，是一位极富传奇色彩的创业家。这样一位成功的企业家，却在一次检查中开掉了一个"要卖梳子给秃子"的员工。作为一个经验丰富的创业者，马云无法理解和接受"要卖梳子给秃子"这一市场营销中的经典案例。那么，创业者对创业的认知、经验是否存在较大的差异呢？

最近，有学者研究近几年兴起的微商创业者。他们发现，成功的微商大多具有细心、耐心、同情心等女性特征（Ng et al.，2016）。在微商的商业模式中，微商们通过聊天、互动和客户建立亲善的关系。作为微商，需要细心、耐心和同情心，让客户感觉就像在与你面对面交流。因此，“女性化”的人格特质是微商们创业成功的关键。

在我们的社会中，许多人都有很鲜明的性格特征，而且他们创业成功了。那么，对于社会来说，他们的成功到底意味着什么？一群人把另外一群人神化了之后的崇拜偶像？究竟什么样的人才适合创业？拥有什么样的性格特征的人才能创业成功？只有脾气火暴的人才能成功吗？坚忍不拔是创业成功的必备要素吗？具有高尚道德观的人才能成功吗？这些成功的创业者在创业过程中又经历了什么？我们将在本章探讨这一课题。

创业行为，自古有之。我国古代称创业为经商。中国的创业研究可追溯到春秋时期。当时，楚国的范蠡就已经著有《商经》一书，后人也因此称范蠡为陶朱公、商圣、财神。中国的历史上不乏著名商人。例如，战国时期的吕不韦、东汉末年的鲁肃，乃至清代著名的“红顶商人”胡雪岩、王炽，他们都算得上是历史上著名的创业者。然而，封建社会时期的中国重农抑商，商人的社会地位较低。直至改革开放后，中国管理学界才开始重视创业这一社会现象。国外针对创业管理的系统化、科学化研究始于 19 世纪 60 年代后期，代表性的人物有被誉为“创业教育之父”的杰弗里·蒂蒙斯（Jeffry A. Timmons）等学者。

何谓创业（entrepreneurship）？何谓创业者（entrepreneur）？ 我们会在本章重点讨论这两个概念。首先，我们会讨论学术界对创业与创业者这两个概念的定义，以及创业者所扮演的社会角色。接着，我们会重点讨论一些影响创业行为及创业成功率的创业者性格特征。然后，我们会讨论创业过程所涵盖的四个阶段，并基于此，为接下来的各个章节做一个简单的介绍。最后，我们会为对创业研究有兴趣的读者简单地介绍创业研究的几个大分支，以及创业研究的初学者应留意的事项。

1.1 创业与创业者的基本概念

1.1.1 创业与创业者的定义

目前学术界对创业与创业者的定义可归纳为三大类：类行为定义、类程序定义和形而上学定义。

1. 类行为定义

支持类行为定义的学者比较注重创业者本身的特征及行为。从这个视角看待创业行为的学者通常会把“创业”定义为新企业的创建。也有另外一部分学者把“创业”定义为具有创新性和独特性的新企业的创建。“创业者”则是指那些自主创建新企业并积极地对新企业进行管理的人。换句话说，创业指的是一个人开始自己当老板、做生意。

有一部分学者将“创业者”这一个概念进行扩展，将那些怀有创业意愿、已将其创业意愿表达于众的个体也归纳为创业者。从这个视角来看，那些整天嚷嚷着要创业，可是在眼下尚无实际创业行动的人也可能被归纳为创业者。例如，那些正准备参加创业计划比赛的同学就有可能会被持有这种观点的学者归纳为创业者。

也有一部分学者认为仅怀有创业意愿并不足以使一个人拥有被视为创业者的待遇。这部分学者认为世事变幻难测，很多时候计划赶不上变化。许多曾经许下重诺要创业的人到后来可能因为遇到了某些问题而放弃他们的创业梦。例如，他们有可能会：

（1）在不久后找到了他们更喜欢的工作。

（2）得不到家人的支持和理解。

（3）在资金的筹集上遭遇困难。

（4）在制订创业计划时发现他们的创业前景渺茫。

（5）后悔当时不该一时兴起、当着大家的面许下重诺。

（6）在不久后发现商机不等人，等到他们想实施创业计划时，他们之前所看准的商机已经被其他创业者抢占。

2. 类程序定义

针对创业的类行为定义，一些学者对其完整性质疑。这类学者认为创业往往包括商机识别等重要过程，但是类行为定义太注重创业者本人，而忽略了创业这一行为所需涉及的过程。

举个商机识别的例子。什么样的商机值得去追寻？潜在创业者通常会在寻获商机后才开始投入资金、开创事业。可是，每个人所识别的商机的质量并非都是相同的。例如，某潜在创业者经过一定时间的调研，发现消费者对某种服务或商品的潜在需求量很大，市场中却没有供应商为其提供相应的商品或服务。这就是一个商机。此类商机往往具有高风险，但也往往具有高回报。这就如同当年刚开始生产与售卖个人电脑和智能手机的史蒂夫·乔布斯。他在这些产品基本上不存在的时代就认定消费者将会需要它们，投入大量的资源和资金来开发与售卖这些产品，最终取得了成功，开启了智能手机的新时代。这类商机就具有较高的质量。

但是，也有些潜在创业者喜欢盲目跟风，看到其他人生意好，就依葫芦画瓢，自己也跟着做。相较前者，此类商机的质量往往偏低。可是，这类潜在创业者偏好这类有人做过、肯定可行的商机。例如，在南京，随处可见贩卖鸭血粉丝汤的店面。在人流量大的地方甚至可以看到数间同类店铺集聚的场景。这类创业者往往会加剧彼此所面临的竞争，使彼此的利润锐减。此类商机所能带来的利润与事业的存活率往往很低。

因此，如果采用类行为定义这个过于注重创业者自身属性的视角来看待创业这一社会现象，那么就有可能会忽略商机识别过程、商机质量、决策过程、决策质量等重要因素对创业的影响。

考虑到创业过程的重要性，学者们提出了创业的类程序定义。从这个视角看待创业这一课题的学者将“创业”定义为个体用以识别、审核、把握商机，并从中取得收获的过程。在这个视角下，创业者就是识别、审核、把握商机的人。他们的着重点不仅在于创建企业和企业经营，还包括创业过程中的信息甄选、分析、决策与预测等重要环节。

3. 形而上学定义

一些学者认为，创业有以下几个特点。

（1）包含商机识别。

（2）创业者愿意为了把握商机去冒险。

（3）商机具有新意。

创业者与非创业者的重要区别在于创业者可以为了把握商机、实现理想，无惧不确定因素，坚持到底、勇往直前、明知不可为而为之。然而，诸如此类的情况不仅存在于个体的自主创业，也存在于其他企业中。

例如，跨国企业的经理也可能在他的日常工作中寻获崭新的商机。为了把握这个商机，他可能需要派人去一个自己还未开发过的全新地域建立子公司，或是派人开创另一项该企业从来没做过的全新业务。这类经理往往较其他经理更能有效率地识别与把握新商机，也更主动、有创造力、有冒险精神。考虑到项目失败后该经理所要付出的代价，一些学者认为这类经理也应该被称为创业者。因此，从形而上学定义的角度来看，一些学者将“创业”定义为任何具有新意、风险的举动，而“创业者”则是自主进行这类活动的个体。因此，创业型企业（entrepreneurial enterprise）与内创业（intrapreneurship）等名词纷纷涌现。

虽然这类定义在学术研究中有不少支持者，但是也有学者对这项定义持怀疑的态度。他们认为，首先，如果我们把全部通过冒险活动来把握新商机的举动都当作一种创业的形式，那诸多学术领域的边界就会变得很模糊。例如，一家跨国企业想要在自己还未涉足过的国度开发该国市场目前没有的业务，那它应该是属于战略性跨国拓展，还是创业？一家企业想要开发一项目前该公司所处地域没有的新业务，那它这个举动应该是属于普通的业务拓展，还是创业？一名员工想出了一项创新构思并在组织内积极推动、实行，那他是属于内创业者正在进行创业型活动，还是普通员工正在履行他的日常职务？因此，如果把诸如此类的举动都冠以创业的名义，那么这将对日后的规范学术研究造成极大的破坏。其次，科学研究讲究精简。即若一个概念可以解释一个现象，那我们就不应该开创多个概念来解释这一个现象。如上所言，目前既然已有诸多概念可解释那些冒险与创新行径的活动，那我们就无须以创业的名义再开创出多余的新概念词。因此，不少研究创业学的学者不提倡把创业研究的着重点放在那些不属于个体创建的企业。

以上对创业的定义各有道理但都存在一些争议，本书推荐哈佛大学商学院史蒂文森教授给创业下的定义，史蒂文森教授认为：“创业是不拘泥于当前资源条件的限制对机会的追寻，将不同的资源组合以利用和开发机会并创造价值的过程。” 当然，上述定义也容易使创业概念泛化，即容易把一般的经营活动都纳入创业的范畴。创业本身也是经营活动，创业活动普遍存在于各种组织和个人活动中，创业活动侧重经营活动的前段，在机会导向的程度、创新的强度、创造价值及对社会的贡献等多方面表现得更突出。

4. 创业与创业者定义误区

当提到创业与创业者，人们通常会想到哪些人、哪些企业？当说到创业者时，人们会想到史蒂夫·乔布斯、比尔·盖茨、马云、陶华碧等。当说到创业型企业时，人们通常会想到苹果、微软、阿里巴巴、老干妈等。虽然这些例子都是正确的创业和创业者的例子，但是它们都属于极端例子，而非“正常”的例子。

目前，学术界有两套鉴别创业者和非创业者的标准。

一套是上述的标准——“创业者”指的是那些能识别、审核、把握商机，并开创自己事业的人，也即那些自己出来当老板的人。如果按照这个定义来归纳，那么只要是自己出来做生意的人，他就是老板、创业者。例如，街头售卖鸭血粉丝汤的老板、路口卖糖炒栗子的老板、新建立的创新企业的总裁、新建立的律师行的董事长等都能算是创业者。

近年来也有学者研究表明：微商也是大学生创业的一种途径，可分为厂家直销微商、代理微商、代购微商三种模式（Ng，Huang and Liu，2016）。微商通过微信平台进行商品的售卖。那么，通过微商模式进行创业的人们也应属于创业者的范畴。

另一套标准的条件则比较严谨——只有那些涉及新产品、新生产程序、新服务的企业的创建才能算“创业”，也只有这些企业的老板才能被称为“创业者”。然而值得注意的是，一提到这套标准，有些读者可能只会想起如苹果和微软这类极端例子，并以为创业型公司都应该像它们一样。其实不然。

以我们前面提到的鸭血粉丝汤为例，假设有一个人，他煮鸭血粉丝汤的程序比其他人好（别人需要用两个小时，而他只需要用半个小时），或是做法和别人不一样（别人都放盐，他却放辣椒），或是呈现的方法不一样（别人都用碗盛，但他用水晶玻璃杯盛），那他的生意也算是拥有创新元素，他也可以算是创业者。出来做生意的人，多多少少都会有些新意。因此，只要用心去做，每个人都有成为“创业者”的可能。

1.1.2　创业者的三种社会角色

国外学者相信，每样事物都有它存在的理由，都扮演着自己的角色。“社会角色”指的是某个人、事、物对社会所起到的作用。例如，组织所扮演的社会角色就是有效地组织资源（包括人力、物力、财力等），把资源导向完成对人们生活有意义的事情上。虽然有些人会质疑这个观点，认为有些人、事、物对社会是不起任何作用的。可是如果往深一点的层面去思考，我们会发现其实很多人、事、物不是对社会不起任何作用，只是我们平时没有给予它们足够的关注。

那么，创业者在我们的社会中究竟扮演着一个什么样的社会角色？从创业行为的角度来看，创业者所扮演的角色主要被分为三种类型。

1. 将当代科技结晶化并普及

首先，一个时代的技术结晶往往是以产品与服务的形式出现的。每个时代都有当代人最关注的问题，每个时代的人都会将大部分的时间与精力投入能解决或改善这些问题的事物上。例如，中国古代最大的问题就是连年战乱，战火连天。因此，在夏代，先贤们研发了青铜武器，把华夏文明带入了青铜器时代。在春秋、战国时期，青铜武器的研发达到了史无前例的先进。到了汉代，古人更是把科技往前推进一大步，开发了钢铁制武器，把历史从青铜器时期带入了铁器时期。

在点击网络新闻平台的评论栏时，我们时常会看到有很多读者不明白为什么考古学家会对古时人们所制作、所使用的产品感兴趣。原因在于小至锅碗瓢盆，大至地标性建筑物，一个时代的产品反映的是当时人们生活中的点点滴滴，代表了当时社会的缩影。很多时候，当细心地去观察、研究这些产品时，我们不仅可以了解当时人们的生活方式，也可以了解那个时代的科技水平。例如，古时帝王最在乎的事情之一就是自己的身后事。沿着“事死如事生”的原则，帝王都会想尽方法让自己活着时的生活在“阴间”延续。陕西省号称全国埋葬皇帝最多的地方，如果我们去陕西省的诸多皇陵参观，就会发现皇陵及博物馆所展示的文物不仅反映了帝王们的痴心妄想，也反映了当时的尖端科技。例如，在秦始皇兵马俑里找到的按比例“缩小”的青铜马车，汉景帝的阳陵里找到的按比例“缩小”的陶俑身上的小官印，这让我们感慨，当时的工匠究竟是如何用那些原始工具和技术来制作这些物品的。

创业，就是经商；经商，就是提供产品与服务。在历史的长河中，创业者所扮演的角色或许不是科技的研发者或是产品的制作者，可是他们在产品和服务的传播上却有着非常重要的作用。如果没有他们，很多产品将无法流传到其他地域。例如，英国人的生活起居中，最为人知晓的就是他们对英式下午茶的热爱，然而英国本土并不是生产茶叶的国家。很早以前，英国茶叶商将茶叶从外地“进口”至英国，成功地说服当时的贵族，使之喜欢上这种产品。创业者为当时的社会创造了他们不曾有过的需求，改变了一个民族的文化。如果没有当时的创业者，英国可能不会存有我们现在看到的下午茶文化。

如今科技发达，创业者能够轻易地从外地引入新产品来满足消费者的需求，我们已经习惯了接受外来的产品，忘记了科技对这些产品的普及所做过的贡献。例如，在中国，消费者对兰州拉面、沙县小吃、阳澄湖大闸蟹、小笼包等小吃和老干妈、镇江醋等调味料都不会感到陌生。在国外，如新加坡、美国、英国等地，只要是有华人居住的地方，我们也不难找到这些食品。这些食品在全国乃至全球的盛行反映了三个关键的因素：①创业者识别了人们对这些产品的渴望所带来的商机；②工业科技和交通运输科技的发达使创业者能够以合理的价格量产，并将这些货物以合理的价格供应至全球有需要的地方；③创业者积极地投入资源，成功地将当代科技转换成能够支持全球食品供应的形式，将产品带到每位有需求的消费者手上。如果没有创业者，人们或许不会想到利用工业科技来量产食品，更不会想到将交通运输科技应用于食品的供应。另外，如果没有相关的交通运输和工业科技，这种全球供应食品的现象也是不可能实现的。

在旧社会，量产食品和运输食品是两项艰巨的任务。因此，粮食的供应及时与否变成了许多知名战役胜败的关键。例如东汉末年的官渡之战。从现代管理学者的视角来看，袁绍在官渡之战中失败其实反映了粮食供应链不完善的问题。如果那个时候的粮食可以量产，交通运输科技也如现在发达，那么就算曹操把袁绍存放在乌巢的粮草都烧了，也不会造成太大的影响。以袁绍当时控制了华北大面积土地的实力来看，过不了几天就应该可以把足够的粮草给“快递”“空投”至官渡战场了。

因此，创业者所扮演的第一个角色就是为科技的结晶化过程提供一个良好的渠道。他们在识别商机之后，利用当代的尖端科技做出人们所需要的产品，然后再利用科技将产品普及天下。

2. 为当代社会解决问题

很多时候，一个人之所以会创业，往往是因为他的生活中有某种需求未能被满足。随着社会的进步，人们的需求更多也更复杂，这些需求都需要被满足，否则人们就会感到生活上的不便。例如，我们在购买房子时，往往会考虑这栋房子的周边环境。如果一栋房子的附近缺乏一些“基础配套设施”，如小学、中学、饭馆、超市、理发店等，这栋房子对购买者的吸引力就会大打折扣。在这种情况下，有些人会选择不购买该地区的房子。可是，对于创业者来说，他们却往往能够在这种“不利”的情况下识别商机，当人们生活中有需求无法被满足时，就是他们把握商机的机会。

举一个城市郊区开发的例子。无论在什么国家，土地都是有限资源。一个地区所能承载的人口、建筑、产业、贸易等经济元素都是有限的。因此在中国，许多地方政府会在市区发展到接近饱和程度的时候开始往周边的郊区发展。当地方政府刚开始开发这些地段时，眼光比较短浅的人可能会因为那些地方不是市中心、没有顾客、生活不便利等而不愿意在那些开发区投资。可是对创业者而言，他们看到的是当市中心无法吸纳日益渐增的需求而往城市周边转移的时候，他们将会迎来一大群生活需求需要被满足的消费者。他们会借用人们不愿对开发区投资的心态所造成的低物价在该地区进行投资，经营一些日后当人们入住开发区时所需要的服务和产品的生意。例如，他们有可能到该地区开设饭馆、宾馆、药房等。如果在国外，创业者甚至可能到该地区开办学校。等到日后人们开始入住开发区时，这群有“先见之明”的创业者将会获得很大的竞争优势。首先，人们入住开发区，拉高了区域对房产的需求，开发区的房价会水涨船高。在这个时候才进入市场的竞争者需要支付更高的价钱才可以买到相同水平的店面。有时，等到竞争者进入市场，黄金地段的店铺可能已经握在了这些创业者的手中。其次，由于创业者已经在该区域营业，等到竞争者进入市场时，他们可能已经是周边居民心目中的“老品牌”“老字号”，拥有着忠于自己的老顾客群。竞争者需要付出极高的代价才能从创业者手中争夺市场份额。

对于这些创业者而言，他们的创业不仅仅是谋利、赚钱，他们在进行创业的同时帮助一个区域的居民解决生活上的不便。从这个角度来看，创业者扮演着发现市场不足，并提供解决方法的社会角色。如果少了这些创业者，人们的生活将会面临许多不便。例如在澳大利亚的一些小镇，由于人口分布不密集，当地居民在生活中会遇到许多问题。居民如果要买一些生活日用品，他们必须开 15～30 分钟的车到镇中心去购买。居民如果生病了，他们必须开几个小时的车才能够抵达大城市的医院接受治疗。如果有创业者愿意到那些地区提供一些基础服务，如开设一家小型诊所，他们将会给该地区居民提供许多便利。

3. 推动社会改革、稳定社会

从历史的角度来看，创业者同时扮演着推动社会改革和稳定社会这两种几乎对立的社会角色。举一个城市化的例子，现代社会的一大特征就是城市化，而造成这些现象的重要原因之一就是国家经济体系的工业化、组织化。什么叫工业化、组织化？就是有人开工厂、开公司，大量招聘员工。人们带着创造更美好生活的梦想，背井离乡，进入大城市到这些工厂、公司打工。这种人口迁徙的举动往往会造成巨大的社会影响。首先，大城市的郊区和周边的小城市的人口数量会由于当地人往大城市迁徙而变得越来越少，这种现象在我国的一些山区尤为明显。在那些地方，山区里的年轻人都跑去大城市打拼，只留下老人独居家中。有些地方甚至出现了“有家没人住，有路没人走”的局面。这种人口流失的现象不仅会对那些地区造成极大的破坏，也会使当地人在生活需求上出现改变。例如，针对年轻人的设施，如娱乐场所等将会慢慢地失去竞争力，而针对老年人的医疗保健产业将会变得越来越有市场。其次，大城市的人口将会因为外地人涌入当地而暴增。例如，我国的首都北京市就拥有超过 2000 万的人口。与世界上一些国家相比，北京一个“市”的人口就已经比其中一个“国”的人口多！当人们都挤往一个地方时，人们需要被商家满足的需求的数量和种类就会增多，从而拉动当地经济。由于各类人才都聚集到了一个地方，他们都能以自己所擅长的技能为该城市的发展做贡献，使其蓬勃发展。因此，创业者在社会上也扮演着推动社会改革的重要角色。

然而，大量人群涌入城市，有时也会使当地社会出现治安问题。人们赶往大城市时往往怀着对未来的美好愿景，可是有些时候事与愿违，不是每个人都能够找到自己心仪的工作，有些人甚至连谋生都困难。这时候，有些人会选择回到故里，有些人会选择前往别的城市，有些人则会选择留下来另谋出路。虽然说人口的增长可以对经济和社会的发展做出贡献，可是当一个地方没工作的人口变多时，社会就有可能会陷入混乱。这个时候，创业这一项行为就能够为社会的稳定性做贡献。创业，就是开门做生意；做生意，就需要有人做事。创业不仅会让创业者有工作，也会为其他求职者提供工作岗位。创业行为让创业者及其员工在为社会做贡献的同时获得了可以维持生计的收入。当有了工作和收入，人们从事犯罪的可能性就会降低，从而增强了社会的稳定性。例如，在 19 世纪八九十年代的美国，当时的社会面临着超过 500 万人失业的严峻考验。如果他们持续没有工作，就算他们不选择犯罪，也不选择闹事，美国也有可能会陷入更大的经济危机。当一个人失业时，他们通常会减少开支以为未来的零收入生活做准备。例如，他们可能不再购买奢侈品，并大大地减少自己的娱乐开支。如果这一情况持续下去，奢侈品贩卖商和娱乐业经营者，如电影院的老板，就会面临商业危机甚至是倒闭的厄运，到时候那些原本还没失业的人也会失业。换言之，500 万人失业的情况可能会随时翻倍。然而，个体创业制造了新的就业机会，新的岗位空缺吸纳了这些失业人士，给了他们就业的机会和收入，恢复了他们的购买力和消费能力，解决了当时社会的一大不稳定因素。

1.1.3 创业精神

创业精神是指在创业者的主观世界中的，具有开创性的思想、观念、个性、意志、作风和品质等。这个概念最早出现于 18 世纪，其含义一直在不断演化。很多人仅把它等同于创办个人工商企业。但大多数经济学家认为，创业精神的含义要广泛得多。

当今，大多数经济学家都认为，创业精神是在各类社会中刺激经济增长和创造就业机会的一个必要因素。在发展中国家，成功的小企业是创造就业机会、增加收入和减少贫困的主要动力。因此，政府对创业的支持是促进经济发展的一项极为重要的策略。

经济合作与发展组织商务产业咨询委员会（Business and Industry Advisory Committee to the Organization for Economic Co-operation and Development）2003 年指出："培育创业精神的政策是创造就业机会和促进经济增长的关键。"政府官员可以采用优惠措施，鼓励人们不畏风险创建新企业，这类措施包括实施保护产权的法律和鼓励竞争性的市场机制。

社会群体文化也与创业精神相关。创业精神在不同文化中的差异在某种程度上取决于创业所能得到的回报。看重社会地位和专业经验的文化可能不利于创业，而推崇通过个人奋斗取得成功的文化或政策则很可能鼓励创业精神。

创业精神共有五大要素：激情、积极性、适应性、领导力和雄心壮志。拥有了这五大要素，创业者就将在创业路上勇往直前。

1. 激情

这是创业过程中表现出来的强烈情感。维珍集团（Virgin Group）创始人理查德·布兰森（Richard Branson）便是一个典型的富有激情的创业者。布兰森的激情，从他对创建公司的强烈欲望中可窥一斑。布兰森曾打过一个充满激情的比方，"生意就好像公共汽车，总会有下一班车过来"。

2. 积极性

创业者也需拥有积极的创业精神，保持积极、前进的创业态度。亚马逊创始人杰夫·贝佐斯（Jeff Bezos）非常清楚积极思考的能量。"每个挑战都是一次机会"是他的座右铭。事实上，贝佐斯积极创业，将亚马逊发展成为全球最大的书店。贝佐斯带领亚马逊不断壮大，出售从图书到衣服、玩具等各种商品。如今，亚马逊年度营收已超过百亿美元，这很大程度上要得益于贝佐斯的积极思考。

3. 适应性

适应能力是企业家应具备的最重要的特质之一。每个成功的企业家，都乐于改进、提升或按照客户意愿定制服务，以持续满足客户所需。谷歌创办人谢尔盖·布林（Sergey Brin）和拉里·佩奇（Larry Page）更进一步，他们不仅对变化及时反应，还引领发展方向。凭借众多新创意，谷歌不断引领互联网发展，将人们的所见所为提升到一个前所未有的新境界。拥有这种先锋精神，也无怪乎谷歌能跻身最强大的网络公司行列。

4. 领导力

好的领导人一定具有很强的个人魅力和感召力，有道德感，有在组织里树立诚信原则的意愿；他也可能是个热心人，具有团队协作精神。在已近迟暮之年的玫琳凯·艾施（Mary Kay Ash）女士身上我们可以发现所有这些元素。她以具有强大驱动力和富于灵感的领导风格闻名，她创办公司的态度是"你能做到！"。她甚至会用凯迪拉克轿车奖励顶尖的销售员。由于其强大的领导力技巧，艾施被认为近 35 年来最具影响力的 25 位商业领袖之一，而玫琳凯也被评为美国最适合工作的企业之一。

5. 雄心壮志

在创业者必备的素质中，雄心壮志是不可缺少的。20岁时，戴比·菲尔兹（Debbi Fields）几乎一无所有。作为一个年轻的家庭主妇，她毫无商业经验，但拥有雄心壮志的她利用自己绝佳的巧克力甜饼配方开设了属于自己的第一家店（Mrs. Field's）。菲尔兹的果断决定和雄心壮志使得小小的甜饼店变成了一家大公司，600多个销售点遍布美国和其他10个国家。

拥有了创业精神，就有了创业路上前进的精神动力，帮助创业者培养坚定的创业信念、积极的创业心态、顽强的创业意志、鲜明的创业个性，从而在创业的道路上勇攀高峰！

1.2 创业者的性格特征

有学者相信，创业商机源于市场的情报分布不均。创业之所以会带来收益，是因为个体对市场和资源的评估与观点存有差异。人与人之间，因为背景上的差异，他们所能接触到的信息的种类与质量会有所不同。例如，如果一名潜在创业者想开一家金融公司，而他有亲戚在银行做分析师，那么他应该能比那些什么人都不认识的创业者多一点有用的信息。基于自己所能获取的信息，潜在创业者会分析是否能成功创业。当他们认为市场上的资源转换可让其获利时，他们就会创业。

即使两个人所能接触到的信息的质与量相同，他们也不一定会做出相同的决定。首先，基于个人的不同需要，人们通常会选择性地接收特定信息。例如，一个不喝酒、不送酒的人通常不会关注酒的促销活动。其次，个体性格上的差异也会导致他们对同一份信息产生不同的见解，进而影响他们的思维、态度、行为等。举一个发明家和创业者的例子。历史上不乏只懂发明人们所需要的东西，却不懂利用其发明大赚一笔的发明家。由于性格上的差异，当一名创业者和发明家同时发现一种需求时，发明家通常会将心思放在解决需求的产品的发明与改良上，而创业者则会比较关心如何在解决问题的同时实现自己利益的最大化。

性格在应用心理学的研究领域里，一般被细分为一般人格和特殊人格。一般人格通常是由多个特殊人格组合而成的，会影响一个人整体对待生活中各项事务的态度和行为倾向。最为人所知的一般人格的例子是大五人格。大五人格指的是一个人的外向性、情绪稳定性、开放性、随和性和尽责性。从大五人格的五个维度来看，一般人格代表的是一个人整体待人处世的态度与行为倾向，覆盖面积广。特殊人格则通常只会影响一个人对待某种特定事件的态度与行为倾向。例如，冒险倾向、乐观性等。

早前，创业研究学者针对创业者性格对其创业行为和创业成功率的影响等课题展开研究，并对性格与创业行为、性格与创业成功率这两组关系提出了两项疑问。

（1）性格会不会影响创业行为和创业成功率？

（2）如果会影响，是一般人格还是特殊人格的影响比较大？

提出第一项疑问的是一群针对个别研究创业与性格这两个概念的报告做了些文献分析的学者。他们认为创业者这一族群由来自社会各个角落的人们所组成，难以被归纳到一块。例如，美国的比尔·盖茨和沃仑·巴菲特（Warren Buffett）等都是出身名门，反观中国的马云却是出身贫寒。他们都是创业者，却没有太多的相同之处。因此，有些学者认为创业研究应该忽略创业者性格这一概念。然而，另一群学者对创业研究的文献进行更深入、更全面的分析后，发现创业者的性格特征确实会影响他们的创业行为和创业成功率，并反驳了早前学者们的观点。下面将会重点讨论一些在创业研究文献里比较常见的几个性格概念。

1.2.1 乐观性

乐观是一种向阳的人生态度。乐观的人往往对未来充满希望、充满理想，相信自己的未来会更好。他们往往更有活力，在生活中也更加积极乐观。反观悲观的人，他们往往不相信自己有足够的行为能力来承受和减弱负向价值对自己产生的不良影响，也不相信自己能够使正向价值发挥更大的积极效应。

研究结果发现，创业者通常比其他业界人士乐观。有些人甚至认为创业者是“乐观的疯子”。阿里巴巴的创始人马云在演讲时就时常提醒听众“做人要永远积极乐观”。与常人相比，当面临问题时，创业者会倾向于将其视为商机，而常人却倾向于将其视为危机。创业者通常会以正面的态度来解释信息并想办法从中获取最大的好处。诚然，如果一个人不够乐观，那么他们创业的概率就会很低。要知道有许多创业者之所以会创业，是因为他们认为前景大好。他们认为如果他们创业了，就能够获得成功，实现他们的人生理想。当遇到挫折的时候，他们会认为“明天会更好”，并坚持下去。可是如果一个人不乐观呢？如果一个人整天认为自己“没那么好命”“创业没那么简单”“创业很麻烦的，有很多的事情要考虑”，遇到一点小挫折就选择放弃、“打包回家”，那么他们选择创业的概率就变得很小。

然而，乐观性对一名创业者而言是一把双刃剑。创业者既需要拥有一定的乐观性，但是又不能够对什么事情都抱有太过乐观的心态。有研究数据显示，在多数的产业里，大多数的新企业都会以失败收场。例如，在西方国家，有超过一半的新企业在 5 年内以失败而告终。考虑到一些创业者在创业时，通常会对他们即将经营的生意抱有一定的信心和乐观心态，我们有理由相信这些创业者的失败间接地反映了他们的信心和乐观性或许只是他们的一厢情愿。当一个人对某种事物抱有一种太过乐观的心态，这种几乎盲目的乐观性将会使他们对环境里一些很重要，却对他们的生意有着极其负面影响的因素视而不见。这种乐观性将导致他们在创业的过程中，由于过分地自信，常常做出一些草率的决定。

例如新加坡的电视台在早些年曾经做过一些有关学生发明的节目，新加坡的新闻媒体也曾对一些年轻人的发明做过专题报道。虽然产品的发明团队及其身边的亲友都对产品的市场前景抱有很大的信心，可是当这些产品被交到他们所针对的消费者手上的时候，他们得到的却是残酷的拒绝。其中令笔者印象最深刻的一项发明是开榴梿器。有一群学生在一个关于学生发明的节目中曾发明了一种看起来类似锥子的开榴梿器。他们的发明动机是他们认为卖榴梿的小贩需要一种能够在不扎手的情况下方便地打开榴梿的器具。可是他们把发明的开榴梿器拿给真正的榴梿小贩的时候，却发现卖榴梿的小贩对开榴梿的过程已经熟能生巧、游刃有余。他们都能够轻易地拿起榴梿，并用一把随处都能买到的小刀来开榴梿。他们认为开榴梿器对他们来说没有吸引力，开榴梿器的使用方法极其不方便，价格昂贵，而且会耽误他们的时间。从这个案例来看，很多时候，当一名创业者发明了某些新事物，认为会获得消费者的喜爱并积极地推销给市场时，他对发明的信心和乐观或许只是一厢情愿，也许真正会喜欢一名创业者发明的只有创业者本人及其亲友。

因此，虽然创业者需要拥有一定的乐观性，但是过分的乐观往往也是创业成功的致命毒药。

1.2.2 成就需要

研究显示，创业者通常属于拥有高成就需要的人群。高成就需要的人通常会勇于承担责任，倾向于选择从事具有挑战性的事业。好比游戏玩家，高成就需要的游戏玩家会努力完成所有的游戏挑战任务，以最完美的分数通过难度最高的游戏关卡。相比之下，低成就需要的游戏玩家通常只想顺利通关，不会选择挑战困难的游戏人物，而且有些低成就需要的玩家甚至不会购买任何他们认为“难玩”的游戏。

在社会上，高成就需要的人无法安于领取固定薪水的白领生活。他们需要挑战，需要感受紧张刺激。由于创业属于高风险的行业，创业者在创业的过程中需要付出极大的精力和心血，解决不少的困难才能够获得成功，所以，不少创业者都是高成就需要的人。相比之下，低成就需要的人不会向往创业这种充满了挑战与未知的生活。对他们而言，生活就是平淡的一天又一天。他们只想拿着一份稳定的薪资，过他们安定的日子。

拥有高成就需要的代表性创业者是英国维珍集团的创始人理查德·布兰森。布兰森从1970年开始创业，到现在他的维珍集团在英国已经成为一个国民皆知的品牌。维珍集团旗下拥有超过400家的附属公司，所涉及业务包括婚纱、化妆品、航空、铁路、唱片、手机、电子产品、安全套等。他的成就斐然，连英国的女皇都册封他为爵士。当他的企业开始进入之前从未做过的航空业务时，有不少人对他的行为感到不解。他回复：“我的兴趣就是为我自己制定一些巨大无比、看似无法达成的挑战，然后尝试将它们一一征服。”他是英国富豪中最具有传奇色彩的创业者，他一辈子都在追求刺激和挑战，也正是这种超高的成就需要让他一次又一次地突破极限，打造了自己的商业帝国。

1.2.3 自主权需要

拥有高自主权需要的个体不喜欢被人约束。他们喜欢按照自己的兴趣、顺着自己的节奏完成自己想完成的任务。他们通常喜欢用自己的方法办事，不喜欢墨守成规。因此，在一些人的眼里，尤其是管理者的眼里，高自主权需要者是一些很叛逆、不听话、难以管制的员工。由于高自主权需要者的特征是不被人约束，因此通过创业自己当老板对他们来说是一项不错的选择。

在拥有高自主权需要的创业者中，代表性人物有创新工场的董事长李开复。他曾在苹果、微软、谷歌等公司担任要务，可是这些都无法满足他的需求。后来，他开创了自己的公司，他相信“叛逆让他不断成功”。

1.2.4　自我效能感

自我效能感指的是个体对自己能力的定位。换句话说，也就是一个人对自己的普遍认知，“行”还是“不行”。自我效能感高的人倾向于认为自己有能力办成他们想办的事，也会比常人更自主地寻求挑战机会、更积极地去寻找解决问题的方法。反观自我效能感低的人，他们会怀疑自己的能力，认为自己无法办好自己想办的事情。在校园里，自我效能感高的学生在考试前会显得自信满满，然后气定神闲地走进考场。等到考试结束后，他们有很大的把握会考得很好，让周边的同学羡慕不已。自我效能感低的学生通常会在考试前继续拼命复习，直至进考场的前一分钟，他们都会很紧张地抱着书本做最后的“冲刺”。等到考试结束后，他们通常显得垂头丧气、心事重重。

创业者通常拥有比常人更高的自我效能感。当面对其他创业成功的案例时，高自我效能感的人会认为“别人可以，我也一定可以！”；而低自我效能感的人通常只会羡慕别人的成就。创业其实是一项艰巨的考验，一名成功的创业者必须在最短的时间内学会打理好自己的生意，这往往需要创业者学会如何找到货源、如何进货、如何保证产品质量、如何做好财务管理、如何拓展生意网络等行为。如果一个人没有高的自我效能感，就会认定自己肯定不能够完成这一项项艰难的考验，那么他会创业的概率将是微乎其微。

自我效能感强的创业者的最佳代表是打造星巴克帝国的霍华德 • 舒尔茨（Howard Schultz）。许多人都以为星巴克是舒尔茨创建的，其实不然。星巴克的原名是“星巴克咖啡、茶和香料”（Starbucks Coffee，Tea and Spice），由杰里 • 鲍德温（Jerry Baldwin）、泽夫 • 西格尔（Zev Siegel）和戈登 • 鲍克（Gordon Bowker）在 1971 年创办。1987 年，作为员工的霍华德 • 舒尔茨才从其雇主的手中收购了该公司，并将名字改为星巴克。而后，舒尔茨成功地将星巴克打造成一个全球的咖啡连锁品牌，建立起他的咖啡帝国。须知，星巴克的三位原创始人不会无故地把生意卖给员工。老板通常是在生意非常不好的时候才有可能把生意低价转让给员工。不然一名打工的员工如何弄来这么多钱收购老板的生意？可见舒尔茨当时的自我效能感有多强，对自己的能力有多自信，坚信自己只要能收购公司就一定能做得比老板好。

1.2.5　内在决控

内在决控（internal locus of control）与外在决控（external locus of control）是两个对立的概念。简单地说，拥有内在决控的个体就相当于那些相信“我命由我不由天”的人，而拥有外在决控的个体则是那些凡是遇到挫折都会归咎于“天意”的人。

创业者通常是拥有内在决控的个体。他们相信他们有能力把握未来，能改变他们想改变的事，能达到他们想达到的目标。因此，这类人一旦起了创业的念头，他们更有可能创建自己的事业，并且尽自己的最大努力完成自己的理想。反观拥有外在决控的人，他们认为自己没有多大能力改变自己的环境和周遭的人、事、物。面对是否创业这个选择，他们会因为创业涉及太多的未知数和不可控的因素而选择不去创业。

苹果公司的创始人史蒂夫·乔布斯就是一名拥有内在决控的创业者。在他发明第一代苹果电脑之前，电脑的体积通常都很大，有些甚至需要一个大房间才能够放下一台电脑，而且功能有限。当他想发明一台小型电脑的时候（也就是现在的台式电脑），他身边的朋友都认为他的产品基本不存在市场。可是他坚信他的梦想，并将第一代苹果电脑推向市场，获得了成功。一直到后来的 iPhone，我们都可以看到乔布斯在一次又一次地改变环境，制造原本不存在的需求。他的行为完全体现了一名拥有内在决控的创业者的素质：遇水搭桥，没有不可能，只有他想不想。

1.2.6 冒险倾向和压力承受

创业其实是一场冒险。创业者在创业的时候必须有做出牺牲的心理准备。当大学生准备创业时，他们可能会因此放弃其他的就业机会和理想。例如，他们可能需要放弃自己读研、读博的梦想，或是放弃稳定薪资的稳定生活的理想。当一名已经工作的社会人士准备创业的时候，他们可能需要放弃他们原本拥有的稳定薪资和工作，他们也必须为经营自己的事业对他们的生活和时间做新的安排与调整。

然而，社会是残酷的。虽然一个人在创业的过程中会做出许多牺牲，可是这些牺牲却不一定能够为他们换来生意上的成功。当我们出门逛街时，时常会看到一些我们常去光顾的饭馆忽然之间不营业了。从顾客的角度来看，顾客或许只会感慨以后吃不到自己爱吃的食物了。几天之后，顾客很快就能找到新的“最爱美食”。可是对这些经营此类饭馆的创业者而言，却是他们的心血付诸东流，他们的梦想破灭，他们必须承受自己失败的痛苦。

在上海的城隍庙景区附近有许多大型商场，有一个商场里面的店家主要是卖玉和翡翠的。笔者前几年到当地时，发现商场里几乎没什么顾客。翡翠价格昂贵，顾客本来就不多。这些创业者会想到经营翡翠生意，或许是看准了附近城隍庙的旅客多，能够给他们带来人流量。然而，这些人流大多数是旅客，而旅客通常只会跟团到附近景点游览，吃个饭就离开，并不会到商场里购买价格昂贵的翡翠。更何况，有些翡翠专卖店已经把自己的品牌做大、做实，变成了全国连锁店，以致中国很多地方都有售卖翡翠的商家。由于商场在景区附近，店面租金比平常的店铺贵许多，这将会抬高这些创业者所售卖的翡翠的价格，而更高的售价会使创业者的商品失去对顾客的吸引力。如果他们所售卖的翡翠和顾客所居住的城市附近的翡翠商所卖的款式相同，不过由于地段和城市的区别而有价格上的差异，那么这些旅客将会更倾向于在旅行结束后回去购买“价廉物美”的产品。

类似这样的情况在中国的其他大城市里也能看见。如果一个人想买智能手机，他只会去一家店里购买一台手机。可是令人不解的是，许多大型商场的开发商喜欢“挤”在一个地区建商场。例如南京的市中心新街口，德基广场、中央商场、金鹰商城等大型商场都开在同一个地段。如果算上金轮新天地、时尚莱迪购物广场和附近珠江路的各购物商场，市中心的商场、商城的数量将达到双位数。如果仔细观察里面所售卖的商品种类和品牌，将发现里面的商品和品牌都大同小异。试问：一个人如果需要一样东西，他需要去那么多地方购买吗？从消费者的角度来看，这些商店都聚集在一起对他们来说肯定是件好事。他们可以逛一天的街，将产品一一对比，然后决定要买哪一家的商品。因此我们时常可以看到许多商场都是看过、路过的人多，可是驻足的人少；试穿、试戴的人多，可是买的人少。对创业者而言，这绝对不是好事。因为一名消费者的购买能力有限，到最后只会从一家手中买货。有些消费者会在试了一天的衣服、鞋子后，到淘宝网购买价格更便宜的同款商品。因此，有些时候，一名创业者可能经营一整天，不但什么都没卖出去，还要赔进一天的店面租金、员工薪资、材料费、水电费等。一名创业者在创业前，通常会做一些市场调查。他或许会认为某种商品有市场，某些生意“好赚”，认为别人做得好，自己肯定可以做得更好。可是过了一段时间后，他发现原来现实不如自己之前想象的一般美好，发现自己虽然付出了不少心力、资金，却换不来自己想要的成功。因此，创业是一种高风险的行为。你只能预见开始，却无法知道结局。

在经营生意时，创业者有许多顾虑。生意好的时候，他们需要担心以后生意会不会不好。饭馆就是一个典型的例子。一样东西无论有多么好吃，如果吃多了就会产生厌倦心理。我们时常可以看见某饭馆在开始营业的时候生意很红火，可是过了一段时间顾客流量大大减少，再过一段时间就几乎没顾客了。有时候是因为服务水平不好，也有时候是因为食物做得不够美味。可是就算做得很好吃的店铺也有可能会面临生意越来越差的厄运，如黄焖鸡米饭、鸭血粉丝汤等专卖店。当一个人第一次吃的时候或许会觉得美味，可是等他连续一个星期甚至一个月都到店里吃饭，由于食品的种类有限，他天天吃同一道菜，很快就会吃腻。虽然有些饭馆所提供的食品种类比较多元化，可是它们也会面临相同的窘境。这类小饭馆的最大问题就是虽然食品种类多，可是食品种类更新较慢。一个人的饮食习惯不会在短时间内起太大的变动，菜单上的菜肴长时间没有进行过更改，顾客不会想要时常去吃。这方面，许多饭馆做得没有肯德基、麦当劳、汉堡王、必胜客这些连锁快餐店好。这些连锁快餐店知道顾客很快会吃腻它们的食品，因此它们时常更换菜单，在过年过节时甚至会推出一系列的节日特别套餐。因此，一名成功的创业者，在生意好的时候需要考虑怎样才能使生意长久地做下去，生意不好的时候，创业者的顾虑更多，在每天必须赔进本钱之余，通常还会纠结自己到底应不应该结束生意。有些读者或许会认为如果做得不好就结束生意，换份工作是一件很简单的事情。其实不然。在生意不好时，创业者将会面临一次又一次的煎熬。第一，他们会舍不得自己已经付出的心血和成本。第二，当他们看着周边的人都做得不错时，他们会期待他们的生意“迟早”会转好。第三，他们会担心身边的人看他们笑话。第四，如果不创业他们不知道还能做些什么。创业者在创业的时候需要从零做起，在创业早期生意往往比较冷清。有许多创业者在这个阶段由于承受不了未来生意可能持续不好的压力而把原本前景大好的生意拱手让人。如之前谈到的星巴克案例，在舒尔茨将星巴克收购了之后，他竟然能够成功地打造出属于自己的咖啡帝国。舒尔茨的雇主们应该会后悔竟然把一个这么好的商机拱手让给了自己的员工。

由此可见，一名成功的创业者必须既要拥有冒险的精神，也要拥有强大的心理素质，承受常人所不能承受的压力。

1.2.7 创业者性格特征研究对创业者的意义

综上所述，一名创业者的性格特征会影响他的创业选择和创业绩效。有兴趣创业的读者应该在决定是否进行创业之前，认真地思考自己是否适合创业。国外的知名大学常会设立一个服务中心来为学生未来的就业选择提供辅导，其中一项重要业务就是给学生做性格测试，看他们的性格适合做什么，并给他们未来的事业规划提出建议。如果学生的性格特征不适合他们所向往的工作，辅导员就会建议学生转换方向。

很多时候，有些人选择某种职业是因为他们只看到了这项职业光鲜亮丽的一面，有些人想创业也是因为他们只看到了创业者光鲜亮丽的一面。例如台湾已故富商王永庆，人们只看到他创业成功，是富翁，可是没几个人看见老人家在寻常老人早已经退休多年的高龄还每周工作超过 100 个小时。有些人或许会幻想像他这样的有钱人一定餐餐都吃得很好，可是没几个人能想到他因为工作太忙，每天中午在公司边吃盒饭边开午餐会。据传他的一条毛巾可以用 27 年。按一个普通公司员工的正常工作时间来计算，一个星期如果工作 5 天，朝九晚五，一个星期也不过 40 个小时的时间在工作。如果说让他们也每个星期工作 100 个小时，吃盒饭，晚上睡觉都要担心自己公司的前景，他们是否能够撑得住？不仅没过上奢靡的暴发户生活，甚至连自己原本拥有的自由都得搭上。

因此，读者有创业的意愿，应该先仔细思考自己的性格特征是否适合创业。如果不适合，可以考虑从事其他职业。例如不想过冒险生活，只想过平淡稳定生活的人，可以考虑找一份企业白领的工作。如果你不具备创业者所必需的性格特征，但是依然很想创业，那就要做好心理准备，在接下来的日子里积极努力地改变自己，让自己更适合所向往的生活。

1.3 创业过程

为什么一个人会选择创业？到目前为止，没有一套理论能全部概括创业者的人生经历。每个人的创业理由都会因自己背景上的差异而有所不同。有些人是因为失业了，找不到工作；有些人是因为不想被别人管着；有些人是因为家人都去创业了，耳濡目染；有些人是因为看到别人创业了，并获得成功，所以也想效仿；有些人是看到别人创业，觉得自己比别人强，认为自己肯定会做得更好；有些人认为自己寻获了某种商机，飞黄腾达在即；有些人是因为听了身边亲戚朋友的意见……创业的缘由众多。

无论是什么理由，创业都是一个过程。虽然说每个人的创业旅程都不会一模一样，可是，如果一个人想成功创业，在创业期间少走冤枉路，有些过程，是必不可少的。

我们可将创业过程大致分为四个阶段：①孵化期；②创业早期；③创业中期；④创业晚期，如图 1-1 所示。

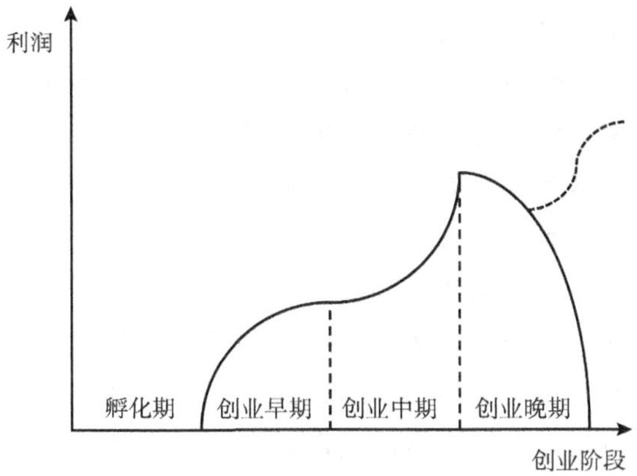

图 1-1 创业过程的四个阶段

1.3.1 孵化期

孵化期一般始于一个人有了创业念头的那一刻。有很多人会停留在这个阶段，也有很多人会在这个阶段逗留一段很长的时间。每个创业者都会经历这个阶段，只是他们逗留在这个阶段的时间长短会不一样，他们的心路历程也不尽相同。

例如，有时候，一个人虽然想创业，可是他放不下手头的高薪工作，他可能需要更多的时间来给家人做沟通工作，他可能需要更多的时间来进行创业计划与战略策划，他可能需要很长的一段时间来收集资料、做好创业的准备，他也有可能会徘徊在创业与不创业之间，举棋不定。一方面，他可能会想着创业后自己能够获得的收益。例如，自己当老板的光荣、更高的收入、更自由的工作时间、更适合自己的发展空间等。另一方面，他可能会惧怕创业失败可能带来的经济损失、朋友的同情、竞争对手的嘲笑、家人所必须承受的心理压力与经济压力等。权衡之下，很多人可能停留在这一步。但是，也有人会在若干时间后，选择踏出最艰难的这一步——创业。千里之行始于足下，这个阶段是创业者与非创业者的分界线。

对于一名创业者，他在这个阶段不仅是想想自己要不要创业，如果想取得成功，那他必须完成以下工作：①识别创业机会；②组建创业团队；③设计创业模式；④制订创业计划；⑤筹集创业资金。

首先，他必须能识别创业机会。这个机会可能会为创业者在未来的时间里带来巨大的财富，也可能只能让他有足够的能力养家糊口。而且，这个被识别的创业机会是个体主观的感知。也就是说，当一个人认为他寻获了商机时，他可能是真的获得了一个好机会，但也可能只是他的一厢情愿。例如，我们可以看见有些人自信满满地发明了某样东西，他的家人和好友都对该产品赞不绝口，可是真心支持和喜欢他的产品的人也就只有他的家人与好友。理智的潜在创业者通常不会只向他的亲戚朋友征求创业意见反馈。那么，我们该怎么识别创业商机呢？我们将会在第 2 章更详细地讨论有关创业机会的识别。

其次，当一个人认为自己已经发现某种商机后，他可能需要建立自己的团队，不同的商机需要不同的团队。例如，如果一个人只是想要开一个烤鱿鱼摊，那可能他一个人就能胜任。如果一个人想要开一家淘宝服装店，那他可能还需要一名网络模特。如果一个人想开办一家公司，那么他所需要的人数和人才类别会比前者多很多。一家公司，想要做什么样的业务、处理什么样的事情，就需要什么专业的人。一个组织，想把它扩张到多大、想要有多少的营业额，就需要多少人力、物力。所以，创业团队的建立也是创业孵化期的一项重要任务。我们会在第 3 章更深入地讨论这项课题。

如果一个人想要创业，他必须考虑的另外一件事就是他想选择的商业模式，也就是创业者想通过什么途径或方式来赚钱。如提供快餐服务获取利润，则可以通过快餐门店或外卖来实现，那么门店的选址、如何招徕门店顾客、提供何种菜品、让客户通过网络还是电话来预订外卖等就成为创业者必须思考的问题。本书的第 4 章将对此进行讨论。

在确定了商业模式后，创业者需要规划好他的创业大计。《孙子兵法》说得好："夫未战而庙算胜者，得算多也；未战而庙算不胜者，得算少也。多算胜，少算不胜，而况于无算乎！"虽然说计划赶不上变化，可是如果什么计划都没有就一头热地乱闯乱撞，那结局势必是遇事手忙脚乱。要知道，一旦开始创业，每分每秒都是钱。与领薪水的员工不同的是，员工就算是发呆一整天，他们还是会领到同样的薪水；可是如果创业者发呆一整天，他所必须付出的代价就不仅是一天的零收入，还要赔进一天的店租、员工薪水、材料费等。只要开业，创业者就没多少多余的时间来思考他的生意的未来发展规划。如果没有周密的计划，创业者就容易做出错误的决定。如果是"卖错"了商品种类，创业者就要有承受亏损的心理准备。有些事情，一旦做出了错误的决定，其后果不堪设想。例如，店面的租赁合约、银行的贷款计划、人事聘用的条款。如果创业者因没规划好而签错条款，他可能连翻身的机会都没有。因此，有不少投资者建议没有经验的创业者一定要在寻求资助的阶段就为其想创建的企业构建好长期愿景，并围绕该愿景处理好创业计划、战略、短期目标等事宜。我们会在第 5 章深入地讨论创业计划的相关事宜。

最后，当一个创业者及其团队很清楚地知道自己想做什么和该怎么做后，最重要的问题来了：钱呢？创业虽然能带来收入，可是如果没有开业前的投资，那就不会有开业后的收入。资金是创业的根本，就好像人体里的血液。没有资金，什么都做不了。货物、店面、办公室、员工、水电、耗材、运输等全部都需要钱，天底下没有白吃的午餐。只要一家企业一天还有钱，就算是零平均收入，它还是可以继续运行下去，等待时来运转的一天。

可是创业者应该去哪里筹集资金？自己的存款？亲戚朋友的友情赞助或借助？银行贷款？找政府资助？找风险资本家投资？如果是向银行借贷，那什么样的条款是能接受的？如果无法偿还债务，创业者能承受什么样的赔偿条款？如果是找风险资本家投资自己的生意，那么创业者所能接受的契约底线是什么？当然，如果生意失败了，会变得血本无归的是风险资本家。可是，如果创业成功了呢？很多时候，风险资本家会在资助创业者时顺便附加几项未来收购条款。在一家创业型企业的经营初具规模时，甚至是当其获得巨大成果时，有些风险资本家会按照之前资助创业者时所设条款，以接近不公平的条件收购创业者辛辛苦苦所取得的成果。就算没有这类收购条款，很多时候，风险资本家也会要求创业者割让部分股份拥有权，有时甚至会要求创业者割让接近一半的股份拥有权。如果说创业失败，那也就算了。可是，如果成功了，那未来的日子里，创业者就必须以“日益加倍”的代价来“报答”自己的这位“伯乐”。创业者必须懂得如何善用自己的资源与资金和别人的资源与资金，以势借势才能事半功倍。我们会在第 6 章详谈有关创业融资的内容。

1.3.2　创业早期

创业早期始于创业者正式开始营业的那天，也就是俗话所说的“开张”那天。有些学者把注册公司的那天视为创业早期的开始。这类学者认为，创业者一旦注册一家公司，法人的概念就产生了，就有如一个独立人的诞生，所以不少企业把它们的纪念日定在这一天。然而，有很多时候，一家公司的注册日和它的正式营业日相距很远。有些国家为了鼓励外资投资于其国人的创业行为，把相关法律与程序“捋得很顺”。在东南亚的一些国家，一个人如果想要注册一家合法公司，他只需要上网花一点时间来填张表格和花一些钱来付一笔注册费就行了。虽然说这类法律有利于吸引投资和个体自主创业，可是它也导致了很多人的冲动行为。例如，有些人可能会一时兴起，注册了一家公司，然后就没有然后了。所以，把开业当天定义为创业早期之始应该是更为准确的。

对于想继续把自己的生意长久地经营下去的创业者，他们必须在这个阶段做好以下两件事情：创建企业和管理新创企业。

创建企业，首先要选择企业的法律形式。企业的法律形式是多样的，创业者可以选择个人独资企业、合伙企业、私人有限公司或其他类别。不同的创业模式有它的优缺点和相伴其的法律程序与问题。我们将会在第 7 章详解企业的法律形式。

创业早期是一家创业型企业在其成长过程中最不稳定的一段时间。创业者在这个时候所需要面对的是一个节奏快、充满未知数、资源短缺问题与突发状况的环境。然而，这个阶段同时是创业型企业在其成长过程中最为灵活、最富有创意潜能的阶段。

首先，因为企业正处于初出茅庐的阶段，消费者对其品牌会感到相对的陌生，有些消费者甚至不知道它的存在，这会导致企业的收入达不到预期的水平，且波动幅度大。通常一个创业型企业在其前 3 年的营业期会面临低收入，甚至是负收入的困境。创业者必须在孵化期就为困难阶段做好准备，备好足够的资金。

这个时候，创业者将会面临艰巨的心理考验。一方面，创业者会担心眼下的贫乏业绩到底会持续多久。他可能会考虑很多。例如，他该不该注入更多的资金？明天会不会更好？下星期生意会不会好转？如果他今天放弃了，会不会错过一个很好的机会？他会不会后悔？另一方面，创业者可能会开始想念自己之前的打工生活。尤其是那些放弃了高薪工作来创业，或者是那些在找工作方面没有困难的创业者。一边是自己每天冷清的生意，不但没有自己预期的高收入，有时自己还要赔钱；一边是每天就算没做什么事都有钱会进入自己口袋的稳定生活。衡量之下，只有那些意志坚定、在之前就做好了心理准备与思想准备的创业者才会有继续坚持下去的勇气与决心。

其次，与上班族不同的是，创业者无论做任何事，都几乎无章程可循。采购商品或用品时，应该找谁采购？什么样的条款是合理的？市场价是什么？货物检查时该注意什么？

什么事情该做，什么事情不该做？什么事情该先做，什么事情不急？出了事，应该先注意什么，做好什么准备，该找什么机构解决问题？该通过什么方式解决问题？什么才是理想的解决方案？什么是实际可行的解决方案？如果需要人手，该怎么招人？该去哪里招？应该招什么样的人？自己应该给对方什么条件？诸如此类的事情，如果一个人正在一家企业里面工作，他大可依循组织的章程规定，可以去请教上级和同事。如果把事办砸了，他还可以打太极、推卸责任。可惜的是，创业者没有这么“好命”。他们必须制定属于自己的组织章程、战略、决策规则等细节。他们还必须依赖手头上极为有限的信息来做出重要的决策。同时，他们必须承受决策失误所可能带来的巨大经济损失与精神压力。

最后，这个阶段可能是一家创业型企业面对的最不稳定的阶段，但是祸兮福所倚，危机往往也是商机。正是因为组织因素与环境因素的不稳定，创业者需要以极灵活的态度与手段来应付突发状况。所以，这个阶段的创业型企业是极富创造力的，而其业绩的增长也是最快的。创业者及其团队在这个阶段往往会身兼数职，财务总监可能还需要兼顾卫生与清洁工作，客户总监可能还需要兼顾后勤事宜。创业者必须天天在不稳定与资源匮乏的环境下做抉择，比一般员工还要努力，而且要学会处理不同的业务。企业规模小，人也不多，大家都互相认识，都知道什么事该找谁。如果找不到，可以自己先把事情给办了再向总裁打声招呼。事情办砸了，最多也只需要请同事吃个饭、道个歉就行。如果谁想做什么新的创举，打声招呼就可以把全部“领导”聚齐。所以，以组织的内部环境因素而论，处于这个阶段的创业型企业可能会达到它们以后再也达不到的创新高峰。诸如此类的情形在“正常”企业里面是很少见的。

可是，世事都有两面。有些创业者可能会喜欢这个阶段所能体验到的自由与自主权而乐在其中。有些创业者则可能会因为自己需要身兼数职，变得比之前上班打工还忙，而心生退意。有时，创业者忙得很开心，可是他们也有可能会因为花费太多的时间在他们的工作上，无法获得家人的理解，而心生倦怠。因此，有许多创业者会在这个阶段选择放弃。

刚被创立的企业是无章可循的。章程、架构、体系等一个组织所需要有的基本“配备”基本上不存在。创业者需要按照自己组织的需要，临时搭建起一个企业框架。例如，营销策略、奖励机制、人事选拔制度等政策是任何一家企业都必须具备的。创业者必须在最短的时间内针对这些事宜，至少拿出一个临时方案。这个企业的临时方案不仅会直接影响到它的短期发展，更会对它的长远发展产生影响。学术界将此效应称为“创始者”效应，即创始者的性格、价值观、思维方式等特征，会影响企业的早期发展，进而影响该组织的长远发展。我们会在第 8 章讨论怎么才能有效地管理好一个新创立的企业。

1.3.3 创业中期

学术上，学者们对属于这个阶段的创业型企业的定义有着重大的分歧——它到底是该被归纳为创业型企业，还是普通企业？该组织的创始人该被归纳为经理，还是创业者？如果说它是创业型企业，运作又跟其他非创业型企业太像。可是如果说它和普通企业的区别在于它是某创业者在若干年前开创的，那有哪家企业不是在以前被某人创立的？如果说我们要以创立后几年为指标，只要一过了那道坎，那一家创业型企业就应被当作普通企业，那这个指标的科学依据又是什么？因此，创业研究的学者通常会把他们的研究重点放在创业孵化期和创业早期。然而，为了让读者能对创业这一概念有一个更全面的认识，本书还是会讨论创业中期与创业晚期的一些特征。

现实生活里，我们很难划分创业早期和创业中期。可是，两者具有显著的不同特征。这个阶段的创业型企业基本上和普通企业没多大区别。随着一家企业的业务增长，它所聘用的员工人数也会相应地增加，它所需要接触的人、事、物也会增加。为了更有效地管理一家企业的业务，创业型企业的职能划分将会被专业化、专门化。另外，公司的业绩也会在之前的快速增长中放缓。除非寻获创新元素、新商机，否则，创业者和他所创建的企业必然会面临利润下降的那一天，一直到创业晚期，甚至到企业结束的那天。

创业者的创业动机通常是把握某种商机。可是，一个商机所能带来的利润不可能持续到永远。例如，如果一名创业者的创业动机是因为某小区缺乏某种商品或服务，那当别人接触到了该服务，认为创业者从中获利不小后，他们也有可能会跟风。之前某位创业者把“泡泡茶”这一个饮料概念从中国台湾引进新加坡这件事就是一个好例子。当这名创业者刚开始在新加坡售卖泡泡茶时，每杯饮料的价格都被定得很高，人们对这种新产品很好奇，他的生意极好。在创业者的成功被新闻报道出来后，其他竞争者就在极短的时间内将类似的店面开遍新加坡。每个人都认为这个生意赚钱，每个人都想分一杯羹。后来，因为市场上的相互竞争太激烈，泡泡茶的价格被迫下调，致使利润锐减，这类泡泡茶店逐一倒闭。诸如此类的例子不胜枚举。时移世易，有些企业在这个阶段甚至会因为外在环境因素的改变而面临亏损，唯有寻获创新元素方可力挽狂澜。

有许多创业者及其团队成员会在这个阶段离开他们当初一起创建的企业。有很多创业者之所以会创业，是因为他们喜欢这个过程，他们不想过朝九晚五的生活，他们不喜欢被人管也不喜欢管人，他们喜欢创业带给他们的自由与自主。可是当企业发展到这个阶段时，企业的工作环境会变得很像他们之前所不想去加入的“典型企业”的工作环境。讽刺的是，有些创业者在不想被规章制度束缚的心态的驱使下跑去创业，可是到最后，他们自己却建立了一个自己当年想逃避的环境。所以，有些创业团队的成员会选择在这个时候离职，也有些创业者会选择在这个时候把自己辛辛苦苦经营所得的成果卖掉。

对于那些选择继续经营下去的创业者，他们必须经历一个转换过程。与处于创业早期的创业型企业相比，处于这个阶段的创业型企业更像一般的企业。这时候的企业需要的是系统化的科学管理，一般创业者所擅长的灵活性管理风格并不完全适用于这个阶段，这是个游击队转正规军的阶段。创业者必须把自己的处事心态与行为从之前的险中求胜变成稳中求胜。有些创业者知道自己没办法完全转换自己的处事思维与方法，这类创业者通常会在这个阶段聘请一位善于管理的人士来担任总裁，代他们处理公司的行政事务。有些创业者会从此退居幕后，而有些创业者则会选择“垂帘听政”。如果一名创业者选择的不是退居幕后，而是“垂帘听政”，一个常见的问题就是企业的高层里有可能会出现指挥混乱的局面。有很多创业者虽然聘请了一名总裁，可是仍无法放弃自己多年来已经使用习惯了的“指挥权”。因为创业者与总裁之间有着性格上的差异，创业者与总裁往往会因为意见分歧而陷入僵局，进而对组织的运行产生负面影响。

对于那些曾经在创业孵化期或创业早期接受过风险资本家投资的创业型企业，它们在这个阶段所面临的一个很大危机就是企业有可能会被风险资本家以早前所签订的条款低价收购。有些风险资本家也有可能在这个阶段抛售他们所拥有的股份而致使该企业面临经营权被转让的危机，或是出现员工士气低迷等不利事件。有些创业者也有可能会在这个阶段收购他们之前用来向风险资本家借资的股份。要知道，股份代表着盈利分红。一家企业做得越成功，会被分走的盈利就会越多，而创业者所需付出的收购股份的代价也会越大。因此，创业者如果在创业计划阶段需要和风险资本家打交道，他一定要慎重考虑将来可能会面对的后果。一方面，如果没获得对方的投资，创业者可能永远没办法成功；另一方面，如果接受了对方的投资，风险资本家就有可能会在创业者成功后变成一大负担。

1.3.4 创业晚期

世事变幻万千，能够到达这一个阶段的创业型企业实在是凤毛麟角。业绩增长放缓的情况有可能在这个阶段加剧，致使寻找新商机变成晚期创业型企业的首要任务。除此之外，处于这个阶段的企业通常会面临一个重大问题：继承人问题。创业者会老去，就好像晚年的开国皇帝一样，这个时候的创业者必须想清楚谁会成为自己的“后继之君”和自己的“江山”该何去何从等问题。

基于子承父业的传统思想，有很多创业者会在这个阶段把所有精力都专注于培养他的继承人上，让他的子女早些做好接管企业的准备。至于那些没有继承人或是不想把生意交给下一代的创业者，他们有可能会致力于把企业卖掉来积累足够的养老金。有些创业者会选择结束自己的事业，退休。无论是创业者把“江山”交到继承人手里，还是把企业卖掉、结束，创业到了这一步，已经到了尾声。

1.4 创业管理的主要内容和研究对象

在本章最后的环节，我们将会为对创业研究感兴趣的读者做出简单的创业管理相关内容介绍。创业管理不同于传统管理，它主要研究企业管理层的创业行为，研究企业管理层如何延续注入创业精神和创新活力，增强企业的战略管理柔性和竞争优势。创业管理的核心问题在于机会导向、动态性等。所谓机会导向，即指创业是在不局限于所拥有资源的前提下，识别机会、利用机会、开发机会并产生经济成果的行为，或者将好的创意迅速变成现实。而创业的动态性，一方面创业精神是连续的，创业行为会随着企业的成长而延续，并得以强化；另一方面机会发现和利用是动态过程。

创业管理是一个系统的组合，并非某一因素起作用就能导致企业的成功。决定持续创业成功的系统必然包括创新活力、冒险精神、执行能力以及团队精神等。通过这样的系统来把握机会、环境、资源和团队。创业管理的根本特征在于创新，创新并不一定是发明创造，而更多是对已有技术和要素的重新组合；创业并不是无限制地冒险，而是理性地控制风险；创业管理若没有一套有效的成本控制措施以及强有力的执行方案，只能导致竞争力的缺失；创业管理更强调团队中不同层级员工的创业，而不是单打独斗式的创业。例如，亚马逊的 CEO（chief executive officer，首席执行官）杰夫·贝佐斯就有一套自己的创业管理方案。他深深地知道：很多公司在成长到一个临界点后，都会患上“大公司病”，烦琐的流程、缓慢的决定使得公司失去创业公司的激情。于是，从最开始，贝佐斯就一直在提醒他的团队：在亚马逊，每天都是第一天。虽然目前我们的业绩比较乐观，但我们必须保持警惕，保持紧迫感！贝佐斯构建自己的创业管理系统，随时保持紧迫感和冒险精神，让亚马逊在创建 20 年后仍然像进取心旺盛的初创企业那样行事。因此，成为一家大企业并不意味着你必须放弃初创企业的进取精神，也不意味着你必须放弃在创业早期阶段的紧迫感。亚马逊已经证明，这是可以做到的。

创业研究可分为实践创业研究与创业教育研究。实践创业研究主要针对的是创业者及其创立的企业，而创业教育研究所针对的则是学生。研究创业现象的方法大致可被分为实证研究和仿真研究。实证研究所采用的数据全部都来自现实世界，而仿真研究则主要采用模拟数据，不涉及现实数据。实证研究还可被细分为定量研究和定性研究。定量研究主要是以问卷调查和统计学分析为主，而定性研究则是以访谈与编码、归纳分析为主。在进行实证研究时，研究者需要确认他的研究单位。直白地说，就是研究者必须知道他所研究的是个人还是组织。以上研究方法内容的论述主要是让没有相关知识背景的读者对研究方法有些初步的了解，有兴趣的读者应另外阅读专门讨论研究方法的文献。

创业研究的对象可大致分为以下四大类。

（1）创业者本身。

（2）创业过程。

（3）创业与国家政策、经济之间的关系。

（4）创业教育。

1.4.1　创业者本身

这类研究属于实践创业研究里的实证研究。研究的主要内容包括：什么样的人比较有可能会创业、为什么一个人会创业、什么样的人创业会比较成功、创业团队互动、创业者的领导风格与能力等，这类研究属于组织行为学的范畴，研究单位属于个体层面。根据个别学者想探讨的课题，实证研究里的定量研究和定性研究都适用于这类研究。例如，如果一位研究者想探讨的是为什么个别创业者想创业，定性研究中的深入访谈会是个好选择。如果一位研究者想探讨的是个体性格因素和创业成果指标之间的关系，那定量研究中的问卷调查和数据统计分析将会是一个好选择。

1.4.2　创业过程

这类研究属于实践创业研究里的实证研究。研究内容包括：创业计划对创业型企业存活率的影响、创业程序、创业融资过程与结果、商业模式的设计、新创企业的管理等。不同学术领域的学者对不同的课题感兴趣。例如，战略学者会对创业计划和商业模式的创新设计感兴趣；会计与金融专业的学者则会对创业融资感兴趣；人力资源管理学者会对创业团队的组建与高效运行感兴趣；营销学者会对创业企业的市场拓展感兴趣。这类研究的研究单位通常定在组织层面。

1.4.3 创业与国家政策、经济之间的关系

这类研究属于实践创业研究领域。关注这项课题的学者多数是公共政策学者和经济学家。研究内容包括：国家政策对创业型企业分布的影响、国家政策对创业型企业的影响、国家政策对创业者本身的影响、创业型企业对国家经济的影响等。除了那些针对创业者的研究外，这类研究的研究单位通常被定在组织层面。学者们通常会采用仿真研究法和实证研究里的量化研究法来探讨这类课题。有学者从我国“流动的劳动力体制”的视角，研究新生代农民工的创业历程，发现体制和政策带来了劳动力市场户籍分层，使农民工的创业过程遭遇瓶颈。

1.4.4 创业教育

这类研究和前面所提及的三种创业研究不同。前三者研究的是实践创业，针对的是那些真的去开公司或做生意的人和他们所开的公司或所做的生意。这类创业研究却属于教育研究，创业教育学者所研究的不是创业者，也不是创业型企业，他们研究的是学生。这类研究通常把重点放在如何有效地教导学生有关创业的知识、如何提高学生的创业率、如何提升学生创业的成功率等课题上。这类研究的研究单位通常在个体层面，不过与前者不同的是，这些个体都是学生。根据个别学者想探讨的课题，实证研究里的定量研究和定性研究都适用于这类研究。例如，有学者研究创业教育对大学生群体的影响，发现适当的创业教育能够对大学生未来创业态度的改变起到积极的正向影响。开展大学创业教育、校企合作办学、开办创业大赛等都可以说是拓宽创业教育渠道的有效方法。

1.4.5 常见研究方法问题

在创业研究领域里，有以下四种常见的研究方法问题。

1. 样本不具代表性

实践创业的实证研究通常都有样本不具代表性的问题。举个例子，在西方国家，有超过一半的新企业在5年内以失败收场。一个人在为其正在进行的实证研究收集数据时，他所针对的肯定会是那些还在市场上运作的创业型企业，即那一小部分还没失败的创业型企业。这种数据是不足以代表全部创业型企业的（失败和还未失败的）。与其说是创业研究，这类创业研究应该更准确地被形容为未失败创业研究。然而，就算一名研究者想进行纵向研究，他也会面临创业者在创业失败后，因面子问题而不再继续配合研究等问题。因此，目前学术研究不缺有关创业成功的研究，创业失败的有效研究则比较少，这对想增加创业成功率的相关人士来说无疑是一大打击。

2. 研究指标缺乏权威性

实践创业的实证研究尚缺一套公认的研究指标。举个例子，我们该如何衡量创业成功？有些学者认为“创业成功”可以用企业的增长率来衡量，但是也有其他学者用创业者的个人满意度、商业化创新率、市场效率改良等指标来衡量创业成功。我们姑且接受这些指标为创业成功的指标，我们又该如何去测量这些指标呢？单是企业增长率这一项指标，学术界就存有数种测量法。例如，企业营业额增长率、企业利润增长率、企业员工增长率、企业资产回报率、企业投资报酬率等。一个概念，可用多样指标来衡量；一个指标，可用多种方法来测量，这使得许多研究的发现不具可对比性。可惜的是，学术界因某些原因，始终难以达成一致的看法，确定一套公认的创业指标测量系统。

3. 测量方式缺乏可靠性

实践创业的实证研究通常会使用两种数据：客观数据和主观数据。客观数据指的是如企业营业额等天然数字数据，而主观数据指的是如创业者认为自己的创业行为算不算成功等受个人因素影响的数据。一般来说，当客观指标难以被采集时，研究人员会转而使用主观指标。主观指标因为受个人感知、价值观、答题时的情绪等个体因素的影响，通常会存在误差。可惜的是，就算创业学者能找到并使用企业营业额等客观数据，这类数据也被认为存在误差。造成这类误差的原因很多，其中一个原因是诸如营业额这类数据通常会涉及税务问题。有些创业者因为贪小便宜，有过逃税的行为，而虚报他的营业额。因此，实践创业的实证研究一直都受数据质量问题之害而存有误差。

4. 研究成果缺乏可依赖性

创业研究领域里有不少研究涉及仿真、模拟等非实证研究的方法。这类研究方法的优点在于当一项研究所需采用的数据难以被收集时，或是研究者需在数据收集的过程中付出太大的代价时，或是研究所需数据基本上不存在时（如在进行有关预测未来市场动向的研究），这类研究的结论可以提供给读者一份有科学依据的参考。然而，仿真、模拟研究所涉及的数据毕竟不是采自现实世界，而且这类研究的发现通常需要一个环境能同时满足许多项苛刻的假设。因此，学术界对这类研究所得结论通常抱着怀疑的态度。

上列四种研究方法缺陷，学术界到目前为止并未找到有效解决它们的方法。读者在阅读相关创业文献时须留意这些问题，切不可囫囵吞枣。

本章小结

本章着重介绍了创业与创业者的基本概念，探析了创业者的三种社会角色，系统地分析了创业者具有的乐观性、成就需要、自主权需要、自我效能感、内在决控、冒险倾向和压力承受等性格特征。同时探讨了在创业的不同阶段——孵化期、创业早期、创业中期和创业晚期创业者应着重关注的核心任务、思维模式和关键行动。

思考题

1. 想想在你的日常生活中，有哪些商家的经营方式和商品的特征能够让你有一种耳目一新的感觉？经营这些商品的老板是否能够被称为“创业者”？为什么？

2. 你认为有创业意愿的人是否应被归纳为创业者？为什么？

3. 你认为是不是只有已经正式开始经营自己生意的人才能够被视为创业者？为什么？

4. 如果让你来投资，你会选择创业早期的企业还是创业中期的企业呢？请说明选择的理由。

5. 你怎么看待“创业”和“创业者”在形而上学角度的含义？你赞同吗？为什么？

6. 你认为当创业阶段处于孵化期时，创业者有没有必要经历书中所描述的阶段，并仔细地处理好每一个细节？如果是你，你会按什么样的顺序来进行你的孵化期？

7. 创业与创业者的定义可被归纳为哪三大类？

8. 什么是创业的类行为定义？

9. 什么是创业的类程序定义？

10. 什么是创业的形而上学定义？

11. 你认为你适合创业吗？你为什么要创业？你认为创业能满足你的什么需求？

12. 创业者可扮演的社会角色有哪几种？

13. 一般人格和特殊人格有什么区别？

14. 影响创业选择和创业绩效的性格特征有哪些？

15. 创业过程可被分为哪几个阶段？

16. 学术界有一个观点：商机稍纵即逝，如果一个大学生想创业，他应该把握商机，马上行动，而不是把他宝贵的时间花在学校的课堂上。你怎么看待这个观点？

17. 书中提出了创业研究中存在的四种研究方法问题，你有解决方法吗？

案例分析

案例一：历史上唯一的“一品红顶商人”——王炽

中国古代实行重农抑商的国策，因此使得商人的社会地位极为低下。但到了晚清，由于资本主义国家的入侵，这一现象得到了改观。一代巨贾胡雪岩由于为朝廷立下大功，所以朝廷赐其“红顶戴”。就这样，“红顶商人”的名号不胫而走，可谓是家喻户晓。

同样是在晚清，还有另一位“红顶商人”虽然比胡雪岩更为传奇，但知道他的人却寥寥无几。如果从其生平来看，他比起胡雪岩绝对是有过之而无不及。既然如此，他又为何显得如此籍籍无名呢？带着这个疑问，我们不妨走近这位“红顶商人”，跟随他的脚步，探索他那传奇的一生。

此人名叫王炽，字兴斋，1836 年生于云南弥勒县。从他年轻时期的行为来看，他绝对是个难成大器的家伙。因为成大事之人，不仅要吃得常人所不能吃之苦，还要忍得常人所不能忍之气。而他呢？脾气火暴，是个不能忍气吞声的主。据说有一次，他与表兄产生了口角之争，负气之下，他失手杀死了表兄。之后，他便开始亡命天涯，一路逃到了重庆。

亡命期间，他见重庆水路便利、商业繁荣，堪称商业大都会，因此一个想法在他的头脑中萌生了，何不在此设庄贸易？经过几天的实地考察，王炽觉得此计可行，便租下商铺，正式挂出“天顺祥”的招牌。而后，王炽往返于川黔滇三地，成功打开了这条商路。从此以后，这条商路的物品交流和商业贸易极为繁荣。

随着“天顺祥”的招牌越来越大，生意越来越成功，王炽决定另创“同庆丰”商号，在全国西南、东南各大要埠设分号，专营存放汇兑业务。同治十一年（1872），王炽在昆明主持“同庆丰”商号外，另设“兴文公当”并兼营房地产，修建昆明同仁街，在弥勒、宜良等地广置田产，年收租息千余石。经营“天顺祥”“同庆丰”商号二十余年，他积累了大量的资金，堪称富可敌国，一时间驰誉全国，号称“南邦之雄”。后来，英国《泰晤士报》曾对百年来世界最富有的人进行统计，排在第四位的便是王炽。据说，王炽是唯一上榜的中国人。由于其钱庄生意做得很大，富甲天下，民间甚至有“钱王”之称。

光绪九年（1883），发生了影响中国近代走向的中法战争。法国侵略越南，朝廷诏命提督鲍超会同云南巡抚岑毓英率兵援越抗法。这时，经过连年的战争，加上一系列的割地赔款，朝廷的国库早已空缺，军费见绌。面对这种现状，王炽主动请缨，自愿出资 60 万两作为军费支持朝廷抗击法国的入侵。战后，岑、鲍班师回国，但遣散兵勇又需军费。此时，王炽又是二话没说，慷慨解囊，倾银相助。此番行为使得岑、鲍甚为感激，二人慕其高义，在朝廷上屡屡为之说项。后经岑保奏，朝廷赐其四品道职衔，并恩赏荣禄大夫二品顶戴，封典“三代一品”，并恩许他在紫禁城骑马。从这点来说，他是中国历史绝无仅有的“一品红顶商人”。

此外，王炽还曾开创过昆明牛痘局，可以说是造福桑梓，使无数幼儿得以健康成长。

物换星移几度秋，王炽早已化为尘土，但他的创业故事、商业谋略、商业原则以及为富且仁、乐善好施的品质依然在坊间传颂不已、弦歌不绝。我们今天追慕他，不是为了吹捧他有多么成功的人生，而是他干出很多有意义、有价值的事情。

案例二：今天你“饿了么？”——张旭豪的 10 年创业路

2008 年的上海交通大学宿舍，研一学生张旭豪正情绪激动地说自己要做一家 150 亿美元的公司。“我觉得他是神经病。”这是大多数人对他的评价。不久，张旭豪联同康嘉、汪渊、罗宇龙、邓烨和闵婕创办“饿了么”。一位交大学生曾发微博回忆张旭豪当年骑着自行车满头大汗在校园送外卖的情景。

外卖线下的高频机会是从 2013 年底开始的，阿里、百度、美团跃跃欲试。体量最小的饿了么，此时员工不过 300 人，稀疏进行了三轮融资，估值在 1 亿美元上下。“我们从一开始就把美团当作头号敌人。”饿了么合伙人、COO（chief operating officer，首席营运官）康嘉告诉《财经》记者。他们不会想到，饿了么即将迎来一场最漫长的战役。

饿了么在美团和大众点评打得火热之时，拿到了一笔 8000 万美元的战略投资。大众点评在团购战中被美团打得“体力不支”，两家敌手组成联盟“同仇敌忾”。在大众点评的点拨下，饿了么于 2014 年 8 月底制订“下沉计划”，向全国 200 个城市紧急扩张。为了培养员工的狼性，饿了么在新人培训中纳入拳击课程。

艰辛的创业之路，让创始人张旭豪的嗓门变得更大了。他在办公室里拍桌子，甚至对合伙人不客气地说:“你很多事情做得一塌糊涂。”因为急速扩张催生大量问题得不到响应，饿了么甚至成立一个叫“发改委”的临时组织。

后来，大众点评、美团这两大竞争对手的合并让饿了么处于更加困难的境地。大众点评切掉饿了么的所有流量，转化到美团，这让本来就在流量上处于劣势地位的饿了么更加被动。

经历了接连打击，张旭豪决定亲自管交易平台，但美团点评的整合在 2015 年下半年完成，饿了么在流量上更加“吃力”。年末，饿了么高歌猛进发起“冬季战役”，但并未力挽狂澜。“发现自己在大跃进，自己吹了一个泡泡。”创始人之一康嘉回忆说。就在这时，美团外卖份额全面赶超饿了么。

2018 年 4 月，饿了么终于没能逃脱被收购的命运，创始人张旭豪决定亲手结束一段长达 10 年的创业故事，把前方仍硝烟弥漫的战场交给了一名来自阿里巴巴的成熟经理人。收购完成后，阿里巴巴将入驻饿了么，把餐饮作为本地生活服务的切入点，结合口碑以数据技术赋能线下餐饮商家的到店服务，产生化学反应，形成对本地生活服务领域的全新拓展。

创业者张旭豪暂时离开了硝烟弥漫的外卖战场，但饿了么的精彩创业故事还将继续。

以上案例给予我们的启示有哪些?

参考文献

Aldrich H E. 1999. Organizations Evolving[M]. London：Sage.

Amit R，Glosten L，Mueller E. 1993. Challenges to theory development in entrepreneurship research[J]. Journal of Management Studies（30）.

Arrow K. 1962. Economic welfare and the allocation of resources for invention[R]. Princeton.

Baron R A. 2000. Counterfactual thinking and venture formation：the potential effects of thinking about “what might have been”[J]. Journal of Business Venturing，15（1）.

Baum J R，Locke E A. 2004. The relationship of entrepreneurial traits，skill，and motivation to subsequent venture growth[J]. Journal of Applied Psychology，89（4）.

Becker G，Murphy K. 1992. The division of labor，coordination costs，and knowledge[J]. Quarterly Journal of Economics（107）.

Busenitz L，Barney J. 1997. Differences between entrepreneurs and managers in large organizations：biases and heuristics in strategic decision-making[J]. Journal of Business Venturing（12）.

Casson M. 1982. The Entrepreneurs[M]. Totowa，N J：Barnes & Noble Books.

Cromie S. 2000. Assessing entrepreneurial intentions：some approaches and empirical evidence[J]. European Journal of Work and Organizational Psychology，9（1）.

Daft R L. 2007. Understanding the Theory and Design of Organizations[M]. Mason，O H：Thomson South-Western.

Davidsson P. 2004. Researching Entrepreneurship[M]. New York：Springer.

Dunne T，Roberts M，Samuelson L. 1988. Patterns of firms entry and exit in U.S. manufacturing industries[J]. Rand Journal of Economics（19）.

Frederick H H，Kuratko D F. 2010. Entrepreneurship：Theory，Process，and Practice[M]. 2nd ed. Cengage Learning：Australia.

Gartner W B. 1985. A conceptual framework for describing the phenomenon of new venture creation[J]. Academy of Management Review，10（4）.

Gartner W B. 1989. "Who is an entrepreneur? " is the wrong question[J]. Entrepreneurship Theory and Practice，12（2）.

Hayton J C，Hornsby J S，Bloodgood J. 2013. Part Ⅱ：The contribution of HRM to corporate entrepreneurship：a review and agenda for future research[J]. Management，16（4）.

Kahneman D，Lovallo D. 1994. Timid Choices and Bold Forecasts：A Cognitive Perspective on Risk Taking[M]// Rumelt R P，Schendel D E，Teece D，et al. Fundamental Issues in Strategy：A Research Agenda[M]. Boston：Ballinger.

Khilstrom R，Laffont J. 1979. A general equilibrium entrepreneurial theory of firm formation based on risk aversion[J]. Journal of Political Economy（87）.

Kirzner I. 1973. Competition and Entrepreneurship[M]. Chicago：University of Chicago Press.

McClelland D C. 1961. The Achieving Society[M]. New York：Free Press.

Nelson Ed. 1962. The Rate and Direction of Inventive Activity：Economic and Social Factors[M]. Princeton，NJ：Princeton University Press.

Nelson T. 2003. The persistence of founder influence：management，ownership，and performance effects at initial public offering[J]. Strategic Management Journal（24）.

Ng J C Y，Huang M M D，Liu Y. 2016. The "feminine" entrepreneurial personality trait：the competitive advantage of female college-student entrepreneurs in Chinese wei-shang businesses? [J]. Asian Business & Management，15（5）.

Ng J C Y. 2011. Starbucks' operations in singapore：oasis in midst of desert? [J]. International Journal of Case Studies in Management，9（2）.

Ng J C Y. 2012. Implementing intrapreneurship：a structural and cultural approach[J]. Graziadio Business Review，15（3）.

Ng J C Y. 2012. The roles of entrepreneurs in the society[J]. Researchers World—Journal of Arts，Science & Commerce，3（4）.

Schumpeter J. 1934. Capitalism，Socialism，and Democracy[M]. New York：Harper & Row.

Shane S，Venkataraman S. 2000. The promise of entrepreneurship as a field of research[J]. Academy of Management Review，25（1）.

Smith J K，Smith R L. 2000. Entrepreneurial Finance[M]. New York：Wiley.

Speier C，Frese M. 1997. Generalized self-efficacy as a mediator and moderator between control and complexity at work and personal initiative：a longitudinal field study in East Germany[J]. Human Performance（10）.

Stewart W H，Roth P L. 2001. Risk propensity differences between entrepreneurs and managers：a meta-analytic review[J]. Journal of Applied Psychology，86（1）.

Stewart W H，Roth P L. 2004. Data-quality affects meta-analytic conclusions：A response to Miner and Raju

（2004）concerning entrepreneurial risk propensity[J]. Journal of Applied Psychology，89（1）.

Stone R J. 2010. Managing Human Resources [M]. 3rd ed. Milton，Qld：John Wiley & Sons Australia.

Whetten D A. 1989. What constitutes a theoretical contribution[J]. Academy of Management Review，14（4）.

Zhao H，Seibert S E. 2006. The big five personality dimensions and entrepreneurial status：a meta-analytic review[J]. Journal of Applied Psychology，91（2）.

Zhou J，Shalley C E. 2003. Research on employee creativity：a critical review and directions for future research[J]. Research in Personnel and Human Resources Management（22）.

第2章

创业机会识别与评价

学习目标

了解创业机会的概念与分类含义，理解创意的过程，学会识别创业机会，掌握评价创业机会的方法。

引例

在1979年前的百余年间，铅字印刷占据着我国印刷行业的主导地位，不仅耗费巨大的人力及物力，而且效率低下、污染严重。当时很多人认为，照排是一种自动控制，和计算机信息处理技术没有关系。王选则认为，“出版系统里面涉及许多前沿技术”，存在着巨大商机，“跳过第二代光机式照排机、第三代阴极射线管照排机，直接研制第四代激光照排机”是可行的。而在当时，要实现这个构想是必须力排众议的。

1979年7月27日，在北大汉字信息处理技术研究室的计算机房里，王选带领他的科研团队研制出我国首套汉字激光照排系统。1981年7月，我国第一台计算机激光汉字照排系统原理性样机华光Ⅰ型系统通过国家鉴定。1985年，华光Ⅱ型系统通过国家鉴定，在新华社投入运行，成为我国第一个实用排版系统，这之后，华光Ⅲ型、Ⅳ型系统相继推出。1991年至1993年，王选又率团队先后设计出第五、六代照排控制器，完成了“北大方正电子出版系统”的研发，迅速产业化并被市场广泛接受。到1993年，国产照排系统迅速占领了国内报业99%和书刊（黑白）出版业90%的市场，以及80%的海外华文报业市场，并打入日本和欧美。

在照排淘汰铅字后，有人对王选说，你们的市场会萎缩的，国内出版社就那么几家，对照排系统的需求有限。而王选则认为，在出版相关领域，如采编流程管理、检索、远程传版、彩色出版、广告制作、动画制作领域，存在商机，运用北大方正已有的技术积累，可以迅速取得市场优势。后来，北大方正是在这些领域取得巨大的成功。

以王选教授为首的科研团队通过细心的观察和思考，发现了市场中的需求与商机，并能够及时抓住创业机会，使延续上百年的传统出版印刷行业得到彻底改造，被公认为毕昇发明活字印刷术后中国印刷技术的第二次革命。

创业机会识别一直是创业领域研究的关键问题之一。真正的创业过程开始于商机的发现，创业是围绕着机会的发现、识别、开发和利用的一系列过程。把握正确的创业机会并进行充分的开发和利用创办一个成功的企业是一个创业者应当具备的最主要的能力之一。

资料来源：根据科印网“王选发明汉字激光照排技术——洗尽‘铅’华，迸发印刷领域的电火之光”一文整理

什么是创业机会？创业机会的类型有哪些？创业机会有什么样的特点？哪些创业机会可能更适合开发利用？创业者如何分析和评价创业机会？这些正是本章讨论的问题。

2.1 创业机会的概念与分类

创业机会的识别和开发对创业起到核心作用。创业始于机会，并因机会而存在。如何发现并抓住创业机会、实现机会的价值，使之成为一个成功的企业，是创业者需要关注的重要问题。首先要理解创业机会的概念和特点，才能在变幻万千的环境中识别并捕捉真正有价值的创业机会。

2.1.1 创业机会的概念

创业机会有多种不同的定义。Schumpeter 指出，创业机会是通过把资源创造性地结合起来，满足市场的需要，创造价值的一种可能性。Timmons 认为创业机会“具有吸引力、持久性和适用性，并且伴随着能够为客户创造或增加使用价值的产品或服务”。Kirzner 认为机会就是“未明确定义的市场需求或未充分使用的资源或能力”，包括基本的技术，找准市场的发明创造，或新产品服务的创意。Hulbert 等认为创业机会实际上是一种亟待满足的市场需求，这种潜在的市场需求如此旺盛因而对于创业者来说，实现该需求的商业活动相当有利可图。也有的学者认为，创业机会是指在新的生产方式、新的产出或新的生产方式与产出之间的关系形成的过程中，引进新的产品、服务、原材料和组织方式，得到比生产成本更高价值的情形，将创业机会理解成一个动态发展的概念。Shane 和 Venkataraman 对创业机会做了较为全面的总结，指出创业机会实际上是新产品、新服务、新材料，甚至是一种新的组织形式，能够被引入生产并且以高于成本方式实现销售。

综合学者的讨论和对实际创业活动的考察，我们可以得出较为全面的概念：创业机会，是指在市场经济条件下，社会的经济活动过程中形成和产生的一种有利于企业经营成功的因素，是一种带有偶然性并能被经营者认识和利用的契机。它是有吸引力的、较持久的和适时的一种商务活动空间，并最终表现在能够为消费者或客户创造价值或增加价值的产品或服务中，同时能为创业者带来回报或实现创业目的。

创业机会可以从以下三个方面来理解。

存在发现主义认为，机会是独立于创业者存在的客观实在，有待警觉的创业者去发现，强调创业机会已经存在于市场之中，具体是指在市场中存在的一种获利机会。在这一观点下，最简单的创业就是套利，即创业者以低价买入商品，以高价卖出，从中获取利润，但同时承担无法以高价卖出的可能风险。鉴于这种获利机会虽然存在于市场中，对于有些人

而言它是创业机会，但对另一些人而言它可能不是，它只属于那些能够识别到的人。

结构信息主义认为，创业机会由个体或组织间的特定关系结构状态而产生，强调信息来源的独特性和垄断性对创业的作用，具体是指相对于其他个体或组织而言在关系结构中所具有的一种信息和控制优势。结构信息主义从网络观点出发，强调特定关系网络使网络中的特定组织和个体可能拥有创业机会。

构建主义认为，创业机会不是已经独立存在的，而是人们在与环境的互动中创造或者构建的，并将创业机会界定为人们创设的一种状态，即一种通过新手段、新目的、新手段—目的关系的形成而能够引入新商品、新服务、新市场和新组织方式的状态。可见，构建主义强调创业机会是人们塑造的一种状态，这种状态可以体现为一种环境条件，这种环境条件导致创业者或创业团队通过现存风险或创造新风险将一种或更多种新产品或服务引入市场。

2.1.2　创业机会的产生

存在发现主义认为，创业机会产生于市场的缺陷；结构信息主义认为，创业机会来自结构空洞；构建主义认为，创业机会来源于人们的创造。

1. 存在发现主义的观点

存在发现主义认为市场存在客观的创业机会。市场之所以会存在创业机会，一是现实市场经常处在非均衡状态。在现实市场中，商业信息始终在大量产生着，而在局部市场中，信息往往是不完全的，信息传递和物品流通具有时间性并且受多种因素干扰，导致局部市场的供求关系出现经常性失衡，产品价格同产品价值会出现经常性背离，这为可以获取潜在利润和市场参与者可能的判断失误提供了存在机会，这种机会往往就成为创业者寻求的创业机会。二是市场参与者在判断和决策上的个体差异为创业机会的存在提供了主观基础。在现实市场中，由于信息是非完全分布的，并且直接改变资源的价格，因此抢先获取可用信息至关重要；此外，人们对可用信息的敏感程度不同，对市场出清的价格认识不同，对市场变化的预测能力和风险承担能力不同，导致人们对信息的利用能力不同，这正为创业机会的存在提供了基础。

2. 结构信息主义的观点

结构信息主义认为创业个体、团队或组织嵌入在社会网络结构中，如果社会网络结构存在结构空洞，那么会产生创业机会。根据交易成本理论，如果交易双方存在交易障碍和交易成本，那么，将降低交易效率，甚至使交易不能进行，导致双方受损；如果破除交易障碍和降低交易成本，那么就会提高双方的交易效率，使双方受益。结构信息主义认为，如果交易双方不能实现有效的交易，交易的结构网络就是不完整的，就被认为存在“结构空洞”。在结构空洞下，创业者通过建立交易平台等中介组织，破除交易障碍和降低交易成本，使交易双方建立商业联系，实现商业交易，使网络结构缺陷得到修复，就能从中获利。在结构空洞下，创业者与交易双方的关系越强，就拥有越多可能的创业机会。由此可见，结构信息主义强调创业机会的产生源于个人或组织间的关系结构的缺失，结构缺失造就创业机会，但是中间人的意愿、谈判能力、运作能力、信息获取能力成为寻求这种创业机会的重要条件。

3. 构建主义的观点

构建主义认为创业机会是被创业者创造或者建构出来的，创业机会不是已经存在、被动地等待人们来发掘的，而是可以创造和建构的。

人与环境的关系是相互影响的，人们适应环境的同时也在改变着环境。环境是人们先前行为的结果，也被人们的行为继续改变着。总之，人与环境的关系是互动的。构建主义认为，创业者既创造了创业机会，也被创业机会塑造。创业机会不会被发现，而是通过解释和影响的递归过程被创业者创造，创业过程就是创业者和创业机会共同演化的过程。事实上，任何创业都包含着资源的新组合，这种资源的新组合包括资源的集聚、转换和平衡过程，体现为引进新产品、引用新技术、开辟新市场、控制原材料新的供应源、实现产业的新组织等活动。这些资源新组合过程本身就是新机会的创造过程，并且同时创造了更多的新的创业机会，因此创业活动本身创造了更多的创业机会。资源新组合会使资源需求品种和数量、顾客群、供应商等发生变化，进而出现联动效应，使市场产生更多的新获利机会。

构建主义强调了创业机会的可创造性，认为人们可以通过主观努力来创造和建构创业机会，这意味着人们可以通过创造好的创业环境而使更多的创业机会产生。

2.1.3 创业机会的特征

1.“机会窗口”特性

一个具体的创业机会，其存在的时间是短暂的，机会稍纵即逝而且一去不复返，同样的机会是不会重复出现的，正所谓“机不可失，时不再来”。创业机会存在于一个动态的、发展变化的背景下，通常被形象地比作“窗口”，说明了创业机会的适时性很重要。

机会窗口是指在市场中存在的、能够使创业者在一定时段中创立企业，并获得投资回报的时间空间。创业者必须早于竞争对手准确识别并把握机会窗口，将产品或服务推向市场才会有利可图，如果让竞争对手占得先机，机会窗口就会随之关闭。

市场在不同的时间阶段有着不同的成长速度，在市场快速发展阶段，创业的机会较多；发展到一定阶段，形成一定结构后，机会之窗打开；市场发展成熟后，机会之窗就会开始关闭，具体如图 2-1 所示。第一个阶段为市场兴起阶段，机会窗口尚未开启；第二个阶段为市场快速发展阶段，机会窗口开启；第三个阶段市场已发展成熟，机会窗口基本关闭。

创业者选择在“机会窗口”的哪个阶段进入市场很大程度上将决定创业的成败，一般来说，在“机会窗口”刚刚开启的阶段开展创业活动，取得成功的概率会大一些。另外，市场规模越大，创业机会的时间跨度越大，“机会窗口”敞开时间的长短对创业成败起到关键作用。

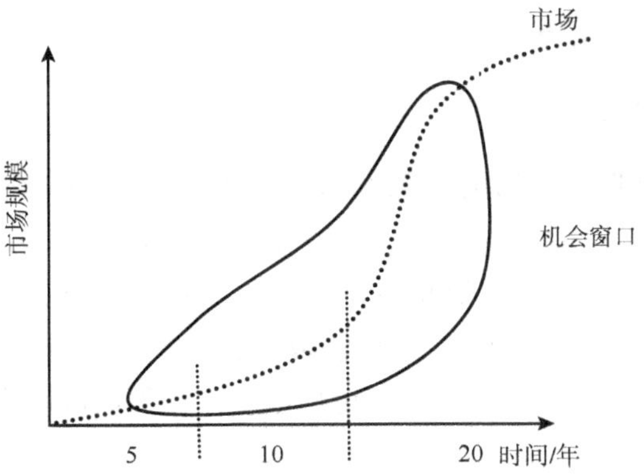

图 2-1 机会窗口

2. 潜在盈利特性

第一，创业机会具有可盈利性，对创业者是有价值的。创业者可以通过为消费者提供产品或服务的方式，在创造和增加价值的基础上获得高于其生产成本的利润回报。盈利性是创业机会存在的基础，创业者追寻创业机会的目的是基于创业机会创建企业，进而获得财富，只有具备盈利性的创业机会才会对创业者产生吸引力，才可以称为创业机会。

第二，创业机会的盈利性是潜在的，并不是一眼就可以看出来的。这就要求创业者具备一定的知识和技能及相关经验等，能够在创业机会出现的时候准确地识别和把握。

3. 可开发特性

看到机会、产生创业想法并将其发展成明确的商业概念代表创业者对创业机会进行了识别，但创业机会具有很强的不确定性，其潜在的价值需要创业者的开发活动才能够实现，由创业机会发展出的商业概念是否能够成为有价值的商业活动，是否值得投入资源进行开发还需要对机会的可行性进行论证。只有付诸行动，才有可能实现创业机会的潜在价值，很多富有价值的创业机会往往具有很强的时效性，如果没有及时地把握住，一旦时过境迁，由于条件所限原有市场不复存在，或者已经有其他创业者抢先一步占据了市场，原先具有巨大价值的创业机会就会变得毫无价值。

在实际创业活动中，能否将创业机会商业化，往往取决于创业者所面临的创业环境和掌握的资源的多少及对资源的利用能力。这里的资源包括内部资源和外部资源两个方面，内部资源主要是指创业者的个人能力，如创业者的知识技能水平、社会经验、声誉、执业资格等资源；外部资源主要是指创业者的人脉资源。而且，创业机会价值的大小会随着创业者的具体经营措施和战略规划发生变动，如果创业者的战略规划与创业机会的特征得到很好的匹配，创业机会的价值就能得到最大限度的发挥，创业的效果较好；如果创业者的战略规划与创业机会的特征不匹配，甚至出现较大的偏差，创业机会的价值就无法得到充分的开发，甚至引起创业失败。

创业机会应具有基本的可开发特性，即在当前或不久的将来可以在商业活动中行得通，同时创业者具备相应的资源，包括人、财、物、信息、时间和技能等，才可以将创业机会转化为现实的生产力。

2.1.4 创业机会的分类

1. 根据创业机会的来源分类

Ardichvili 等根据创业机会的来源和发展情况对创业机会进行了分类。在创业机会的分类矩阵中有两个维度：横轴以创业机会的潜在市场价值为坐标，这一维度代表着创业机会的潜在价值是否已经较为明确；纵轴以创业者创造价值的能力为坐标，这里的创造价值的能力包括通常的人力资本、财务能力以及各种必要的有形资产等，代表着创业者是否能够有效开发并利用这一创业机会。按照这两个维度，把不同的创业机会划分成四种类型，如图 2-2 所示。

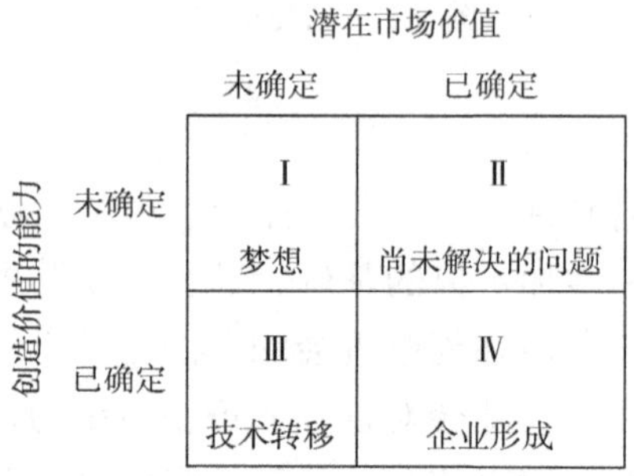

图 2-2 创业机会的四种类型

"梦想"型创业机会——在第Ⅰ象限中，创业机会的潜在价值不确定，创业者是否拥有实现这一价值的能力也不确定，Ardichvili 称这种机会为"梦想"，表现的是艺术家、梦想家、设计师和发明家的创造性。

"尚未解决的问题"型创业机会——在第Ⅱ象限中，创业机会的潜在价值已经较为明确，创业者是否拥有实现这一价值的能力还不确定，Ardichvili 认为这种机会是一种"尚未解决的问题"，这种情况下，机会开发的目标往往是设计一个具体的产品或服务以适应市场需求。

"技术转移"型创业机会——在第Ⅲ象限中，创业机会的潜在价值尚未明确，而创业者创造价值的能力已经较为明确，这种机会实际上是一种"技术转移"，创业者或者技术开发者的目的是为手头的技术寻找一个合适的应用点。

"企业形成"型创业机会——在第Ⅳ象限中，创业机会的价值和创业者创造价值的能力都已经确定，这种机会可称为"企业形成"，这种创业机会的开发就是将市场需求与现有的资源匹配起来，形成可以创造价值的新企业。

Ardichvili 认为，比起右下角的创业机会，右上角的机会成功的可能性不大。

2. 根据创业机会面临的市场类型分类

1）面向现有市场的创业机会

在现有市场上，通常已经有企业在经营，而且往往是一些成熟的大企业，创业者唯有通过有效的创新手段，营造新的经营模式，才可能在市场上占据一席之地。上海的"每日新鲜水果吧"抓住消费者对于新鲜和天然的需求，用新鲜水果、酸奶、鲜牛奶等为原料，将厨房设在消费者面前，在消费者的注视中完成鲜榨果汁饮料的制作和供应，吸引了众多消费者的眼光，在市场上立下脚跟并打造出了自己独特的天空。

2）面向空白市场的创业机会

空白市场属于现有行业范围内尚未被开发的市场，这一市场可能是缝隙市场，尚未被现有的大型企业所关注，但是如果经营得当，也可能创造出可观的价值。“联想”在为美国 IBM 电脑做代理的过程中，积累了许多经验后开始推出自有品牌的个人电脑，为了避开与国际知名品牌的竞争，联想走了家用市场之路，当时国际知名品牌主要是做商用电脑，家用电脑市场还微乎其微，而联想在避开竞争的情况下，找到了市场缝隙，求得了生存，成为国内个人电脑第一品牌。

3）面向全新市场的创业机会

这种创业机会不属于任何已经存在的行业，创业者将要进入的是一个全新的市场，市场上没有任何竞争对手，也没有现成的经营模式可循。这种情况下需要创业者对这一全新市场的市场空间进行判断，如果市场空间较小、发展缓慢，则会限制企业的发展；如果市场空间很大、成长性很强，创业者由于最先进入，很容易就可以建立起自己的竞争优势，这时候应做好足够的准备和应对措施以警惕尾随而来的追随者，防止被后来者赶超。

3. 根据创业机会提供的产品分类

1）提供现有产品的创业机会

这一类型的创业机会在所提供的产品方面并没有什么创新或者改进，但是只要市场上尚存在可以供创业者发展的空间，那么该创业机会就具备一定的可行性。最典型的例子就是城市中众多的小型餐馆，其所提供的产品和服务并没有太大的区别，但只要选址得当，就可以生存下去，甚至有不错的发展空间。由于创业者的资源有限，开发这种创业机会应当尽量避免与市场上提供相同产品的成熟企业直接竞争，积极探索现有企业力所不能及的市场。

2）提供改进产品的创业机会

这一类型的创业机会所提供的产品是对现有产品的改进，如原材料、生产工艺、核心技术、销售渠道等，通过改进，创业者有可能实现比同类产品供应商更为低廉的成本、更为独特的功能、更为有效的生产和经营方式等，从而获得更有吸引力的利润。日本索尼公司最初制造的磁带录音机是模仿美国的产品，几乎卖不出去，后来索尼经理井深大购买了美国军方转让的晶体管技术，加以改造并用在了收音机上，获得了巨大成功。产品改进程度越大，可能的收益越大，同时对于创业者的经营能力要求也越高。

3）提供全新产品的创业机会

这一类型的创业机会所提供的产品是现有市场上从未出现过的。由于经营经验和顾客认可的缺乏会影响创业活动，因此全新产品的经营风险较大，其推出时机与创业者的自身准备对创业活动的成败至关重要。吉列公司在新产品开发上有过“不可思议”的得意之作，就是推出了女用吉列刀片。吉列公司通过市场调研发现：英国多数 30 岁以上的职业妇女会定期使用“吉列”刮胡刀刮除腿毛和腋毛以保持形象的美丽，此项消费高达 7500 万美元/年。得知这一信息后，吉列公司便快速推出造型与色彩都符合女性心理的专供妇女使用的“刮毛器”，这种新型产品上市后，吉列公司的销售额急速增加，获得巨大成功。

2.1.5 创业机会的来源

创业活动包括发现、评价和开发创业机会等一系列活动，创业者在这个过程中不断获取资源、选择组织方式和制定创业战略，创业者所采取的具体行动和对资源的配置取决于创业机会的来源与特征。Holcombe 提出创业机会的来源可归纳为以下三种：第一是打破市场平衡点的因素；第二是提高产量可能性的因素；第三是创业机会来源于其他创业活动，创业者创造出一种新产品或新服务，由此带来的资源新组合过程本身就是新机会的创造过程，并且同时创造了更多新的创业机会。因此 Holcombe 认为创业活动本身创造了更多的创业机会。

创业机会的出现往往是因为环境的变动，市场的不协调或混乱，信息的滞后、领先或缺口，以及各种各样其他因素的影响导致的。也就是说，在一个自由的企业系统中，当行业和市场中存在变化着的环境、混乱、混沌、矛盾、落后与领先、知识和信息的鸿沟，以及各种各样其他真空时，创业机会就产生了，如技术革新、消费者偏好的变化、法律政策的调整等。归纳起来，创业机会的来源主要有以下几个方面。

1. 尚未满足的市场需求

企业的根本是满足顾客的需求，尚未得到满足的顾客需求就是创业机会的主要来源之一。人们在生活中遇到的各种问题与难处就属于尚未满足的需求，这要求创业者在生活中善于观察和发现。大行业中往往存在很多市场空白，对行业市场进行细分，如果能够从中找到合适的市场空白点，找到适合自身发展的“缝隙市场”，就可以创建一家能够盈利并持续成长的企业。现在不断涌现的以帮助客户代买代办为主要业务的跑腿公司就是抓住了越来越多的人开始选择用金钱来购买方便与舒适这一新的市场需求点。

2. 新技术及新知识的出现

新的技术和知识有助于创造出可以满足消费者需求的新产品或新服务，从而带来创业机会。随着互联网的普及，在网上开店的人越来越多，C2C（customer to customer，个人与个人之间的电子商务）的商业模式不仅为店家带来利润，同时也降低了消费者的时间成本、体力成本、精力成本和经济成本等，提升了消费体验；随着智能手机的发展，现在的人们已经可以在移动终端通过微信进行开店和创业，使创业变得更为方便。可见，新技术及新知识的出现是创业机会的主要来源之一。

3. 新商业模式的形成

改进现有的商业模式或者创造一个全新的商业模式都会带来创业机会，创新商业模式可以来自创业者的工作经历、行业经验、对竞争对手缺陷和不足的考察，如产品品质上的瑕疵、作业程序上的不经济等。“反向团购”的消费形式就是一种新的商业模式，由用户看到喜欢的产品后自发地组织团购，聚合一帮有同样主动需求的人，购买同一种产品，使得商家可以在薄利多销的情况下主动提供更多优惠，“反向团购”不仅增强了购买者的议价能力，使消费者得到实惠，而且通过团购者的口口相传为企业带来了很好的宣传效果。

4. 不断变化的市场环境

著名管理大师将创业者定义为那些能“寻找变化，并积极反应，把其当作机会充分利用起来的人”。市场宏观环境的变化会引起人们消费行为的变化，这种变化中会产生新的创业机会。市场宏观环境的变化包括新政策、新法规的颁布，城镇化加速，人口思想观念的变化，人口结构的变化，居民收入水平提高，全球化趋势，产业结构的变动，消费结构升级等诸多方面。中国把环境与生态保护作为一种可持续发展的战略，这对一些有害于环保的产业来说可能是“灭顶之灾”，但对另一些保护环境的绿色产业来说却是一次难得的机遇。

5. 行业内的竞争

行业内企业间的竞争是非常残酷的，这既是挑战，也是机会。如果能够发现竞争对手存在的问题，无论是产品、服务、组织还是流程等方面，并能够通过改进自身以弥补竞争对手的缺陷和不足，就会成为创业的机会。因此，在平时应当多了解竞争对手的情况，看看自己能否做得更好，能否提供更优质的产品，能否提供更周全的服务。如果可以，你也许就找到了创业的机会。

2.2　创意与创业机会

创意是发现机会的基础和创业过程的起点，虽然不是每个创意都能成就一个企业，但是每个新创企业最初都是创业者头脑中的创意。

2.2.1　创意过程

创业机会起源于创意，但并不是每个创意都会成为创业机会，一个有价值的创业机会背后往往需要几十甚至上百个创意。形成有价值的创意，需要知识、经验和资源的积累，要求创业者具有相当的综合知识和专业水平，根据 Kuratko 和 Hodgetts 的观点，一个好的创意的产生往往需要经过知识积累、构思、创意、评估和实施四个阶段，如图 2-3 所示。

阶段 1：知识积累。成功的创意设计需要对产品现状、市场状况等进行调查，查阅相关资料收集信息，与相关人员交流，通过相关领域的知识积累来探索创意产品开发的各种可行性思路和方法。

阶段 2：构思。在构思阶段，将收集来的大量信息进行整理和分析，从中寻找可以产生有价值创意的地方。构思阶段要求创业者能够走出思维定式并在平时培养积极的创新思维习惯，挖掘创意潜力。

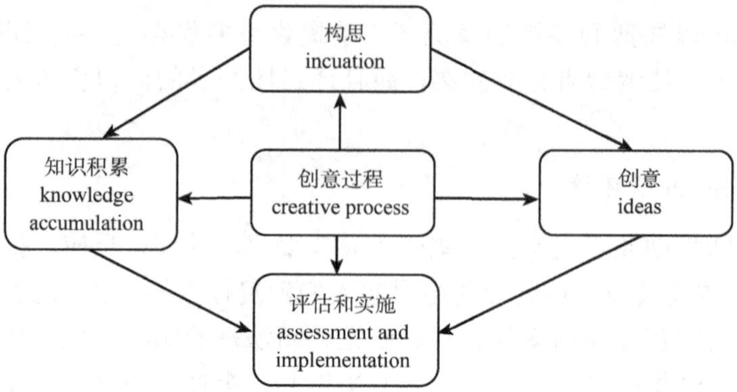

图 2-3　创意过程

资料来源：Kuratko D F，Hodgetts R M.创业学[M]. 张宗盛，译. 北京：清华大学出版社，2004

阶段 3：创意。经过阶段 2 的构思，创意可能会源源不断地产生，这时应及时地把想法记录下来，使解决方案不断变得清晰。这个阶段产生的创意一般是粗略的，需要进行进一步的评价和检验。

阶段 4：评估和实施。创业者需要对所有的创意进行评价和评估，以便识别出可行的并有能力实施的创意，通过评估创意，可以确保充分利用有限资源，并使风险最小化、利润最大化。

2.2.2　激发创意的方法

有些人仅凭直觉或运气就能产生创意，有些人却要从商业创业的发掘途径中苦苦寻找，可见，获取商业创意并非易事。下面介绍几种激发商业创意的方法。

1. 逆向思考法

逆向思考，也称求异思维，是对司空见惯的似乎已成定论的事物或观点反过来思考的一种思维方式。从现有产品的性质、特点、功能等方面反向思考，可以产生与之相反的新功能，如日本理光公司的科学家通过逆向思考，发明了一种“反复印机”，已经复印过的纸张通过它会还原成一张白纸。这样一来，一张白纸可以重复利用很多次，不仅创造了财富，同时节约了资源。

2. 组合创意法

组合创意法，将不相干的东西拼凑在一起，使之产生另一种有用的东西，如音乐贺卡就是把音乐和贺卡组合在一起。具体的组合方法又可以分为三类：①优点组合法，将多种产品的优点组合起来，创造出新的产品；②多功能组合法，将多种产品的单一功能进行组合，创造出新的产品；③主体附加法，以某一特定产品为主题，置换或添加其他附加产品的功能，创造出新产品。

3. 调查法

调查法是从个体样本收集信息的方法，最有效的调查是对人群总体进行随机抽样，获得对整个人群的综合认识。调查法可以通过电话、邮件、网络或亲自实施的方式进行，而网络调查是探讨商业创意最便捷、最经济、最常用的方法。网络调研可以使我们对创意有更深刻的了解，使抽象的创意得到完善，还可以借助某些调查网站进行调查，如中国调查网、第一调查网等可以为企业提供情报规划、信息收集、数据分析等服务，借助专业调查公司的调查报告，可以更好地完善自己的商业创意。

4. 头脑风暴法

头脑风暴法是快速产生创意的常用方法，一般由 6～12 名具有不同知识背景的人组成一个小组，围绕一个特定的议题各抒己见，当参加者有了新观点和想法后就大声地说出来，在他人提出的观点之上建立新观点，所有的观点被记录下来但不做批评，当会议结束之后再对这些观点和想法进行评估。

要使头脑风暴法更加高效，需遵循以下几个要点。

（1）自由畅谈。为参加者提供自由愉快、畅所欲言的环境，没有任何条条框框的限制，参加者可放松思想、展开想象，尽可能标新立异，与众不同并大声说出或写下每一个想法。

（2）延迟评判。对会议上提出的任何想法不做评价，既不肯定，也不否定，也不发表评论性的意见，一切评价和判断都要延迟到会议结束后进行。

（3）追求数量。头脑风暴的目的是获得尽可能多的想法，追求数量是首要任务。在某种意义上，想法的质量和数量密切相关，产生的想法越多，其中的创造性想法就可能越多。

5. 焦点小组法

焦点小组法是重要的可行性评价方法之一，它将一组人集合起来讨论某一特定问题，获得一些定性数据，从而了解用户对一个新的观点、产品、设备等的看法和态度，通过改进使之更符合用户的要求，常用来帮助产生新的商业创意。

焦点小组一般由熟悉议题的 6～9 人组成，集中在一起进行交流讨论，通过交互作用使问题明朗化，访谈的效果很大程度上依赖于主持人的指导和促进讨论的能力，一个训练有素的主持人能够使小组讨论集中于“焦点”和维持热烈的讨论气氛。

2.3　创业机会的识别

创业过程的首个步骤是识别机会，随后评价被识别机会的可行性，进而采用合理的决策行为开发机会。创业机会就是通过创业来实现资源增值的一种可能性，由新的创意、促进实现有价值目标的信念和达成这种目标的行动三个方面组成。机会识别就是感知和认识机会。

2.3.1　创业机会识别的概念

创业机会识别是创业过程的起始阶段，是创业能力和竞争优势的重要来源之一，机会识别对整个创业过程，甚至对创业活动的成败都是至关重要的。

关于创业机会识别的概念，熊彼特认为，创业机会识别是产品选择、供给选择、生产方式选择、组织方式选择和市场选择等要素的总和，与创业者的动态创新有关，并取决于企业家的创新精神。该概念肯定了创业者的创新性行为对创业机会识别的重要作用。柯兹纳（Kirzner）认为，创业机会识别是创业者机敏发现的结果，是对必须要做的事情的发现，创业机会识别是创业的一个基本功能，而且是一个渐进的过程。柯兹纳在界定创业机会识别时提出了警觉性这个概念。恩德雷斯（Endres）和伍德（Wood）认为，机会识别是通过个体的系统搜寻发现的，机会识别过程是一个个体有意识地系统收集、处理并识别信息的过程，该过程依赖创业者不同的经验推断方法，使创业者可以在复杂的市场环境中发现内生的创业机会。该观点强调了机会的识别理念，引入了机会的认知理论，指出创业机会识别需要将创业者的认知特质与创业机会有机结合。

根据创业机会产生理论，创业机会来源于现有的某些资源未被最优使用，或某种市场需求未被满足。创业机会的成功识别，往往意味着创业者在此前彼此分离的市场需求与资源之间创造一个新的匹配关系，这种新的匹配关系的出现，可能为创业者带来新的盈利潜力。具体而言，创业机会识别就是创业者发现未被完全开发的市场需求，以及未被利用或充分利用的资源、技术或能力的过程。存在发现主义和结构信息主义认为，机会是客观存在于外部环境之中的，需要创业者去发现，其过程包括主动搜索和意外发现，显然，拥有高度警觉性并具有相关先验知识的人更容易识别创业机会。构建主义认为，创业机会是一种主观行为，是创造过程而非发现过程，甚至机会识别本身就是创造性的。事实上，以上两种观点并不矛盾，而是互相补充的。创业者在信息加工过程中会同时使用算法和探索两种方式，创业机会既可以被发现同时也可以被创造，因此在机会识别中，主客观因素的作用是同等重要的。机会识别作为企业用以发现盈利机会、提高企业市场地位的活动，伴随着企业发展周期的全过程。创业就是寻找市场机会，发现市场需求，需要通过投资经营企业来满足这种市场需求的活动。对创业者来说，真正的创业过程开始于创业机会的识别和发现。

2.3.2 创业机会识别的过程和模型

关于创业机会识别过程，根据侧重点不同，目前有多种模型。

1. Lindsay 和 Craig 提出的机会形成的三阶段模型

该模型将机会的形成过程分为以下三个阶段。第一阶段，机会的搜索，即搜索和发现可能的机会。这一阶段创业者需搜索整个环境以发现可能的机会，如果遇到了潜在的商机，便进入第二阶段——机会的识别。这一阶段需解决两个问题，即搜索到的创意是否是一个创业机会，如果是，它是否是创业者所期待的机会。因此，此阶段分为两步：第一步为机会的标准化识别阶段，创业者会用标准化的机会模式识别模板，判断所遇到的机会是否理想；第二步为机会的个性化识别阶段，即考察这一机会与创业者自身特点的匹配程度。第三阶段为机会的评估和审查阶段。这一阶段主要考察先前收集的相关信息，将直觉进行量化，根据风险以及风险水平和预期回报的一致性评价决定是否将这一创业机会付诸实践。

这一模型中的机会识别是狭义的，它处于整个过程的中间部位，连接着机会的搜索和评估阶段。

该模型对创业机会识别过程进行了广义与狭义的区分，广义的机会识别过程包括机会搜索、机会识别和机会评估或确认；狭义的机会识别过程分为标准机会识别和个性化机会识别两个阶段。该研究扩大了我们对机会识别过程的理解，为机会识别理论的发展做出了一定的贡献（图 2-4）。

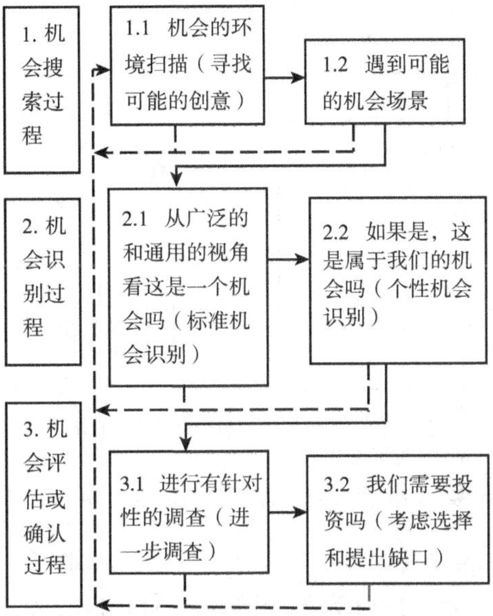

图 2-4　创业机会识别的过程

2. Ardichvili 等提出的机会开发模型

Ardichvili 等从市场需求和资源的关系出发，提出机会识别由三个不同的阶段组成，分别是察觉、发现和创造。首先，创业者要感知或察觉到市场的需求以及未充分利用的资源。其次，创业者要发现资源与需求的匹配。这种匹配是市场中已经存在的，尽管它可能并不完美，但为创业者在这一领域进行探索提供了可能。最后，创业者需对现有资源重新定位和组合，使其迎合市场需求，创造资源与需求的匹配，使资源在现有基础上发挥更大的作用。Ardichvili 等认为完整的机会开发包括机会识别、机会评估和机会开发（狭义）三步。创业机会经过察觉、发现和创造三个步骤被识别，接着就进入开发阶段，而机会的评估则贯穿于识别和开发的全过程，如果评估的结果不理想，那么创业项目就会被终止。

该模型明确了机会类型对创业机会识别的影响，并指出机会类型和创业警觉性、信息不对称、先验知识、社会网络、个性特征（包括乐观、自我效能感、创造力等）是影响机会识别和开发的主要因素（图 2-5）。该观点受到后期各国学者的广泛引用。

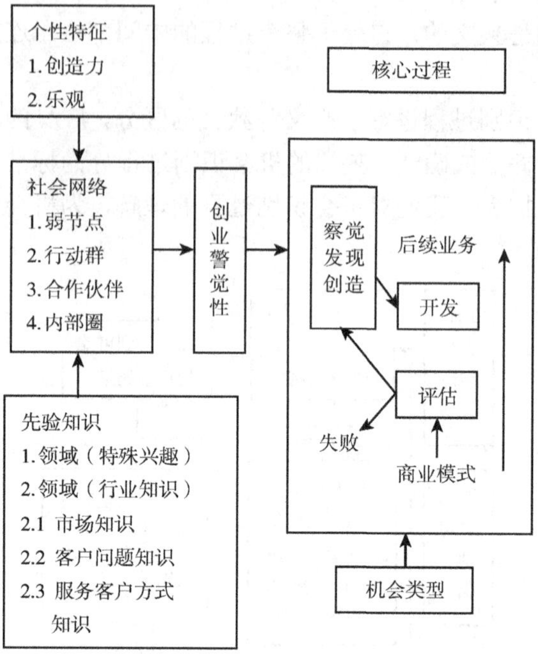

图 2-5　创业机会识别的开发模型

3. 以创造力为基础的多维度机会识别过程模型

Hills、Shrader 和 Lumpkin 以心理学理论为基础，构造了一个创业机会识别的五阶段模型（图 2-6），该模型将机会识别分为五个阶段：①准备阶段，指知识和技能的准备，这些知识和技能，可能来自创业者的个人背景、工作或学习经历、爱好以及社会网络；②沉思阶段，指创业者的创新构思活动，这一过程并非有意识地解决问题或系统分析，而是对各种可能和选择的无意识考虑；③洞察阶段，指创意从潜意识中迸发出来，或经他人提点，被创业者意识，这类似于问题解决的领悟阶段，可以用“豁然开朗”来形容；④评估阶段，即有意识地对创意的价值和可行性进行评定与判断，评估的方式包括初步的市场调查、与他人进行交流以及对商业前景的考察；⑤经营阶段，是指对创意进一步细化和精确，使创意得以实现。该模型没有考虑机会可以通过理性思维方式，如系统分析、逻辑推理等发现，而是认为机会是直觉思维的结果。

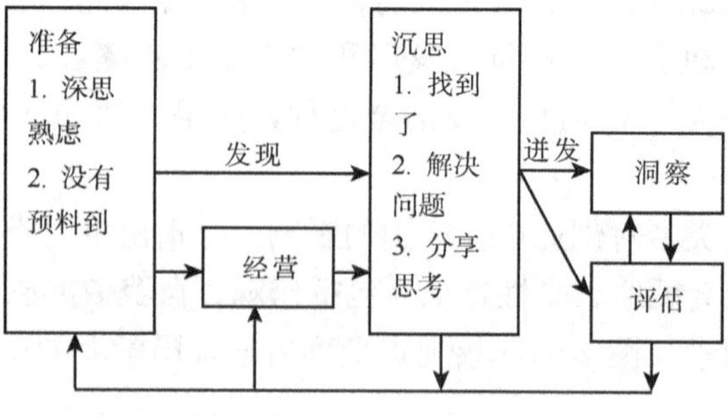

图 2-6　创业机会识别的五阶段模型

4. 基于模式识别的特征分析模型与原型模型

Baron 指出创业者识别机会的过程类似于客体模式识别过程，即机会本身存在可观察的特征，以至于被创业者识别。在这一过程中依赖于经验获得的认知框架起到了关键作用，这些框架可以使个体注意到那些看似无关的事件或趋势之间的联系（如技术的进步、市场的转变以及政策的调整），进而检测到有意义的模式，实现创业机会的识别。以模式识别为基础，机会识别的过程模型又分为特征分析模型和原型模型两种。根据特征分析模型，创业者利用的是机会的特征，当所遇事件或刺激的特征与之匹配，机会便得以识别。创业机会的特征有四个维度：①新颖性，即判断面临的新刺激是否区别于已有的心理模型；②可行性，即分析机会是否具有可操作性，是否可行；③奇特性，即机会中蕴含的新产品和新服务尚未真正出现；④独立性，挖掘机会内在的独特因素，以至于别人不能轻易模仿。大多数特征分析模型都是重点关注机会的特征，认为创业者识别机会是由于其与创业者的想象相符合。就像机会有不同类型一样，创业者也不尽相同，这些不同将会导致其对机会的看法与决定不同，新手对机会的想象是基于新颖性和独特性，而经验丰富的创业者则是基于盈利性和可行性。原型指的是一个类别或范畴内所有个体的典型表征，由创业者通过自身经验构建。原型模型认为创业者会将观察到的事件或刺激与自己现有的商业机会原型对比，二者越匹配，机会越容易被识别。与原型模型类似，范例模型同样主张对比，但范例模型更强调具体实例。换而言之，其对比的对象不是有关商机的典型表征，而是由创业者在经历过的商机中提炼出的范例。不论是原型还是范例，都是个体对机会的内部表征，两个模型的基本观点是一致的。关于原型模型，进一步研究发现，有经验的创业者关于商机的模型相比于新手而言定义更加清晰、内容更加丰富，并与创业开始的条件和因素有更密切的联系。不难看出，两种模型都以模式识别理论为基础，强调将新异刺激与原有认知进行比较。特征分析模型更多关注的是零散的特征，原型模型则是将特征整合起来，以解释更复杂的客体识别过程。

在创业机会识别过程中，信息对创业者至关重要。要充分把握和了解市场需求，创业者就需要仔细收集和认真研究相关的市场信息。通过收集和研究信息来了解潜在市场规模、谁是顾客，以及竞争对手的实际情况、分销商和供应商的基本情况、进入和退出壁垒、行业特征、行业结构、定价策略、分销策略等情况的信息，便于做出科学的决策。具体来说，创业机会的识别必须收集以下几项信息。

（1）创业机会的原始市场规模信息。创业机会的原始市场规模是指创业机会形成初期的市场规模。创业企业在创业初期可能销售的规模取决于原始市场规模，原始市场规模决定了利润的多少。因此，了解、分析、收集创业机会的原始市场规模的信息尤为重要。一般而言，创业企业只要占有极少的市场份额就会拥有较大的销售规模，所以原始市场的规模越大越好，这样就足以使创业企业生存下去了。

（2）创业机会存在的时间跨度信息。任何的创业机会都是有时间限制的，如果超过这个时限，创业机会也将不存在。不同行业的创业机会和同一行业不同时期的创业机会存在的时间跨度都是不一样的。对于创业企业来说，时间跨度越长，抓住好机会、调整企业自身发展的时间就会越长；相反，时间跨度越短，创业企业抓住机会的可能性就会越小。

（3）创业机会的市场规模随时间增长的速度而变化信息。创业企业的成长速度是由创业机会的市场规模增长的速度来决定的。一般情况下，创业企业的成长速度和创业机会的市场规模增长的速度是成正比的，所以，市场规模增长速度越快、规模越大，创业企业的销售量和销售量增长的速度也会越快。创业机会的市场规模总是随时间变化而变化，随之而来的风险和利润也会随时间的变化而变化。

（4）创业机会具有可实现性信息。创业者想要成功必须具备一些条件，必须拥有并利用好该创业机会所需要的关键信息和资源，在遇到强大的竞争对手时能够与之相抗，能够有实力创新市场并占领大部分的新市场，有能力承担创业机会所带来的风险和压力，等等。具备以上条件，创业机会对创业者而言是可以抓住的，否则对该创业者来说，只是可望而不可即的事。

2.3.3 创业机会识别的影响因素

机会识别是一个受多重因素影响的复杂过程，不同创业者往往关注不同的创业机会，即使是同一个创业机会，不同人对其评价也往往不同。创业机会识别作为一种主动行为，带有浓厚的主观色彩，创业者的个体因素起到了重要作用，同时，创业者的社会网络、创业机会特征和外部环境因素同样不容忽视。

1. 创业者的个性特征

机会识别是一种主观色彩浓厚的行为，即使某一机会已经表现出较好的价值预期，但是并非每个人都能从事这一机会的开发，并且坚持到最后的成功，因此创业者的个性特征对于机会识别来说更为重要。

1）人格特质

创业者的人格特质对创业机会识别有着重要作用。成功的创业者可以发现其他人看不到的机会。创业机会识别受到创业者风险感知、不确定性规避、自我效能、成就取向、控制点及独立性需要等人格特质的影响，机会性人格、变革性人格、坚韧性人格及创业感知风险有利于创业机会识别。创业者创新精神对机会识别非常重要，机会识别是一个过程，需要创业者用全新的视角审视现有的产品、服务及业务存在的问题，创造性思维和创新意识可以使创业者突破思维定式，获得原创性的分析问题、解决问题的思路；另外，有研究表明创业者的乐观精神与创业机会的识别之间有极大的正相关关系。

2）创业警觉性

创业警觉也称创业意识，是指创业者对创业机会的持续关注与警觉的心理倾向。创业警觉性来自创业者对于市场环境和技术的独特知识，而无须刻意进行搜寻，大多数创业机会都是偶然间发现的，警觉性高的、拥有更多市场信息的创业者更有可能警觉到人们忽略的机会并对机会加以成功利用。研究发现，创业者的创业警觉性与其所能识别出的机会数量呈正相关关系，高的创业警觉性能够提高创业机会识别的概率。创业警觉性是当机会存在时能识别机会的一种独特的准备，它由创业者的社会网络、先验知识和个性特质所决定，创业者的社会网络将影响创业机会的识别，创业者的个人爱好领域和从事的行业领域如果能够交叉，将增加机会识别的可能性。行业领域中的关于市场的先验知识、关于服务市场方式的先验知识、关于顾客问题的先验知识与成功识别机会正相关，创业者具备与自我效能相关的乐观和创造性的个性特质将增加其创业警觉性。

3）创业动机

动机是激发和维持有机体的行动，并使行动导向某一目标的心理倾向或内部驱动力，是促使创业者进行深入思考并做出相应决策与行为的出发点和动力之所在。创业者在从事创业活动时都被一定强度的内在驱动力所推动，这个内在驱动力就是他的创业动机。创业者的创业动机主要有四种，包括：获取金钱报酬，主要是指增加个人的财富和收入；获取内在报酬，主要是指获得事业成就感、价值实现感和获得公众的认可；获取独立与自我控制需要，主要是指摆脱监管和束缚而获得的独立性和摆脱单调例行工作而获得的满意生活方式；获取个人生活保障，主要是指创业者通过创业为自己和家庭提供生活保障。怀有创业动机的人对创业相关问题更具有主动性和敏感性，这有利于他对创业机会的发现和捕捉。

4）先验知识

先验知识是个人在过去的工作、学习生活中积累的知识和经验，它主要包括培训得来的理论知识、先前创业得来的创业经验以及先前工作过程中积累的行业工作经验等，每个人因为各自不同的人生经历会具有不同的先验知识，而这些不同的先验知识导致不同个体面对同一环境时会看到不同的机会。先验知识和认知特点决定了一些人能发现别人发现不了的机会。先验知识对创业机会的发现极为重要，调查发现先验知识与创业机会识别的数量正相关，这是因为人们倾向于注意与他们已经知道的信息相关的信息。因此，由于先前知识触发了创业者对新信息价值的感知，机会被发现。由于不同行为主体之间信息不对称，才可能存在创业。创业者只是发现那些与其先前知识相关的机会。任何给定的创业机会并不是对所有创业者都是显而易见的，市场中的行为主体不可能在同一时刻掌握完全相同的信息，每一个体异质性的先前知识事实上建立了一种解释和认知外部环境的知识通道，这使其只能感知某个机会而不是其他机会。

2. 社会网络

社会网络对创业机会识别至关重要，社会网络是创业者获取信息的主要来源，而信息是创业机会的重要组成部分。广泛的社会网络可以提供独特的信息，导致网络创业者比单独创业者更能感知创业机会。创业者的社会网络不仅影响着创业者能不能发现机会，还影响着创业者能发现什么样的机会，直接影响创业机会识别的有效性。创业者的网络规模越大，获取的独特性信息越多，发现具有开发价值的创业机会就越多。实证研究证明，创业者的家族资本、社会资本、社会网络会对创业机会识别产生积极影响，创业者社会关系强度、网络规模、网络密度等网络结构特征与机会发现可能性之间存在正向因果关系。

3. 环境因素

环境因素包括技术创新、制度变革、经济走势、社会习俗、文化法律等多项内容。创业环境是一个动态的系统，具有动态性和复杂性特征。根据环境的动态性和复杂性，可以把环境的不确定性分为低程度的不确定性、中等程度的不确定性、较高程度的不确定性和高程度的不确定性，低程度的不确定性环境处于一种简单与稳定的状况，外部不确定性因素较少，且变化频度和幅度不大，便于创业者分析判断，便于创业者识别创业机会并迅速决策；中等程度的不确定性环境处于一种复杂与稳定的状况，外部不确定性因素较多，但各因素变化频度和幅度不大，创业者分析判断起来考虑的因素较多，识别机会相对难一些。较高程度的不确定性环境处于一种简单与不稳定的状况，外部不确定性因素较少，但各因素变化频度和幅度较大，且无预见性，不利于创业者分析判断，识别机会较难。高程度的不确定性环境处于一种复杂与不稳定的状况，其外部不确定性因素多，各因素变化频度和幅度较大，且无预见性，使得创业者分析判断难，识别机会也很难。创业环境的不确定性一方面增加创业机会搜索、发现、评估的成本；另一方面也生产出更多的新的信息与资源，使创业者可以发现更多的创业机会。

4. 机会本身特征

创业机会本身特征是影响创业者是否对之进行评价的基本因素。创业者选择某项机会是因为相信其能够产生足够的价值来弥补投入的成本，创业机会本身特征很大程度上决定了创业者对其未来价值的预期，因而对创业者的机会评价产生重大影响。创业机会本身特征包括创业产品市场需求、市场结构、市场规模以及市场利润等因素。不同类型机会其开发过程不同，创业机会类型会对机会识别方式产生影响。创业机会可分为编码型机会和默会型机会两种，其中，编码型机会是指可以明确和规范表达、能通过结构化程序搜寻获得的机会，默会型机会是指难以表达和言明，是下意识的和无意识的，大部分是通过个人敏锐的洞察力和领悟能力获取的创业机会。编码型机会的识别主要是靠系统搜寻来发现的，默会型机会的识别主要是靠个人灵感偶然发现的，创业机会的特征、个人因素与机会因素匹配中的互补型匹配会对创业机会识别产生积极影响。实证研究表明，创业者更偏好于有价值的并且与自己以往知识有关的机会，因为这种机会更符合创业者的愿望并具有一定的可行性。

2.4 创业机会的评价

看到创业机会、产生创意想法并发展成清晰的商业概念意味着创业机会得到了识别，但识别出的创业机会是否值得投入资源进行开发，是否能够带来收益，成为有价值的创业机会，还需要进行进一步的评价。

2.4.1 创业机会的评价方法

创业机会具有综合性、多变性、复杂性及易逝性特点，这些特点在很大程度上决定了人们对创业机会难以通过简单的非此即彼的逻辑进行评价，也不能采用片面的财务或是技术指标加以评价。

1. Timmons 机会评价指标体系

美国哈佛大学教授杰弗里·蒂蒙斯（Jeffy A. Timmons）1999 年提出的创业机会的评

价指标体系是目前创业学领域应用最为广泛的评价方法，其从产业和市场、经济因素、竞争优势、管理团队、个人标准、收获条件、致命缺陷问题、理想与现实的战略差异八个方面设计了 53 个项目对创业机会进行评价，具体评价指标体系见表 2-1。

表 2-1　Timmons 机会评价指标体系

评价要素	评价指标
产业和市场	1. 市场容易识别，可以带来持续收入
	2. 顾客可以接受产品或服务，愿意为此付费
	3. 产品的附加价值高
	4. 产品对市场的影响力大
	5. 将要开发的产品生命长久
	6. 项目所在的产业是新兴产业，竞争不完善
	7. 市场规模大，销售潜力大
	8. 市场成长率在 30%～50%，甚至更高
	9. 现有厂商的生产能力几乎完全饱和
	10. 5 年内能占据市场领导地位，达到 20%以上
	11. 拥有低成本的供货商，具有成本优势
经济因素	12. 达到盈亏平衡点所需要的时间在 2 年以内
	13. 盈亏平衡点不会逐渐提高
	14. 投资回报率在 25%以上
	15. 项目对资金的要求不是很大，能够获得融资
	16. 销售额的年增长率高于 15%
	17. 有良好的现金流量，能占销售额的 20%～30%
	18. 能获得持久的毛利，毛利率要达到 40%以上
	19. 能获得持久的税后利润，税后利润率要超过 10%
	20. 资产集中度低
	21. 运营资金不多，需求量是逐渐增加的
	22. 研究开发工作对资金的要求不高
竞争优势	23. 固定成本和可变成本低
	24. 对成本、价格和销售的控制较高
	25. 已经获得或可以获得对专利所有权的保护
	26. 竞争对手尚未觉醒，竞争较弱
	27. 拥有专利或具有某种独占性
	28. 拥有发展良好的网络关系，容易获得合同
	29. 拥有杰出的关键人员和管理团队
管理团队	30. 创业者团队是一个优秀管理者的组合
	31. 产业和技术经验达到了本产业内的最高水平
	32. 管理团队的正直廉洁程度达到最高水准
	33. 管理团队知道自己缺乏哪方面的知识
个人标准	34. 个人目标与创业活动相符合
	35. 创业家可以做到在有限的风险下实现成功

续表

评价要素	评价指标
个人标准	36. 创业家能接受薪水减少等损失
	37. 创业家渴望进行创业这种生活方式，而不只是为了赚大钱
	38. 创业家可以承受适当的风险
	39. 创业家在压力下状态依然良好
收获条件	40. 项目带来的附加价值具有较高的战略意义
	41. 存在现有的或可预料的退出方式
	42. 资本市场环境有利，可以实现资本的流动
致命缺陷问题	43. 不存在任何致命缺陷问题
理性与现实的战略差异	44. 理想与现实情况相吻合
	45. 管理团队已经是最好的
	46. 在客户服务管理方面有很好的服务理念
	47. 所创办的事业顺应时代潮流
	48. 所采取的技术具有突破性，不存在许多替代品或竞争对手
	49. 具备灵活的适应能力，能快速地进行取舍
	50. 始终在寻找新的机会
	51. 定价与市场领先者几乎持平
	52. 能够获得销售渠道，或已经拥有现成的网络
	53. 能够允许失败

对上述 53 项描述，做出“是”或“否”的判断，分别统计回答“是”与“否”的项目数量，求得两者数目总数比值，比值越大，则意味着机会价值与可行性越高，从而对创业机会进行定性比较，为创业者或投资者筛选创业机会提供参考。

2. 标准打分矩阵

首先选取对创业机会成功有重要影响的因素；其次由创业者或投资者对每一个创业机会下的每一个因素进行极好（3 分）、好（2 分）、一般（1 分）三个等级的打分，由专家小组确定每一等级的权重；最后计算每一因素的加权平均分，对不同的创业机会进行比较。标准打分矩阵如表 2-2 所示。

表 2-2 标准打分矩阵

标准	专家评分			
	极好（3 分）	好（2 分）	一般（1 分）	加权平均分
易操作性	权重 1	权重 2	权重 3	
质量和易维护性	权重 1	权重 2	权重 3	
市场接受度	权重 1	权重 2	权重 3	
增加资本的能力	权重 1	权重 2	权重 3	
投资回报	权重 1	权重 2	权重 3	
专利权状况	权重 1	权重 2	权重 3	
市场的大小	权重 1	权重 2	权重 3	

续表

标准	专家评分			
	极好（3 分）	好（2 分）	一般（1 分）	加权平均分
制造的简单性	权重 1	权重 2	权重 3	
广告潜力	权重 1	权重 2	权重 3	
成长的潜力	权重 1	权重 2	权重 3	

表 2-2 列举了 10 项评价因素，在实际操作过程中，可根据创业机会的具体情况删减、增加或修改评价因素，以对创业机会做出较为准确的评价。

3. 优先级比较法

机会优先级计算公式如下：

$$\text{机会优先级}=\text{技术成功概率}\times\text{商业成功概率}\times(\text{价格}-\text{成本})\times\text{投资生命周期}/\text{总成本} \quad (2.1)$$

在式（2.1）中，技术成功概率与商业成功概率以百分比表示，价格与成本均指单位产品，投资生命周期是可以预期的年均销售数保持不变的年限，总成本是预期的所有投入。对于不同的创业机会计算其优先级，优先级越高则创业成功的可能性越大。

4. 成功潜力比较法

该方法通过创业者填写选项式问卷来得到创业机会的成功潜力值。问卷设计了不同的选项并预先确定各选项的权重，创业者将创业机会的各因素做出－2 分到＋2 分的评价，最后求得所有因素的加权总分，总分越高说明创业机会的成功潜力越大（表 2-3）。

表 2-3　成功潜力评分表

因素	得分	权重
对于税前投资回报率的贡献		
预期的年销售额		
生命周期中预期的成长阶段		
从创业到销售额高速增长的预期时间		
投资回收期		
占有领先者地位的潜力		
商业周期的影响		
为产品制定高价的潜力		
进入市场的容易程度		
市场试验的时间范围		
销售人员的要求		

5. 选择因素法

在选择因素法中，通过设定的 11 个选择因素来对创业机会进行判断。如果某个创业机会只符合其中 6 个或更少的因素，通常情况下这个创业机会是不可取的；相反，如果某个创业机会符合其中 7 个或以上的因素，那么这个创业机会就是值得考虑的（表 2-4）。

表 2-4 选择因素法

序号	因素
1	这个创业机会在现阶段是否只有你一个人发现了？
2	初始的产品生产成本是否可以承受？
3	初始的市场开发成本是否可以承受？
4	产品是否具有高利润回报的潜力？
5	是否可以预期产品投放市场和达到盈亏平衡点的时间？
6	潜在的市场是否巨大？
7	你的产品是否是一个高速成长的产品家族中的第一个成员？
8	你是否拥有一些现成的初始用户？
9	是否可以预期产品的开发成本和开发周期？
10	是否处于一个成长中的行业？
11	金融界是否能够理解你的产品和顾客对它的需求？

2.4.2 创业机会的可行性评估

可行性评估就是用各种方法——访谈行业专家、调查预期消费者、研究产业趋势、考察融资渠道及方式等，对创业机会进行剖析，不仅可以确定创业机会的可行性价值，还可以在评估的过程中改进、调整和完善创业机会。对创业机会的可行性评估可以从产品/服务、行业/市场、盈利能力和创业团队能力四个方面展开。

1. 产品/服务可行性评估

产品/服务可行性评估（produce/service feasibility assessment）指对拟推出的产品或服务的总体吸引力进行评估。新创企业可以成功的首要因素是企业能够提供优秀的产品或服务，因此，创业者的第一要务就是解决以何种产品、何种方式最快、最有效地满足客户需求。

1）产品/服务的合理性评估

对产品/服务的合理性评估通常借助概念测试方法，向预期用户展示产品/服务，以评估消费者的兴趣、意向和购买意愿。从产品/服务的描述、预期目标市场、产品/服务的好处、产品/服务竞争定位的描述及产品/服务营销模式的描述五个方面制作概念陈述书，之后将概念陈述书发给相关行业内的专家，请其给出产品/服务的不足之处、改进意见、对产品/服务的可行性判断及其他建议等以完善产品/服务的创意。

2）产品/服务的需求度评估

通过购买意愿调查可以对产品/服务的需求状况做出评估，购买意愿调查由概念陈述书和调查表组成。调查表主要涉及营销方面的内容，针对产品的功能需求（如是否愿意购买该产品/服务）、价格需求（如愿意为该产品/服务支付多少钱）和外延需求（如希望在何处购买该产品/服务）进行问题设计，与概念陈述书一起发给 30 名左右的潜在客户，对产品/服务的需求状况做出调查。

2. 行业/市场可行性评估

行业/市场可行性评估（industry/market feasibility assessment）是对将要提供的产品或服务的整体市场吸引力进行评估，主要包括产业吸引力评估、目标市场吸引力评估和市场进入时机评估。

1）产业吸引力评估

新创企业可行性的一个重要决定因素是其所选择产业的吸引力。一个强吸引力的产业应满足以下条件：产业内几乎没有竞争者，产业集中化程度低，产业历史短，产业生命周期所处阶段为导入期，产业增长率和产业内企业平均净收益率较高，产业内让消费者感兴趣的新产品数量较多，且对消费者而言都是必需品，经济与环境趋势对产业发展非常有利，长期发展前景好。表 2-5 列出了评估产业吸引力的 10 个指标。

表 2-5　评估产业吸引力的 10 个指标

评估指标	高潜力
1. 竞争者数量	没有
2. 产业生命周期所处阶段	导入期
3. 产业增长率	高
4. 产业内产品对消费者的重要性	必需品
5. 产业内企业平均净收益率	高
6. 产业集中化程度	低
7. 经济与环境趋势对产业发展有利程度	高
8. 产业内让消费者感兴趣的新产品数量	多
9. 产业历史	短
10. 长期发展前景	好

资料来源：布鲁斯·R. 巴林杰. 创业计划：从创意到执行方案[M]. 陈忠卫，等译. 北京：机械工业出版社，2009（有改动）

2）目标市场吸引力评估

在创始阶段，新创企业并不具备在较大市场拓展业务的实力，而是通过识别较大市场中新兴的或未被发现的利基市场得以存活并走向成功的，利基市场战略可以使新创企业避免与主要竞争对手的正面交锋，有利于新创企业集中精力把某个特定市场做成功。一个具有强吸引力的目标市场应满足以下条件：目标市场内没有竞争对手，企业增长率和企业平均利润率较高，企业盈利方式切实可行，具备构筑潜在竞争者进入壁垒的能力，消费者对当前目标市场提供的产品满意度低，但对拟进入目标市场的产品非常感兴趣，新创企业利用低成本营销或口碑营销能力强。表 2-6 列出了评估目标市场吸引力的 8 个指标。

表 2-6 评估目标市场吸引力的 8 个指标

评估指标	高潜力
1. 目标市场内竞争者的数量	无
2. 目标市场内企业的增长率	高
3. 目标市场内企业的平均利润率	高
4. 产业内企业的盈利方法	切实可行
5. 构筑潜在竞争者进入壁垒的能力	强
6. 消费者对当前目标市场提供的产品满意度	低
7. 利用低成本营销或口碑营销的能力	强
8. 目标市场消费者对产品的兴趣	高

资料来源：布鲁斯·R. 巴林杰. 创业计划：从创意到执行方案[M]. 陈忠卫，等译. 北京：机械工业出版社，2009（有改动）

3）市场进入时机评估

把握新产品入市的有利时机，不仅是创业成功的基础，而且是市场前景是否光明的重要保障。入市时机的评估首先要确定新产品的商机之窗是否开启，避免陷入市场沉默期；其次要明确准备进入的行业当前的动态性和创办企业的时机是否合适，这要求创业者必须对市场的经济学知识有基本了解，准确把握本行业的发展态势。产品进入市场的最佳时机应具备以下条件：消费者的欲购情绪高涨，产品能引起市场轰动，市场需求大，消费环境好，市场跟进者少。表 2-7 列出了评估市场进入时机的 5 个指标。

表 2-7 评估市场进入时机的 5 个指标

评估指标	高潜力
1. 消费者的欲购情绪	高涨
2. 市场轰动性	迅速有冲力
3. 市场或当地对拟建企业的需求	大
4. 环境趋势对目标市场发展有利的程度	高
5. 近期市场跟进者	无

资料来源：布鲁斯·R. 巴林杰. 创业计划：从创意到执行方案[M]. 陈忠卫，等译. 北京：机械工业出版社，2009（有改动）

3. 盈利能力评估

过去的行为是对未来行为的最好预测，企业盈利能力的评估就是基于以上前提，对企业未来的获利能力进行评估。对企业盈利能力的评估可从资本需求的估算、同类企业盈利能力的评估以及财务吸引力的评估三个方面进行。

1）资本需求的估算

新创企业的启动资金包括固定资产投资和流动资金，虽然不需要很精确，但大致需要多少资本，创业者要做到心中有数。创业者应根据新创企业的规模，即预测的销售量情况，估算出需要的启动资金数量，只有准备充足的资金才不会在创业的过程中因资金不足而丧失盈利能力，甚至导致企业因现金流断裂而夭折。

2）同类企业盈利能力的评估

了解同类企业的盈利能力，可以预测新创企业未来的经济命运。查询同类企业的财务业绩资料时，有以下几种途径可以使用：中国企业数据库网站，中国中小企业局各省、市网站，中小企业研究机构的网站，行业管理协会；已经离开竞争者公司的雇员，咨询公司、市场调研公司、制造商、供应商、分销商、关键客户及买家，行业内同类企业的管理者，等等。

3）财务吸引力的评估

财务吸引力的评估主要评估企业投资的回报率以及相关财务要素与商机的相关度，以保证投资的合理性。较好的财务吸引力应满足以下四个条件：新创企业在目标市场上的销售额能够稳步增长，两年内就可以靠自我盈余支持企业发展；客户能给企业带来可观的收入；创业者具有较强的资金运筹能力；投资者的退出机会较小。如果创业机会不能带来较好的投资回报，这样的机会是没有价值的。

4. 创业团队能力评估

评估创业团队的综合能力有助于新创企业实现商机价值的最大化。评估创业团队的能力主要从其管理能力和资源整合能力两方面进行。

1）管理能力的评估

对创业团队管理能力的评估有两方面：一是评价创业团队的创业热情有多高，二是评价对拟进入市场的熟悉程度。一个高潜力的创业团队应具备以下条件：高昂的对创意的热情，丰富的专业经验，深厚的社会人脉资源，持续的创新能力，一支具备工商管理能力、懂技术、能进行优势互补的团队。表 2-8 列出了评估创业团队管理能力的 7 个指标。

表 2-8 评估创业团队管理能力的 7 个指标

评估指标	高潜力
1. 对商业创意的热情	高
2. 相关产业经验	丰富
3. 先期创业经验	丰富
4. 职业与社会网络的深度	强
5. 管理团队成员的创造力	高
6. 现金流管理方面的经验和知识	高
7. MBA 等大学文凭	有

资料来源：布鲁斯·R. 巴林杰. 创业计划：从创意到执行方案[M]. 陈忠卫，等译. 北京：机械工业出版社，2009（有改动）

2）资源整合能力的评估

之所以要评估创业团队的资源整合能力，很重要的原因是创业者的资金、时间、人员及其他资源都是有限的。创建新企业需要的核心资源包括：办公场地、试验场地、生产场地或服务企业用地，委托生产商或外包服务提供商，供应商，与同类企业信息共享的机会，企业运转所需的关键设备及软件服务，关键管理人员，关键得力员工，获得关键技术或专利等知识产权保护，与大学等机构的产学研合作，与消费者的接触，当地政府的支持扶助，等等。创业团队能否获得以上全部或部分资源是对其资源整合能力的检验。

本章小结

本章重点介绍了创业机会的基本理论，包括创业机会的概念与分类，创业机会的特征，创业机会的来源，创业机会识别过程、模型和影响因素，创业机会的评价方法和创业机会的可行性评估模型，分析了创意产生过程及激发创意的方法，提供了创业机会评价和可行性评估指标体系。

思考题

1. 你认为好的创业机会应具备哪些基本条件？

2. 在大学校园中，有为数不少的同学对创业很感兴趣，同样有创业意愿的人，为什么有的人能够发现创业机会，而另一些人却看不到创业机会呢？谈谈你的想法。

3. 通过网络了解在 20 世纪末的互联网浪潮中取得成功的一些创业者。分析：①他们曾经面临的机会是什么？②帮助他们取得创业成功的因素是什么？

4. 从不同渠道联系 3～5 位不同专业的同学，举行一次头脑风暴，针对某一领域，让大家从各自专业出发，分析一下自己身边的创业机会。

案例分析

案例一：小肥羊成功创业历程

1999 年，内蒙古小肥羊餐饮连锁有限公司（以下简称“小肥羊”）在包头开业，仅用了 7 年时间就在包括港、澳、台的中国以及日本、北美快速扩展了 720 家分店，扩张速度之快令人惊叹。2006 年 7 月 24 日，小肥羊同英国最大的创业及私募投资机构 3i 集团公司（以下简称“3i”）和西班牙普凯基金公司（以下简称“普凯集团”）达成投资协议，规模达 2500 万美元，开创了外资入股中国餐饮企业的第一例。一个传统行业的企业为何能引起国际资本的关注？

一、连锁餐饮帝国的诞生

可能连小肥羊的创始人张钢当时也没有预料到，他的一家火锅店能发展为餐饮帝国，更让他没有料到的是，他的餐饮帝国的崛起竟来自“不蘸小料一招鲜”这种独特的火锅。

1998 年初，张钢和朋友在一起吃羊肉火锅的过程中，发现“不蘸小料”的火锅味道不错，朦胧之中张钢感觉这是一个商机。张钢意识到羊肉火锅将是一个大市场，决定自己开家火锅店。经过反复配制、多次改进，一种用当归、枸杞、党参、桂圆等调料独特配制的火锅底料诞生了。羊肉入汤后，口感嫩，口味鲜香，完全可以不蘸小料。这样，就甩掉了烦琐的小料包袱，开辟了一条火锅快餐化之路，为日后小肥羊的规模化、连锁化经营打下了基础。

在中国人眼中很吉利的日子——1999 年 8 月 8 日，小肥羊的第一家店在包头开张了。

一开业便受到消费者的欢迎。随后，小肥羊的发展犹如星火燎原，直营店、加盟店当年便开始向全国延伸。从2003年开始，小肥羊已经连续3年营业额仅次于拥有肯德基、必胜客等著名餐饮品牌的中国百胜餐饮集团，荣居“中国餐饮企业百强第二”。从下面的一连串数字里可以窥见小肥羊发展的速度有多快了。

2000年，在上海、北京、深圳开直营和连锁加盟店。

2001年，正式开始特许加盟，当年发展445家，实现营业额15亿元。

2002年，正式在火锅店家乡成都开业，这一年销售额25亿元。

2003年，加盟店达到660家；并在美国开店，销售额达到30亿元。

2004年，第696家分店开到中国香港。

2005年5月27日，排位718的中国台湾松江店开业，小肥羊成功登陆台湾地区。10月，小肥羊在香港开了第四家店，为小肥羊创造了1.4亿元的营业额。11月8日，北美第一家直营店——多伦多小肥羊店试营业的当天流水就有5万元。2005年底，小肥羊店数达到720家，销售额达到52.5亿元。

2006年，小肥羊在日本跟一家上市公司合作开设了一家连锁店。之后，小肥羊又在新加坡、韩国等亚洲市场以及美国开设了连锁店。

二、风投追逐小肥羊

嗅觉灵敏的风险投资家很快就发现了小肥羊的投资价值。3i的王岱宗无疑是其中最灵敏的一位。2005年，王岱宗离开高盛，出任3i副总裁。加盟3i后，王岱宗一直在琢磨什么样的企业值得投资。他想到了若干年前曾经在上海光顾过的小肥羊，当时小肥羊火锅鲜美的味道给他留下深刻的印象。在王岱宗看来，小肥羊原料和汤料是标准化的，非常适合规模化发展。在经过各种渠道对小肥羊了解后，王岱宗径直飞到小肥羊的总部——号称“稀土之都”“草原钢城”的内蒙古包头，提出对小肥羊最少投资2000万美元的意愿。然而，由于经营状况良好，小肥羊并没有融资的想法。“我们不缺钱”，这是王岱宗最初从小肥羊得到的答复。即便需要，1000万美元也足矣。投资人伸出的橄榄枝就这样被婉拒了。

不过，风险投资人没有那么容易被拒绝，经过对小肥羊的经营模式进行分析，特别是对小肥羊兴起的法宝——连锁经营模式进行了周密的调研和分析，投资人凭借锐利的眼光看出了这一法宝同时也是小肥羊的心结。投资人再次上门洽谈，祭出了经过自己调研获得的法宝，列举了小肥羊在目前经营中的软肋所在，同时对小肥羊阐述了自己在这方面的优势，以及能给小肥羊带来的解决方案，终于说动了小肥羊决定引入战略投资者。到底是什么让小肥羊一改初衷呢？正是其赖以发展的法宝——连锁经营。

2000～2002年，小肥羊为了追求规模效应和资金的原始积累，曾大面积发展特许加盟店，然而，扩张过快的特许经营给小肥羊带来了管理上的隐患，小肥羊对加盟商的管理曾一度失控。加盟商追求利益和小肥羊追求规模效应之间出现了鸿沟，一些加盟商的不规范行为给小肥羊的业绩和品牌造成了恶劣的影响。小肥羊决定调整战略，收回加盟店，大力发展直销店来达到一石多鸟的目的，3i的资金就显得相当必要了。毕竟靠小肥羊自身的流动资金和银行贷款还不足以在短期内完成这一紧迫的任务。

小肥羊准备引入外资的消息很快在业内传开来，就在做审计的那段时间里，包括摩根、高盛等在内的境内外20多家风投机构纷纷找到了小肥羊，明确表达投资意向的也有三四家。

在各方风投慕名涌来的时候，3i也不断前往小肥羊进行谈判。各个公司的方案摆在小肥羊面前，其中也有让小肥羊非常动心的方案，但最终，小肥羊还是选定了最早到来、接触时间比较长、行事风格也比较合拍的3i做投资合作伙伴。小肥羊常务副总裁卢文兵解释道："在接触过程中，3i对于餐饮行业的理解和深厚的国际网络让我感到吃惊。"事实也的确如此，参股小肥羊之前，3i已经在全球投资了60多家食品企业，对餐饮连锁具有丰富的行业经验和网络关系。

然而，和3i的谈判并不是一帆风顺的。双方曾就股价问题发生了激烈的争执。3i给出7倍的市盈率，但小肥羊觉得太低，要求10倍的市盈率。为了这个问题，双方来来回回谈判了好几次，有时候甚至争得面红耳赤。

这一期间，其余的竞争对手也给出了小肥羊觉得比较合适的价格，但小肥羊和3i最终选择了相互让步。"因为我们觉得价格虽然是重要的，但却不是最终的决定因素。"卢文兵说。

双方谈判进入佳期后，另一家风投机构普凯集团也进入小肥羊的眼帘。两者的合作成功同样源于一次巧合。

普凯几乎是通过3i集团介绍和小肥羊认识的。普凯集团的两个老板是西班牙人，也是两个球迷，其中一个支持巴塞罗那队，一个支持曼联。而巧的是，小肥羊董事长也是曼联的球迷，于是，双方在洽谈时找到了共同话题，谈得特别投机。

两个老板中的一位家里曾经养过羊，因此对羊有着特殊的感情，于是，普凯集团和小肥羊之间的合作谈判几乎是一拍即合。

从2005年8月开始接触，经过近一年时间的谈判，2006年7月24日，小肥羊与3i和普凯集团最终签订了投资协议，后两者联手投资2500万美元，占合资公司20%的股份，其他股份为个人出资，而小肥羊创始人张钢及陈洪凯的股权被稀释，不足40%。3i以16%的股份成为位列小肥羊创始人张钢之后的第二大股东，普凯集团则获得了4%的股份。

除了股份之外，3i还获得了小肥羊董事会当中的两个董事席位，普凯集团获得一席，分别代表外资股东出任执行董事，在董事会的重大决议上拥有一票否决权。与大多数投资公司自己直接出马的做法不同，3i委托了两位餐饮行业内的专家：汉堡王前任国际业务总裁和肯德基中国香港地区现任行政总裁代表自己出任小肥羊独立董事。

至此，合资公司董事会成员增至11人，其中中方6名，分别是董事长张钢、副董事长陈洪凯、常务副总裁卢文兵以及小肥羊上海、深圳、北京分公司的3名总经理。不过，从2006年开始的3年内，小肥羊承诺业绩复合增长率不低于40%，即小肥羊每年的利润和销售额同比增长40%以上。如果完不成约定目标，小肥羊将向两大集团提供补偿。这与当年蒙牛引入摩根士丹利等战略投资者时签的对赌协议颇为相似。至于补偿形式和补偿内容，双方均未向外界透露。

三、小肥羊要上市

据悉，小肥羊计划用这笔资金的7000万元收购业绩突出的加盟店，6000万元用来开直营店，剩余金额补充流动资金。

对于小肥羊来说，两大集团的进入并不只是单纯的资金投入，更多的是将先进的管理理念带入了小肥羊。"我们的市场已经达到国际化了，我们最需要的是先进的管理理念来帮助企业成长，而这正是它们能够带给我们的。"卢文兵说。同时3i、普凯集团也能帮助小肥羊更深刻地理解国际市场，并引进小肥羊国际扩张所急需的人才。

资料来源：根据风险投资网“小肥羊吸引风险投资案例”一文整理

思考题：

（1）张钢是如何发现创业机会的？

（2）小肥羊的创业机会属于创业机会的哪一种类？试分析小肥羊创业机会的来源。

（3）结合小肥羊成功创业案例，分析创业动机、创业者的个性特质、能力与资源储备、先验知识、社会网络对创业成功的影响。

（4）试用 Timmons 机会评价指标体系对小肥羊创业项目进行评分。

案例二：中国第一炉超高纯钛　打破美日垄断

“一根头发有多细？一根头发直径的几万分之一是多少？”2015 年 6 月 30 日，吴景晖的一番解释，让在场的人大吃一惊，“我们生产的超高纯钛，就是要变成这么细的导线，用在各种各样的芯片上”。吴景晖所说的芯片，可以是日常我们所使用的手机芯片，也可以是车载电脑芯片，甚至是航天飞机所用的芯片，而生产这些芯片的重要原料，就是吴景晖的公司生产出来的电子级低氧超高纯钛。

2015 年 6 月 30 日，位于浙江余姚的宁波创润新材料有限公司（以下简称“创润公司”）“年产 250 吨电子级低氧超高纯钛项目”正式投产。据悉，这也是国内首创电子级低氧超高纯钛第一炉。至此，中国在超高纯钛领域打破美、日企业在市场上对中国的限制和垄断，开启超高纯钛大幅度降低生产成本新时代。

“今天是一个有意义的日子，‘超高纯钛项目’我们从原来国内没有，到现在有，而且能够很快地、大批量地生产。我们再也不用看美、日的脸色了。”随着第一炉超高纯钛出炉，创润公司总经理、首席技术官吴景晖博士无不自豪地说。

吴景晖博士是国际上金属钛提纯领域少数掌握核心技术的华人专家之一。1999 年，吴景晖获全额奖学金，赴美国匹兹堡大学材料科学与工程专业攻读博士学位。他曾经在美国世界 100 强企业美国霍尼韦尔公司（Honeywell）担任技术总工程师。基于下决心改善中国超高纯钛材料现状的责任心与使命感，吴景晖博士毅然离开工作生活多年、条件优裕的美国，选择回国发展。

说起为什么决定来余姚创业，吴景晖的第一个表情是苦笑。

“我记得 2005 年时，公司收到了余姚江丰电子材料有限公司的一份询价单。”吴景晖回忆说。询价单询问超高纯钛原材料的报价，当时美国人一讨论，决定不卖给中国人。“当时我心里就不是滋味，一个中国人在美国人的公司工作，掌握着核心技术，但是这东西他们又掌握着主动，说不卖就不卖，说提价就提价，你说我心里是什么感觉？”吴景晖说，从那时起，他打定主意，技术成熟之后，回国创业。

记者获悉，低氧超高纯钛是指纯度不低于 99.995%、含氧量低于 100 mppm 的钛材。目前，全世界只有美国和日本的 3 家跨国公司具有生产超高纯钛的能力。中国一直没有批量生产低氧超高纯钛的能力，相关材料长期依赖进口，是中国钛材料产业的一个技术和产业空白。

中国是钛矿储存和钛金属的初级产品海绵钛生产大国，2012 年中国海绵钛的年产量超过 10 万吨，居世界第一，但由于海绵钛纯度低于 99.8%，市场价格只有 6 万元/吨，属于粗矿资源型产业，附加价值低、资源消耗大。

吴景晖博士团队首创的新一代熔盐电解法工艺，使钛锭纯度达到 99.999%（5n）。超高纯钛的应用领域包括半导体、国防军工、医疗生物、绿色能源、航空航天、汽车工业等。目前国内市场超高纯钛的价格为 120 万元/吨左右，是具有极高附加价值的产业。但是，由于钛元素的理化特性，提纯工艺技术限制，全世界只有美国霍尼韦尔、日本东邦和大坂钛业三家公司能够生产超高纯钛，作为高端金属材料，美、日政府严格限制对中国的出口。

在生产现场，吴景晖博士介绍了项目建设和进展基本情况。“较之欧美，现在我们能够提纯等次更低的原材料，而且我们的提纯效率也比一般的国际水平效率要高。”吴景晖博士告诉记者，在含氧量控制方面创润公司也有新的提升。实现提纯晶体含氧量低于 50 ppm，钛锭含氧量低于 100 ppm，优于日本公司的 200 ppm，品质上完全可以替代进口高纯钛材，成本降低 20%以上。

“这意味着我们从被动转为主动，我们能做出品质更好、成本更低的产品。对它们的下游市场是一个巨大的冲击。我们会有更多的话语权，掌控更多的市场。”吴景晖博士如是说。

“了不起，祝贺你，我感受了余姚服务的最高效率，也感谢吴景晖博士科技报国的雄心！”在听完吴景晖博士的介绍之后，宁波市委常委、组织部部长杨立平由衷感慨。

“近年来，余姚市实施人才强市战略，抢抓海外高层次人才回归的难得机遇，谋划启动‘千人计划’产业园区建设。”余姚市委副书记、市长奚明表示，创润公司“年产 250 吨电子级低氧超高纯钛项目”正式投产，这是余姚市实行“人才强市”政策和引进“千人计划专家项目”的成果。

据悉，创润公司的“超高纯钛项目”总投资约 1.2 亿元，达产后预计年利润可达 2.1 亿元。形成量产后，创润公司的超高纯钛生产线将成为衔接中国传统海绵钛产业与现代高端钛材、钛合金、先进半导体材料产业及航天、军工、医疗生物等行业原材料供应的关键环节，为形成中国完整的有色金属精深加工产业链提供关键技术支撑。

目前，创润公司已与“中航科工三院”等机构达成了建立长期稳定战略合作关系的意向，不仅实现互利共赢，还会对促进中国航天、军工企业的转型升级，提高中国高端产业的核心竞争力做出贡献。

资料来源：根据观察者网“余姚产出中国第一大户超高纯钛　打破美日垄断”一文整理

思考题：

（1）吴景晖博士是如何发现创业机会的？

（2）超高纯钛创业机会属于创业机会的哪一种类？试分析超高纯钛创业机会的来源。

（3）结合超高纯钛成功创业案例，分析创业动机、创业者的个性特质、能力与资源储备、先验知识、社会网络对创业成功的影响。

（4）试用 Timmons 机会评价指标体系对超高纯钛项目进行评分。

案例三：一个赚了 22 亿的中国女人背后的真相

2014 年 5 月 22 日，美国纽约，湿冷的天气掩不住时代广场上热烈和喜庆的气氛。纳斯达克迎来了第 118 个 IPO（initial public offering，首次公开募股）——京东集团，这也是目前中国公司赴美上市最大的一单 IPO。

这天早晨，一个穿着紫红色上衣、戴着珍珠项链的身影，在一群黑西装中显得格外出挑，这就是京东的第一位投资人——今日资本的创始人徐新。

上市当日，京东收盘价为 20.90 美元，较发行价上涨 10%，市值达 286 亿美元。今日资本持有京东 7.8%的股份，按此计算，徐新在京东上市中大赚了 22 亿美元。截至 2014 年 7 月底，京东股价涨至 400 亿美元，算上减持部分，今日资本赚了近 30 亿美元。

1988 年，徐新从南京大学外语系毕业，2005 年创立了今日资本集团，曾主导和参与了对网易、中华英才网、京东商城、大众点评网、赶集网等公司的投资。她所投资的企业家中，已有 4 位成为福布斯前百名富豪。

2014 年南京大学的毕业典礼上，徐新作为校友出席了学弟学妹的典礼并发表致辞，讲述了自己人生路上的三次关键抉择，并分享了人生经历的几点心得。经过开头的艰难，今日资本终于茁壮成长，徐新也成为“中国十大最佳创业投资人”，而激情、专注和榜样是她送给年轻人的 3 个“成功锦囊”。

以下为徐新在南京大学 2014 毕业典礼上的致辞。

我是一个普普通通的南大女生，今天我有幸能够站在这里，跟大家分享我的故事，是因为在我的人生道路上，做对了几次关键的选择。我们的人生是由一系列重大的选择组成的，我们的选择决定了我们的人生！

记得我的第一次重大的选择是，初中毕业的时候，那时候我在厂办学校，我们每年高考升学率都是零，当时初中毕业一共有三个选择：一个是去读技校，一个是去考中专，还有就去考重点高中。那时我们一个班 50 个人，我的排名大概是 25 名，是不大可能考上重点高中的。跟我一起长大的 3 个小姐妹都报名去读技校，我妈妈也说：“你为什么不去技校啊？一个月有 16 块 5 的工资还包分配嘞！”当时我也不知道是中了哪个邪，反正我就坚持要考重点高中。当时我爸爸挺支持我的，找了家教给我开小灶补课，成绩很快就补上来了，跟我一起补课的邻居没有我学得好，我就尝到甜头更来劲了，成绩提高很快，居然考上了重点高中——南开中学。当时跟我一起长大的 3 个小姐妹，其实都很聪明很能干，只是她们都选择去读技校，后来当了工人，没有考大学，人生的分水岭就是从初中毕业的那次选择开始的。

我的第二次重大的选择是在中国银行。南京大学毕业以后，我被分配到中国银行，做柜台营业员，干的是非常简单的“登记、复印、盖章”三部曲。但是我并没有因此气馁，照样每天特别认真地工作，能出彩的地方，我都出彩了，银行知识大奖赛拿个第一啊，当个三八红旗手啊，当个团支部书记啊。这样干了 3 年后，我感觉荣誉已经都有了，可我却没有再进步，对这种状态很不满意。那时我每天骑车上班经过右安门立交桥，那个桥修了很久，我就在心里暗暗发誓，在桥修好之前，我的生活一定要有变化。可能是因为这种上进心和出色的表现，机会果真就来找我了：中国政府和英国政府联合帮助中国培养英国注册会计师，中国银行就为我争取到了一个名额，去参加入学考试。我是学英文的，却要跟学会计的硕士、博士一起考会计，当时我根本不懂会计，我就把整个一本书给背下来了，我记得考试前一天突然感到脑子一片空白，死记硬背的东西我都忘记了，吓得我大哭一场。我不懂会计但懂英文，那些会计懂会计不懂英文，但是那次考试的卷子是英语的，结果我稀里糊涂考了个名列前茅，直接被人送到香港的普华会计师事务所培训 3 年，考上了英国注册会计师，这也是我人生中一次非常重大的转折。我在想，要不是我一直有上进心，又竞选团支部书记、又争当三八红旗手，有试必考，中国银行会把机会给我吗？

1992 年，我有幸去了香港普华工作，刚到香港，不会讲广东话，也不太懂会计，都没有人点我的钟要我上项目。我们那时候每个小时干了什么都要填时间表的，每天下班看着我那张空白的时间表，感到很无助也很没用。我经常坐在大房子里，透明的玻璃，别的同事都一一被点钟点走了，就我待在那儿，没人点钟，心理压力特别大。后来，我就急了，找到日本项目经理，我跟他说："我不会讲广东话，你的日本客户也不讲广东话，我们就讲英语呗。"这样我就慢慢有了项目做，从此我就有了填得满满的时间表了。在普华工作的 3 年，是我进步最大的 3 年，我学会了工作不仅要努力，那是要拼命的，老板交给的活儿没干完是不可以睡觉的。那 3 年我利用业余时间，拼命复习考试，3 年考完了 18 门课，通过英国注册会计师考试，终于赶上了香港同事。

我的第三次重大的选择，是从投资中华英才网到创立今日资本。2009 年，我投资了中华英才网，当上董事长，本来我和老公两个人都是 bankers（银行家），日子过得很潇洒，周末打打高尔夫、看看电影，每年到欧洲度假 2 次，可是自从创业以后，我们每个周末都在工作，两个人经常相对无语，他担心他的公司，我担心我的公司，都是钱快烧光了发不出工资，好像头上悬了一把剑，随时都会掉下来，心理压力很大。当你要把家里的存款拿出来给几百号员工发工资时，心里是有点慌的。创业者最大的压力就是，所有的问题到你这都要有答案，其实有时候你并不知道答案在哪里。可你还要硬着头皮给员工说面包会有的，牛奶会有的，一切都会有的。所以我一直觉得创业者是世界上最勇敢的人，也是我最尊敬的人，因为失败是必然的，成功是偶然的。他们一定是有 vision（眼界）的人，他们能看到别人看不到的东西；他们一定是内心强大的人，因为他们能承受别人承受不了的压力。他们也是一群有梦想的人，不为名不为利，为的是 passion to win（渴望成功）的成就感，他们是改变世界的人！我的工作就是每天跟这样的创业者打交道，所以我非常开心，每天都踏着舞步去上班，每天都在学习在进步，我找到了我的 passion，那就是投资！

从我的成长经历，我想给大家分享以下三点心得。

第一，你要有 passion to win。

你要有激情、你要想赢。你要找到一份你喜欢的工作、你热爱的工作。人的一生很漫长，工作时间也很长，如果每天早晨爬起来，都不想去工作的话，那你一定过得不开心，那么你就该去寻找一份能让你喜欢的工作。有的同学说我也不知道我喜欢的工作是什么，那你就应该 keep looking，继续寻找，你的灵感可以来自大量的阅读，特别是人物传记；结交聪明的人、有阅历的人，经常与他们聊天；你也可以大胆尝试不同的东西，看你是否喜欢。总之，只要你每天都在学习，每天都在进步，相信有一天量变到质变，你就会心中一亮，找到感觉，那就是你热爱的工作。

第二，你要 focus，你要聚焦，要积累 1 万个小时。

人的智商差别不是很大的，超人的智慧和成就来自专注。每个成功人士都是在他的行业专注地干了很多年，积累了 1 万个小时。1 万个小时是什么概念呢？那就是，每天坚持做一件事，每天 4 小时，一星期 5 天，坚持 10 年就是 1 万个小时。我每天大概工作 14 个小时，做了 20 年，已经积累了 3 万个小时。如果说我的投资有些小小成就的话，那是因为我积累了 3 万个小时，我想我可以干到 80 岁，还可以再来 3 万个小时！比尔·盖茨和巴菲特是好朋友，有一次比尔·盖茨的父亲让他们俩用一个关键词来描述他们成功的最主要的原因，打开他们俩的纸条，上面写着是同一个词：focus，那就是专注！

第三，你最好能找到人生的榜样——role model。

我的榜样就是巴菲特，我读巴菲特的书和他写给股东的信就像读圣经一样，是每天必看的。读他的书，就像跟老朋友聊天一样，英雄所见略同。巴菲特每天阅读 5 小时，跟聪明人谈话 2 小时，84 岁的巴菲特每天都在工作，他和他投资的创业者变成终身的朋友，他很享受他的工作，每天过得很开心，这就是我想要的生活。榜样的力量是巨大的，他让你看清前方的路，让你不再害怕孤独，让你心无旁骛，让你每天都在进步。

记得在南大读书的时候，有一位很酷的黑人女老师，她是教我们黑人文学的老师，她叫 Donald。她第一天走进我们的教室，就在黑板上写了几句话，那是我从来没听过的话，也是至今对我震撼最大的一番话。今天，我也想把她说过的话送给你们："You are unique. You are a marvel. In the past five hundred years，there has been no person like you；And in the next five hundred years，there will be no person like you." 你是独一无二的，你是生命的奇迹，在过去的 500 年里，从来没有一个人像你一样，在未来的 500 年里，也没有一个人像你一样！

资料来源：根据东方资讯网"一个赚了 22 亿的女人背后的真相"一文整理

思考题：

（1）徐新投资中华英才网，创立今日资本，其创业动机是什么？

（2）结合徐新成功投资多家企业的案例，分析创业动机、创业者的个性特质、能力与资源储备、先验知识、社会网络在创业机会识别中的作用。

案例四：小伙子 19 岁创业，24 岁身家过亿

出生于 1981 年 10 月的李想，是石家庄最早摸计算机的高中生。据他回忆，"我是高三（1998 年）时开始上的网，当时上网还很贵，一个月要七八百块钱。"在此期间，李想迷上了个人网站，除了上学他把所有的时间都用在计算机上，像许多电脑迷一样，他也建了一个个人网站。"一开始是自己做着玩，但我这个人喜欢争强好胜，别人做得好，我就要比别人做得更好。"

他把自己喜欢的电脑硬件产品都放在网上，有很多人上网和他交流，慢慢地就有了访问量，三五个月后访问量达到 1 万人次/天。他靠建站掘到第一桶金 10 万元，并成为他后来创办泡泡网的资本金。

2000 年，19 岁的李想注册泡泡网并开始运营，随后在 2002 年告别父母从石家庄迁到北京，招兵买马，开始正式的商业运作。自此，泡泡网的广告销售每年以 100%的速度增长，2005 年泡泡网收入 2000 万元，利润 1000 万元，李想一股独大，身价超过 1 亿元。

此时，李想并没有停止脚步，转而带领团队从 IT（internet technology，互联网技术）产品向汽车业扩张，创建汽车之家网站，梦想成为第一汽车垂直网站。

在回忆创办汽车之家时，他说："我们做泡泡网的时候错失了周期，被中关村在线抓走了。中关村在线是后来者，但市场转换的时候，它抓上了时机。当时我们没在意这个机会，时机过了以后，就得多好几倍的努力才行。就像现在的汽车之家，我们抓住了机会，

我们的努力没有下降，我一天工作10个小时，你能一天工作15个小时、20个小时吗？泡泡网做到了第三名，做不到第一。做汽车之家，我们看到了一个市场机会，而且全力以赴抓住了这个机会，其实就能成为第一（其实李想也是一个非常爱车的人）。我们做得不早也不晚，正好赶在汽车增长的高发期。另外，汽车网站的对手比 IT 行业要弱得多。我认为我们是所有汽车网站里最会做互联网的，因为现在的汽车网站 99%都算不上互联网公司，它们根本就没有运用互联网的生产力。”

2008 年 6 月，李想把自己创办的两家公司卖给了澳洲电信，汽车之家作价 7600 万美元换取 55%的股份；这固然有当时泡泡网因为资本市场泡沫的破裂，上市难成的原因，但更核心的原因是，李想可以凭借这笔资本收入，聚焦资源，把汽车之家迅速做到行业第一。

拿到资金后，李想便带领团队跟随厂商做渠道下沉，并在全国 80 个城市开设办公室和团队，实时的咨询更新和精准的信息，迅速把用户和汽车厂家团结在一起，并形成了一个以汽车为中心的综合信息服务平台。一年后，汽车之家成为汽车类垂直网站绝对老大，第三方调研显示汽车之家流量占所有汽车类网站资讯的 50%。

李想说：“现在我们的渠道价值越来越大，很多 4S 店，我们占到它全部销售额的 15%～20%，对它们来讲，我们就是渠道。这些经销商不会在乎汽车之家媒体的属性，更多的是在乎渠道属性，当然也会在乎互动属性。”

目前，汽车之家已成长为全球访问量最大的汽车网站，并于 2013 年 12 月在纽约证券交易所上市，市值已经达到 49.66 亿美元，李想的身价也超过 10 亿元人民币。2015 年 6 月，李想宣布不再担任汽车之家总裁一职，据悉他将涉足电动汽车领域，开启一个新的创业征程！

资料来源：根据新浪网“小伙子 19 岁创业，24 岁身家过亿”一文整理

思考题：

（1）李想创办的个人网站卖硬件、创建泡泡网和汽车之家网站，各处于机会窗口的哪一阶段？

（2）根据创业机会的分类，李想的创业属于哪一类创业？

（3）分析李想创业机会的来源。

（4）结合案例分析创业动机、创业者的个性特质、能力与资源储备、先验知识、社会网络对创业机会识别的影响。

（5）试用 Timmons 机会评价指标体系对李想的创业项目进行评分。

案例五：胡润与梁伯强

胡润，1970 年出生在卢森堡，就读于英国杜伦大学，专业学的是中文。1990 年到中国留学，后来就留在安达信会计师事务所上海分部工作，成为一名会计师。但是，胡润遇到了一件麻烦事，每次休假回到英国，大家都会很好奇地问他，中国什么样？这个问题看似简单，不过还真是难回答，关键是没有标准，偌大一个中国，5000 年历史，13 亿人口，给你说什么呢？胡润为了这个事特别烦恼，你一个在中国留学的人，连这么简单的问题都回答不了，你这个学上到哪里去了？每次回国，胡润都要受这种刺激。1999 年，当时正好是中华人民共和国成立 50 周年，我给你介绍 50 个中国特别成功的人，不就可以让你知道中华人民共和国成立 50 年来的变化吗？基于这样的想法，胡润推出了富豪榜。

梁伯强，广东中山圣雅伦公司总经理，中国“隐形冠军”形象代言人。被誉为“指甲钳大王”的梁伯强，决定生产指甲钳却是因为朱镕基的一句话。1998年底，梁伯强在看报纸时发现了一条新闻，这篇名为《话说指甲钳》的文章让梁伯强的命运从此改变。文章写到，当时的朱镕基在参加一次会议时讲道：“要盯住市场缺口找出路，比如指甲钳子，我没用一个好的指甲钳子，我们生产的指甲钳子，剪了两天就剪不动指甲了，使大劲也剪不断。”朱镕基总理以小小的指甲钳为例，要求轻工企业努力提高产品质量，开发新产品。梁伯强从这一句话中发现了指甲钳的商机。

梁伯强调查发现指甲钳每年的产值达到了60多亿元人民币，韩国只有5家工厂，它们居然占了20个亿的产值。但在中国呢，据在册登记摸底就有500多家企业，营业额才在20亿元左右，从数量来对比，5家主要企业加上10来家配套企业就可以和中国的500多家企业打个平手，这种反差令梁伯强非常惊讶。

梁伯强心动了，兴致勃勃地开始对全国市场进行考察。考察完，梁伯强很意外地发现，很多生产指甲钳的工厂都倒闭了，如果中国真有20亿的市场份额，为什么几个大厂会倒闭呢？一方面，商场零售都被外国品牌占据，国内老厂不断倒闭；另一方面，批发市场群雄逐鹿，热火朝天。抱着试试看的态度，梁伯强生产出第一批指甲钳，没想到，产品还没正式面世，就有几千万元的订单找上门，这更坚定了他把指甲钳做下去的决心。

思考题：

（1）胡润和梁伯强发现的都是创业机会吗？

（2）怎样才能发现创业机会？

（3）如何评价创业机会的价值？

参考文献

贺尊. 2011. 创业学概论[M]. 北京：中国人民大学出版社.

李仁苏，蔡根女. 2017. 创业机会识别：核心概念、关键因素及过程模型[J]. 湖北社会科学（11）.

梁强，张书军，李新春. 2011. 基于创业机会的新创劣势和应对策略分析与启示[J]. 外国经济与管理，33（1）.

林嵩，姜彦福，张韩. 2005. 创业机会识别：概念、过程、影响因素和分析架构[J]. 科学学与科学技术管理（6）.

刘沁玲，陈文华. 2012. 创业学[M]. 北京：北京大学出版社.

刘万利，胡培，许昆鹏. 2010. 创业机会识别研究评述[J]. 中国科技论坛（9）.

石庆馨，孙向红，张佩. 2005. 可用性评价的焦点小组法[J]. 人类工效学（3）.

王竞一. 2015. 创业机会识别相关理论研究述评[J]. 劳动经济（3）.

颜士梅，王重鸣. 2008. 创业的机会观点：存在、结构和构造思路[J]. 软科学（2）.

岳甚先. 2011. 创业机会识别影响因素多维分析框架的构建[J]. 当代经济（12）.

岳甚先，陈曦. 2012. 创业机会识别影响因素整合模型的构建[J]. 湖北经济学院学报（2）.

张红，葛宝山. 2014. 创业机会识别研究现状述评及整合模型构建[J]. 外国经济管理（4）.

周冰，段锦云，朱月龙. 2014. 创业机会识别：概念和过程模型[J]. 心理技术与运用（6）.

Ardichvili A，Cardozob R，Ray S. 2003. A theory of entrepreneurial opportunity identification and development[J]. Journal of Business Venturing，18（1）.

Holcombe R. 2003. The origins of opportunities[J]. The Review of Austrian Economics，16（1）.

Hulbert B，Brown R B，Adams S. 1997. Towards an understanding of opportunity[J]. Marketing Education

Reciew，10（3）.

Kirzner I M. 1997. Entrepreneurial discovery and the competitive market process：an Austrian approach[J]. Journal of Economic Literature（35）.

Schumpeter J. 1934. Theory of Economic Development[M]. Oxford：Oxford University Press.

Shane S，Venkataraman S. 2000. The promise of entrepreneurship as a field of research[J]. Academy of Management Review，25（1）.

Timmons J A. 1999. New Venture Creation：Entrepreneurship for the 21th Century[M]. 5th ed. New York：McGraw-Hill.

Timmons J. 1934. New Venture Creation[M].Chicago：Irwin.

第 3 章

创业团队组建

学习目标

了解团队和创业团队的基本概念，明确创业团队的构成要素、团队成员角色和配置原则，掌握创业团队组建的程序和方法，懂得如何管理创业团队。

引例

4 名女大学生找到各自的同学，组成了 10 余人的“创业队伍”。她们分成两组：一组人联系快递公司，以免费提供快递单作为条件，换取快递单的广告位；另一组人则去寻找愿意在快递单上做广告的客户。

22 岁的郭星齐耳短发，谈话间还带着拘谨和腼腆。正是因为她的点子，才有了这家公司。郭星就读的是位于德阳的四川司法警官职业学院，毕业后未能如愿成为民警。2012 年 6 月，她在成都找到发传单的工作。其间郭星发现，很多人为了尽快发完传单，将几张传单发给同一个人，发不完的传单便丢进垃圾桶。“如何能让一份广告单被多人阅读呢？”郭星想到了快递单，如今网络购物的人这么多，如果将广告印在快递单上，至少保证送件员和收件人可以阅读。而且，广告投放商也可以查询到投放广告单的有效数量。郭星便将点子与胡雪梅交流。22 岁的胡雪梅毕业于四川大学计算机系，她认为反正找工作难，不如一起尝试创业。次日，她们又召集了两名女同学，大家一致同意创业。

半个月过去，除了有几家快递公司愿意合作外，团队仍没找到愿意投放广告的商家。郭星称，当时一些同学已经放弃，她也开始怀疑自己的创业模式。此时，她正在约见一家网上售卖零食的店商。连续一周，她每天都会打两个电话给这家公司的前台，但对方均称“相关领导不在”。于是，她便将“快递单广告”宣传资料放在信封内，乔装成快递员让该公司前台转交给相关领导。一周等待后，该公司终于与她联系。见面了解后，该公司支付了 8000 元，买下了快递单上的两个广告位。这首笔订单不仅解决了团队的创业资金，更带来巨大的精神鼓励。如今，这个年轻团队中出现了一个年长的面孔，他就是 33 岁的沈达，一名投资人。“我打算投入 1000 万元到这个项目。”沈达说，2012 年 7 月，100 万元先期投资已到位，并提供了一辆宝马轿车供公司使用。沈达表示，他非常看好“快递单广告”行业。郭星提供了很好的创业点子，虽然这群学生的社会经验欠缺，但可塑性很强，又有创业激情，他愿意与学生们合作。沈达加入团队后，已请专业人士对团队进行了营销知识和公司管理的培训。目前，他们正在各地创建“中国快递联盟”。

2012年8月底，公司开了一个总结会。他们的“快递单广告”的一个广告位4毛，10 000份起印。创业两个月时间，已有11家快递公司加入，50多个商家投放广告，营业收入一共94.4万元。沈达称，他们的目标是，5年内能够让公司上市。

资料来源：创业案例一文档库（www.wendangku.net）

从这篇案例中可以看出，创业不仅需要胆识、魄力、创新与责任等，团队成员之间彼此的合作、分工与信息共享也是必不可少的。

3.1 团队与创业团队

3.1.1 团队的相关概念

1. 团队的定义

团队（team）是由员工和管理层组成的一个共同体，它合理利用每一个成员的知识和技能协同工作，解决问题，达到共同的目标。史蒂文•罗宾斯（Stephen P. Robbins，1993）认为：团队就是由两个或者两个以上的个体组成，相互作用且相互依赖，共同实现一个特定目标的正式群体，同时他强调团队以任务为中心，具有共同的目标，能够相互合作。团队的构成要素总结为5P，分别为目标（purpose）、人（people）、定位（place）、权限（power）和计划（plan）。

1）目标

团队应该有一个既定的目标，它能够为团队成员导航，有了目标团队成员才知道要向何处去，没有目标这个团队就没有存在的价值。团队是一个临时性组织，当团队目标实现，团队就解散。现实中，组织可能赋予目标完成的团队新的任务，但原有团队成员中并非所有人都适合新目标的完成要求，因此团队成员会产生变动，实际上也就是变成一个新的团队。

2）人

人是构成团队最核心的力量，2个（包含2个）以上的人就可以构成团队。目标是通过人来实现的，所以人员的选择是团队中非常重要的一个部分。团队目标的实现需要团队成员的共同努力和配合，团队中的成员扮演着各种不同的角色。在团队目标的实现过程中，决策、计划、实施、监督、评价和协调等都需要有人去做，而每个人的能力是有差异的，因此团队成员的选择需要综合考虑各方面的因素，包括人员的能力、技能是否互补以及人员的经验等。

3）定位

团队的定位包含两层含义：一是团队在企业中处于什么位置，这是团队定位的关键，团队在企业中的地位决定了团队所能选择的成员层次，团队在企业中的地位高，员工就愿意成为该团队成员；反之，员工就不乐意参与到该团队中，而且团队在企业中的地位高，其激励力度一般也高，团队成员的积极性也会高。二是个体的定位，团队中成员的角色是不一样的，不同角色的成员应该承担相对应的职责，同时团队内部的激励也应与角色和实际贡献度关联。

4）权限

团队的权限包括两层含义：一是企业赋予团队的权限，团队在完成目标过程中拥有的权力越大，团队可以动用的资源就越多，也越容易完成目标；二是团队成员各自的权限，通常团队成员的权限是按照团队成员的角色及所承担的职责对应设定的。团队当中领导人的权力大小跟团队的发展阶段有关，一般来说，团队越成熟，领导者所拥有的权力相应越小，而在团队发展的初期阶段，领导权是相对比较集中的。

5）计划

计划有两层含义：一是实现最终目标需要一系列具体的行动方案，可以把计划理解成目标具体实现的程序。二是提前按计划进行可以保证团队顺利运作。只有在计划的操作下团队才会一步一步地贴近目标，从而最终实现目标。

团队和群体有着本质的区别，群体可以向团队过渡。一般根据团队存在的目的和拥有自主权的大小将团队分为五种类型：问题解决型团队、自我管理型团队、多功能型团队、共同目标型团队、正面默契型团队。

2. 团队与群体的差异

群体是由两个以上相互作用又相互依赖的个体，为了实现某些特定目标而结合在一起的。群体成员共享信息，做出决策，帮助每个成员更好地担负起自己的责任。

团队和群体经常被混为一谈，但它们之间有根本性的区别，汇总为以下六点。

（1）领导方面。群体通常具有明确的领导人；团队可能就不一样，尤其团队发展到成熟阶段，成员共享决策权。

（2）目标方面。群体的目标必须跟组织保持一致；团队中除了这点之外，还可以产生自己的目标，但所产生的目标必须有利于团队的发展。

（3）协作方面。协作性是群体和团队最根本的差异，群体的协作性可能是中等程度的，有时成员还有些消极，甚至会产生对立；但团队中有一种齐心协力的气氛。

（4）责任方面。群体的领导者要负很大责任；而团队中除了领导者要负责之外，每一个团队成员也要负责，甚至要相互作用、共同负责。

（5）技能方面。群体成员的技能可能是不同的，也可能是相同的；而团队成员的技能是相互补充的，把不同知识、技能和经验的人综合在一起，形成角色互补，从而达到整个团队的有效组合。

（6）结果方面。群体的绩效是每一个个体的绩效相加之和；团队的结果或绩效是大家共同合作完成的结果。

3. 团队的阶段

根据士气和生产力可以将团队分成四个阶段，即成立期、动荡期、稳定期和高产期。所有四个阶段都是必需的、不可逾越的。团队在成长、迎接挑战、处理问题、发现方案、规划、处置结果等一系列经历过程中必然要经过这四个阶段。认识这四个阶段，可以为团队发展提供阶段性的指导。团队的阶段如图3-1所示。

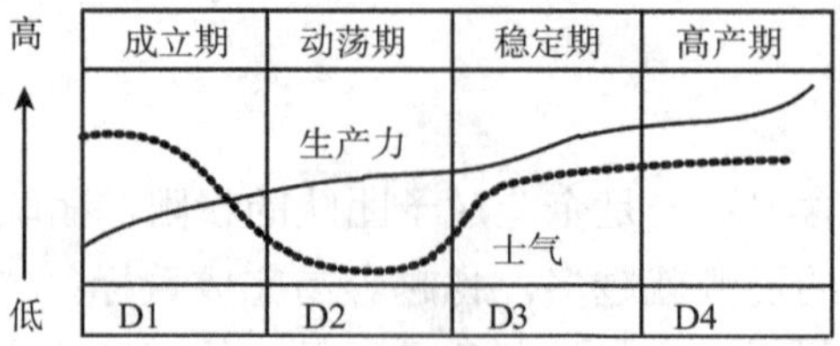

图 3-1 团队的阶段

1）成立期

团队成立初期，都会有雄心勃勃的发展目标和发展计划，团队的目标可能是由其所在企业确定的，也可能是团队最早发起者设定的，但随着人员的逐渐丰满，团队成员的认识和理念不断碰撞，目标和计划不可避免地要有相应的微调。这一方面是团队组织者的经验与实际运行的差异，另一方面是外部因素的变化也使得团队不得不努力适应这种变化的节奏。一般来说，处于组织内部的基层团队，来自外部的干扰相对较少。但在形成自己的核心阵容之前，仍然具备团队成立初期的特点。对于创业型团队来说，团队成立期的不确定性，在相当程度上增加了团队领导驾驭团队的难度。创业型团队更需要充分了解团队成立初期的特征，最大限度地规避创业风险。

团队成立期的具体表现有如下方面。

（1）新的合作、新的团队、新的目标令团队中每个人既兴奋又激动，既定的目标可能是团队成员梦寐以求的期望。但由于团队成员个体的差异，每个成员对团队目标对自身未来的发展和影响的理解是有差异的，因此团队成员的期望值是不同的，其激情和心态也会不同。

（2）团队成员并非都是知根知底，一般人的心理是期望在新的团队中得到别人尊重，因此表现得比较有自信心，这会导致成员之间容易高估其他人的能力，于是大家可能对新生的团队寄予了太高的希望。

（3）虽然团队负责人会初步确定每个人的角色和职责，但团队成员依然会小心地试探其他成员的行业经验和能力，为自己在团队内的重新定位寻求支点。

成立期的团队，经常会表现出很高的士气。对成员来说，能进入团队必然都具备相关的行业经验（即使不具备实操能力的初入行者，也有基本的入行基础和入行动机。这里不讨论被动入行者）。来自领导和其他团队成员的乐观与自信会深深地影响每一个人，这一切都会大大增强队员学习的动力和进步的愿望。

这个时期，新生的团队生产力处于较低水平，队员之间在工作上短期内无法达到配合默契的状态，需要团队成员尽快地适应新的环境。随着相关培训的展开，以及团队内部成员间的积极沟通，这种情况会逐渐地得到改善。就成立初期来说，较低的生产力水平应该属于常态。而经常被忽视的一点是，来自组织上层的一些深层原因还是会制约团队成员工作能力的充分发挥，如团队所在组织领导指定某些团队成员担任团队的重要角色，而被指定人的实际能力不能有效胜任，此种情况经常发生。

团队成立期最重要的是明确团队的目标和愿景，这对增强团队凝聚力以及形成团队的集体荣誉感至关重要。团队领导者在这个阶段要时刻强调团队的目标，并且展现出充分的自信和必胜的信心。同时在工作上要处处照顾新成员，帮助大家共同进步、共同提高，利用不同的机会对大家做出的成绩及时予以鼓励，表扬团队出现的好现象，督促每一个团队成员尽快进入紧张有序的工作状态。团队领导者要更多地关注新成员的点滴进步，鼓舞大家的士气，和大家一起面对困难寻找方法，使团队成员产生一种情感依赖。但是千万不能以长者的口吻颐指气使，要求团队成员应该这样，应该那样。同艰苦、共患难，才能逐步建立团队领导者的威信。一个学习型团队的形成，团队领导者要承担更多的责任和义务。

成立期的团队规模大小不同，一般都需要相互磨合 1～3 个月。如果团队成员在这个阶段选择离开，多数情况下属于观念冲突，挽回的可能性非常小。团队成立期成员之间的快速信任非常重要，顺利地度过成立期，需要团队内部成员之间坦诚沟通、彼此尊重、相互信任，才能为接下来进入实质性的团队合作打好基础。

2）动荡期

磨合的动荡期是每一个团队都要经历的特殊时期。能否进行有效的磨合，并顺利地度过这段敏感的时期，对团队领导者的综合能力是一个严峻的考验。团队领导者必须区别对待新老队员的不同情况并适时地加以引导，根据团队成员的实际能力和经验调整成员的角色与职责，并且使团队逐渐形成一种坦诚开放的积极气氛，团队成员进入紧张有序的工作状态，否则真正的核心团队根本无法实现。或者即使表面上相安无事，实际上为日后团队的进一步发展留下了更大的隐患。团队达到有效磨合的标志是团队成员坦诚相见、配合默契，每个人都找到了自己在团队内的位置，在大家的心目中，团队的整体目标和成员的个体目标相辅相成，团队凝聚力初具雏形，生产力稳定提高。

实际工作中，有效驾驭处于动荡期的团队是一门很深的学问。处于动荡期的团队，整体的情况似乎每况愈下，一系列潜在问题逐渐暴露出来，期望与现实脱节。更为严重的是，持续地投入工作却几乎看不到进展，大家就像掉入一个无底的深渊，每个人都发现面临的挑战比预期要多得多，目标变得遥不可及。人际关系也变得紧张起来，个别新锐试图挑战领导者的权威，强大的工作压力使人焦虑不安，严重的时候甚至引发内部冲突。

在这种情况下，团队前景更显得扑朔迷离，士气陷入低潮，积极的队员都在适应和摸索解决问题的方法。如果是组织内部的基层团队，就会不断有队员离职的消息传来。即使是创业团队，面对强大的压力也不免有人会打起退堂鼓。这些负面的现象都会对团队领导努力倡导的敬业精神以及团队内部营造的融洽气氛造成相当的影响。

但只要仔细观察不难发现，团队整体的生产力水平却在稳步提高。连续的培训以及对工作的理解，使团队成员在实战中慢慢形成个人的风格。这是黎明前的黑暗，只要目标明确并激励大家每天持续进步，一个坚强而富有战斗力的团队，就会在似乎不明朗的状态下逐渐成熟。

团队领导在这个敏感的时期，要注意以下几点。

（1）密切注意团队进步情况，采用正激励的方式鼓励员工，每天利用一切机会与每一个队员充分沟通实际工作中遇到的具体问题，帮助大家分析问题并提供解决方案。采用问题导向模式，就事论事，减少员工之间的情感冲突，避免员工产生心理负担。

（2）建立标准的工作规范，不断优化工作流程，鼓励员工寻找创新的工作方法，团队领导者要身体力行，这是统筹团队各项工作的关键。

（3）积极寻求解决问题的方法，对疑难问题采用团队会诊的方式加以解决，增加团队成员的信心，抓住一切利好的机会鼓舞团队士气，争取以自己在工作上的突破为团队树立榜样。

（4）善于树立典范，对于取得突出成绩的队员要尽可能地为其争取荣誉，号召大家向优秀者学习。

团队领导者的任务是促使团队成为一个学习型组织，同时适时协调队员之间的冲突，利用合适的机会跟大家谈理想、谈人生、谈团队的愿景、谈对工作的信心，在共同解决具体问题的过程中建立队员之间亲兄弟般的感情。团队动荡期一般在2～6个月，团队成员能坚持走过这个时期，将会成长为团队的中坚。在这个时期选择离开的人，多数是由于不适应这个工作，在强大的工作压力下身心俱疲，因而选择退出。

3）稳定期

这个时期会逐渐形成独有的团队特色，成员之间以标准的流程投入工作、分配资源，团队内部无私地分享各种观点和各类信息，团队荣誉感很强。

团队在稳定期士气高涨，即使面对极富挑战性的工作，也会表现出很强的自信心，如果个人不足以独立完成工作，会自然地寻求合适的团队成员配合，甚至在特殊的情况下自我激发潜能，超水平发挥，取得意想不到的成功。在稳定期每个队员都会表现出很强的主观能动性。这样的状态使生产力水平也进入巅峰时期，大家对于工作中取得的突破已没有了当初的激动，每个人都能以平和的心态面对成败。在紧张有序的工作环境中，处处都表现出一个高绩效团队的成熟魅力。

一个具有强烈凝聚力的团队，也必然会表现出强烈的排他性，团队交流很容易限于一个私密的空间。这个特点也决定了团队规模不宜过大，否则会因为队员之间的隔阂而损害团队的整体战斗力。在一个规模合适的团队里，大家相互了解、彼此信任，如果需要，每个队员都会全力捍卫团队荣誉。

稳定期一般在3～10个月，甚至更长。组织领导应该尽可能地使其保持更长的时间，因为这个时期的团队无疑是最有战斗力的高绩效团队，是战无不胜的团队。引导得当，不但可以用最小的投入为组织取得最大的效益，而且可以为组织的持续发展提供宝贵的中层执行人才。如果有队员在这个时期选择退出，组织领导有责任全力挽留。实在挽留不住也要为其准备送别宴会，增强感情沟通，因为今天的普通队员，很可能就是将来的行业精英，今后无论其选择哪个企业，甚至哪个国家，相互间的沟通都将是一笔宝贵的财富，对组织的永续发展往往有意想不到的贡献。

4）高产期

团队实现了自己的阶段性目标之后，组织将可能赋予团队新的目标和任务，此时必然要进行组织整合。整合过程其实就是组织调配力量，为下一个目标进行筹备的前奏。这个时期一般也没有太大的工作压力，团队士气相对平稳。在这个时期可能出现的一个情况是团队中的个别成员觉得现有团队的工作已经不具有挑战性，对自己来说发展空间有限，因此可能会选择离开团队去更具有挑战性的岗位上工作。即使出现前述情况，由于团队的运作体系完备、流程清晰高效，生产力水平还是一样会高位运行，团队成员继承了前一时期的工作作风，在日常工作显得游刃有余。

3.1.2　创业团队的相关概念

1. 创业团队的定义

一般来说，创业团队强调以开创企业或新事业为核心，团队成员在创业阶段处于高层管理职位，对企业拥有一定的所有权，对新创企业有较高的共同承诺，共同承担发展任务、结果和责任。因此，创业团队是指由两个或两个以上具有一定利益关系的，彼此间通过分享认知和合作行动以共同承担创建新企业责任的，处在新创建企业高层主管位置的人共同组建形成的工作群体或社会活动单位。德鲁克则进一步指出，一个企业家（创业者）必须具有创业精神，否则即使他开办了一个新企业也不能被称作企业家。因此，可以推断在德鲁克眼中的创业团队也必定是具有创业精神的团队。

2. 创业团队的类型

一般说来，创业团队大体上可以分为三种：星状创业团队（star team）、网状创业团队（nesh team）和从网状创业团队中演化来的虚拟星状创业团队（virtual star team）。

1）星状创业团队

一般在团队中有一个核心主导人物（core leader），充当了领军的角色。这种团队在形成之前，一般是主导人物有了创业的想法，然后根据自己的设想进行创业团队的组织。因此，在团队形成之前，主导人物已经就团队组成进行过仔细思考，根据自己的想法选择相应人物加入团队，这些加入创业团队的成员也许是主导人物以前熟悉的人，也有可能是不熟悉的人，但其他的团队成员在企业中更多时候是支持者角色。

这种创业团队有以下几个明显的特点。

（1）组织结构紧密，向心力强，主导人物在组织中的行为对其他个体影响巨大。

（2）决策程序相对简单，组织效率较高。

（3）容易形成权力过分集中的局面，从而使决策失误的风险加大。

（4）当其他团队成员和主导人物发生冲突时，因为主导人物的特殊权威，使其他团队成员在冲突发生时往往处于被动地位，在冲突较严重时，一般都会选择离开团队，因而对组织的影响较大。

这种组织的典型例子如太阳微系统公司（Sun Microsystem）创业当初就是由维诺德 •科尔斯勒（Vinod KhMla）确立了多用途开放工作站的概念，接着他找了 Joy 和 Bechtolsheim 两位分别在软件与硬件方面的专家，以及具有实际制造经验和人际技巧的麦克尼里（Mc Neary），于是组成了 Sun 的创业团队。

2）网状创业团队

这种创业团队的成员一般在创业之前都有密切的关系，如同学、亲友、同事、朋友等。一般都是在交往过程中，共同认可某一创业想法，并就创业达成了共识以后，开始共同进行创业。在创业团队组建时，没有明确的核心人物，大家根据各自的特点进行自发的组织角色定位。因此，在企业初创时期，各个成员基本上扮演协作者或者伙伴角色。

这种创业团队有以下几个明显的特点。

（1）团队没有明显的核心，整体结构较为松散。

（2）组织决策时，一般采取集体决策的方式，通过大量的沟通和讨论达成一致意见。因此组织的决策效率相对较低。

（3）由于团队成员在团队中的地位相似，因此容易在组织中形成多头领导的局面。

当团队成员之间发生冲突时，一般都采取平等协商、积极解决的态度化解冲突。团队成员不会轻易离开。但是一旦团队成员间的冲突升级，某些团队成员撤出团队，就容易导致整个团队的涣散。

这种创业团队的典型例子，如微软的比尔·盖茨和童年玩伴保罗·艾伦，惠普的戴维·帕卡德和他在斯坦福大学的同学比尔·休利特等。多家知名企业的创建都是建立在朋友、同学等的基础之上的，通过互动激发出创业点子，合伙创业，这种例子比比皆是。

3）虚拟星状创业团队

这种创业团队是由网状创业团队演化而来的，基本上是前两种创业团队的中间形态。在团队中，有一个核心人物，但是该核心人物地位的确立是团队成员协商的结果，因此核心人物某种意义上说是整个团队的代言人，而不是主导型人物，其在团队中的行为必须充分考虑其他团队成员的意见，不像星状创业团队中的核心主导人物那样很有权威。在我国改革开放初期，此类创业团队的核心人物通常由团队中的年长者担当，那个时候出来创业需要承受较大的心理压力，而年长者通常抗压能力较强。而在目前阶段，由于市场竞争已经非常激烈，此类创业团队的核心人物则更多地由经验丰富、技术强或出资多的成员来担当。

在演进中，如果虚拟星状创业团队成员共同推荐的核心人物具有强大的权力欲望，并且其能力快速提升，则该创业团队可能演变为星状团队。反之，则可能演变为网状团队。

3. 创业团队的演变与生命周期

Kamm 和 Nurick 曾将创业团队的形成过程概括为两大类：一类称为 lead entrepreneur，指某一个人通过其工作经验或社会网络等途径产生创业想法，并由此寻求合作伙伴；另一类称为 group approach，指一群因共同兴趣、友谊等而结识的人，在其交往和工作过程中捕捉到创业机会，并组成创业团队。

Vyakarnam 发现创业团队的发展大致要经历自发形成、寻求增长、愿景形成和制度化四个阶段。第一阶段，创业者自发形成团队并进行整合；第二阶段，团队成员更为关注组织资源、知识和能力的发展与整合；第三阶段，成员对团队的认同感加深，团队成员的任务和角色更明晰，有明确的组织目标；第四阶段，创业者个人的价值观和理念更多地以企业文化与组织结构等体现，形成具有操作性的管理制度。

Vanaelst 等总结了不同发展阶段的创业团队结构变化特征。在商业化和机会识别阶段，拥有知识产权的研发人员、提供潜在市场机会咨询的顾问等特权监督者组成创业团队；在组织孕育阶段，代理企业家、未退出的第一阶段团队成员存在管理团队和董事会两个团队；在新创企业发展能力论证阶段，投资资本家进入，以增加外部财政资源，一些财政合伙人可能会退出；在成熟阶段，新创企业会通过多种渠道吸收外部资源。

周劲波提出了基于头脑风暴、情感支持、专家参谋、愿景驱动的创业团队决策的四种过程模式特征：创业初始阶段，主要是基于专家参谋的决策模式特征；创业发展阶段，四种决策模式特征没有显著差异；创业转折阶段，主要是基于情感支持和愿景驱动的决策模式特征。同时，基于头脑风暴和愿景驱动的决策模式要比基于情感支持和专家参谋的决策模式有更好的创业绩效。

谢科范等提出了创业团队的五种功能组合模式，即基于领导者、生产、销售、研发及财务五类基本岗位，通过七维度因素分析对这五类角色的绩效特征进行识别和分析，合理搭配以提高企业绩效。

鲁虹、曹耘运用自组织理论探讨高新技术创业团队的演化过程，高新技术创业团队自组织性的周期变化可以被描述为随着时间的变化，系统从有序参量变化所引起的渐变开始，再由渐变质变成突变，推动高新技术创业团队向更有序的状态演化。

综上，本书将创业团队的生命周期分为以下五个阶段。

（1）出生：由拟创业的核心人员召集志同道合者研究创业的可能性，初步形成创业团队的内部框架，建立创业团队与外界的初步联系，设立初步的创业目标和构想。这个阶段，创业团队的凝聚力和有效性都处于低水平，团队成员具有大量不确定性。

（2）成长：当创业团队确定好创业目标，便开始创业行动，虽然创业艰辛，但团队成员目标一致，团队成员彼此学习，愿意分享认知，并采取协作性行动，团队凝聚力和有效性都将得到提高。这个阶段，创业团队将通过设定标准、交流想法、阐明愿景、明确职责等方式建立必要的规范。

（3）成熟：随着时间的推移，创业团队实现了既定的战略目标，公司组建成功，产品或服务得到市场认可，企业进入上升发展通道。这个阶段创业团队具有高度的凝聚力和高度的有效性，是团队最理想的阶段。在这个阶段，隐藏的问题暴露出来，创业团队通过公开讨论、解决冲突、促进沟通、改善关系等方法的运用，形成有力的团队文化。同时，创业团队通过优化团队规范，更广泛地授权与更清晰地划分权责，注重提高团队效率和效益，把全部精力用于应对各种挑战，实现了团队的高效运行。

（4）衰老：随着企业的发展，创业团队从最初的创业进入管理一个正常的企业，创业团队成员的原始资本积累完成，创业动力开始消退。这个阶段，创业团队依据“团队记忆”采取相应的行动，团队也就渐渐地陷入一种群体思维陷阱，并形成某种“组织惰性”。

（5）死亡：随着创业的成功，创业团队成员的角色产生了质的变化，创业团队成员的价值观将产生分化，有效性的损失战胜对团队凝聚力的过度管理，团队开始逐渐解体。

3.2 创业团队的构成

3.2.1 创业团队的构成要素

一般而言，创业团队由以下四大要素构成。

（1）目标。目标即为什么要组建创业团队，希望通过创业团队达成什么目的。目标是将人们的努力凝聚起来的重要因素，从本质上来说创业团队的根本目标都在于创造新价值。通过目标的设定，激励创业团队成员把个人目标融入企业的发展目标中，使得创业团队成员认知到他们处在一个命运共同体中，只有互相信任和支持才能实现共同的目标。

（2）创业计划。创业计划是创业团队未来的发展规划，也是目标和定位的具体体现。创业计划阐述有效实现创业目标的全过程，这个计划将成为创业团队成员的行动纲领，创业团队成员将根据这个计划以及自己扮演的角色来制订自己的行动计划。一份成功的计划可以明确指导各个团队成员分别做哪些工作，以及如何做。

（3）人员。任何计划的实施最终还是要落实到人的身上去。人作为知识的载体，所拥有的知识对创业团队的贡献程度将决定企业在市场中的命运。所以人员的选择是创业团队建设中极为重要的一个部分。在确定和选择团队成员的时候，创业者应当充分考虑候选人的理念、技能、学识、经验和才干及成员间的兼容性等多方面的因素，组建起稳定而高效的创业团队。

（4）团队成员的角色分配。团队成员的角色分配即明确创业团队成员在新创企业中担任的职务和承担的责任。要使得创业成功，不仅要抓住商机，而且需要整个创业团队能够各司其职，形成一股合力。创业者在对初创企业进行管理的过程中，要将团队成员科学地安置到创业组织当中，使他们得其所、在其位、尽其用；另外，每个创业团队成员都应当对自身在团队中的位置有正确的定位，并根据这种定位充分发挥主观能动性，行使相应的职权，承担相应的责任，以此推进企业成长。

3.2.2 创业团队的角色构成

一个新创业团队战略的选择与实施，不仅依赖于创办者或者领导者个人的特质、性格、才能等条件，更多地取决于整个创业团队的特质、经验甚至整个团队中各成员之间的默契程度及合作质量。创业团队之所以被认为创业成功的关键与核心元素，主要是由于创业团队这一组织形式能够克服单个创业者在创业过程中所遇到的经验、能力、资源、资金等许多方面的障碍。它能借助团队成员之间的优势互补，为创业团队的成功奠定基础。但是新的创业团队能否取得成功，团队成员之间能否做到优势互补，这就主要取决于团队成员的挑选与组合。

综合国内外一些学者关于团队角色的研究成果，并结合创业团队的一些特点，可以把创业团队的角色分为如下 8 种。

（1）领导者：创业团队的领导者应耐心听取别人的意见，有足够的自信心，在关键点上能形成有效决策，一旦做了决定不轻易变更，能够清晰地向团队成员解释决策。

（2）策划者：创业过程中需要形成很多方案，创业团队的策划者是一个“点子型的人才”，知识面广，思维活跃并且发散，喜欢打破传统，总能在需要的时候构建出相应的执行方案。

（3）协调者：创业团队的协调者个性稳定、成熟、自信，办事客观，不带个人偏见，能够引导创业团队中不同技能和个性的人向着共同的目标努力；创业团队的协调者不仅具有较高的权威，而且具有感召力；在团队中能很快发现各成员的优势，并在创业目标的实现过程中充分发挥每个成员的长项和积极性。

（4）信息者：创业团队的信息者有着敏锐的感觉思维，对外界环境十分敏感，能够较早地感知外部环境变化对创业团队目标实现的影响，并提出相应的建议。在团队的创业过程中，信息者在与团队成员交往时可以有效获取团队成员的技能、思想和情感上的变化，及时给团队领导者提出合理化建议。

（5）创新者：创业团队的创新者拥有高度的创造力，思路开阔，观念新，富有想象力，有挑战精神，会推动变革。在创业过程中有很多的创新工作，如商业模式创新、技术创新和管理创新等，创业团队的创新者在不断寻找着适合达成创业团队目标的创新方案。

（6）实施者：创业团队的实施者的主要任务是将创业计划和各种运作方案加以落地实施，将主意变为实际行动；创业团队的实施者通常崇尚努力，执行力、自控力和纪律性强，对团队忠诚度高，为团队整体利益着想而较少考虑个人利益，但可能比较现实、传统，甚至有点保守。

（7）推广者：创业团队的推广者行动迅速、说干就干、办事效率高、自发性强、目的明确，有高度的工作热情和成就感；遇到困难时，总能找到解决办法，而且一心想取胜，具有竞争意识。

（8）监督者：创业团队的监督者主要对工作方案的实施等实行监督，确保创业计划的顺利落实和目标的有效达成；创业团队的监督者通常会深究问题的根源，喜欢反复推敲一件事情，决策时能把范围很广的因素都考虑进去，挑剔，但不易情绪化，思维逻辑性很强。

3.2.3　创业团队的角色配置原则

1. 能位对应原则

能位对应是指人与人之间不仅存在能力特点的不同，而且在能力水平上也是不同的。具有不同能力特点和能力水平的人，应安排在要求相应特点和层次的职位上，并赋予该职位应有的权力和责任，使个人能力水平与岗位要求相适应。在创业团队中，成员的能力由于受到身体状况、受教育程度、实践经验等因素的影响而各自不同，形成个体差异，创业团队的领导者应明晰每个成员的实际能力，并根据创业过程中所设定的重要职位安排合适的成员去完成对应的工作任务。只有这样，才能形成合理的能位对应，大大提高工作效率，顺利完成创业任务。

2. 角色搭配原则

创业团队中的角色组建应该满足角色搭配合理的要求，而不仅仅是关注单个团队成员的知识以及能力的问题。一个优秀的创业团队，以上 8 种角色缺一不可，这 8 种角色应该保持平衡，各团队角色应该具有异质性。在面对实际的问题时，由于每个创业团队的规模及性质不同，以上 8 种角色不可能完全由 8 个人来分别承担，往往会出现一人分饰多角，或者多人担任一角的情况。因而可以按照创业团队成员的经验和能力进行搭配管理，组合成适合行业特点及发展要求的创业团队。所以在进行团队分工时，应使团队中成员所担任的职能角色与其所偏好的团队角色相互匹配。

3. 互补增值原则

互补增值原则强调人各有所长也各有所短，以己之长补他人之短，从而使每个人的长处得到充分发挥，避免短处对工作的影响，通过个体之间取长补短形成整体优势，实现组织目标的最优化。当个体与个体之间、个体与群体之间发挥相辅相成作用的时候，互补产生的合力要比单个人的能力简单相加而形成的合力大得多，群体的整体功能就会正向放大；反之，整体功能反向缩小，个体优势的发挥也受到人为的限制。因此，创业团队内部各个成员之间应该是密切配合的互补关系，其中选择互补的一组人必须有共同的理想、事业和追求，而互补增值原则最重要的是“增值”。

4. 动态平衡原则

高效率的创业团队应该由具有不同团队角色并与职能角色相匹配的团队成员组成，但是由于创业团队成长过程中的波动性会导致创业团队存在很大程度上的不稳定性，从而打破了团队初建时期的角色平衡状态，进一步会影响团队的整体绩效。创业团队的领导者应及时地了解团队成员与岗位的适应程度，从而进行调整，以达到人适其位、位得其人的状态。因此，在创业团队的成长过程中，不仅要注重团队中的静态平衡，更要注重团队中的动态平衡。

案例拓展

腾讯创业团队

马化腾创业5兄弟，堪称难得，其理性堪称标本。1998年秋天，马化腾与他的同学张志东“合资”注册了深圳腾讯计算机系统有限公司（以下简称“腾讯”）。之后又吸纳了3位股东：曾李青、许晨晔、陈一丹。这5个创始人的QQ号，据说是从10001到10005。为避免彼此争夺权力，马化腾在创立腾讯之初就和4个伙伴约定清楚：各展所长、各管一摊。马化腾是CEO，张志东是CTO（chief technical officer，首席技术官），曾李青是COO，许晨晔是CIO（chief information officer，首席信息官），陈一丹是CAO（chief administrative officer，首席行政官）。

之所以将创业5兄弟称为“难得”，是因为直到2005年，这5人的创始团队还基本保持这样的合作阵形，不离不弃。直到腾讯做到如今的帝国局面，其中4人还在公司一线，只有COO曾李青挂着终身顾问的虚职而退休。

都说一山不容二虎，尤其是在企业迅速壮大的过程中，要保持创始人团队的稳定合作尤其不容易。在这个背后，工程师出身的马化腾一开始对于合作框架的理性设计功不可没。

从股份构成上来看，5个人一共凑了50万元，其中马化腾出了23.75万元，占47.5%的股份；张志东出了10万元，占20%的股份；曾李青出了6.25万元，占12.5%的股份；其他两人各出5万元，各占10%的股份。

主要资金由马化腾所出，“要他们的总和比我多一点点，不要形成一种垄断、独裁的局面。”同时，他自己一定要出主要的资金，占大股。“如果没有一个主心骨，股份大家平分，到时候肯定会出问题，同样完蛋。”

保持稳定的另一个关键因素，就在于搭档之间的“合理组合”。

据《中国互联网史》作者林军回忆说：“马化腾非常聪明，但非常固执，注重用户体验，愿意从普通用户的角度去看产品。张志东是脑袋非常活跃、对技术很沉迷的一个人。马化腾技术上也非常好，但是他的长处是能够把很多事情简单化，而张志东更多是把一个事情完美化。”

许晨晔和马化腾、张志东同为深圳大学计算机系的同学，他是一个非常随和而有自己的观点，但不轻易表达的人，是有名的“好好先生”。陈一丹是马化腾在深圳中学时的同学，后来也就读深圳大学，他十分严谨，同时是一个非常张扬的人，他能在不同的状态下激起大家的激情。

如果说，其他几位合作者都只是“搭档级人物”的话，只有曾李青是腾讯5个创始人中最好玩、最开放、最具激情和感召力的一个，与温和的马化腾、爱好技术的张志东相比，是另一个类型。其大开大合的性格，也比马化腾更具备攻击性，更像拿主意的人。

资料来源：https：//edu.qq.com（有改动）

3.3 创业团队的组建

3.3.1 创业团队组建的基本原则

1. 树立正确的团队理念

创业团队要想实现自己的创业目标首先应树立正确的团队理念，团队理念主要包括如下内容。

（1）凝聚力。拥有正确团队理念的成员相信他们处在一个命运共同体中，共享收益、共担风险，为了共同的目标一起奋斗。团队工作，即作为一个团队而不是靠个别的“英雄”工作，每个人的工作相互依赖和支持，依靠事业成功来激励每个人。

（2）诚实正直。这是有利于顾客、公司和价值创造的行为准则。它排斥纯粹的实用主义或利己主义，拒绝狭隘的个人利益和部门利益。

（3）为长远着想。拥有正确团队理念的成员相信他们正在为企业的长远利益工作，正在成就一番事业，而不是把企业简单地当作一个快速致富的工具。没有人打算现在加入进来，而在困境出现之前或出现时退出获利，他们追求的是最终的资本回报及其带来的成就感，而不是当前的收入水平、地位和待遇。

（4）承诺价值创造。拥有正确团队理念的成员承诺为了每个人而使“蛋糕”变大，包括为顾客增加价值，使供应商随着团队的成功而获益，为团队的所有支持者和各种利益相关者谋利。

2. 目标明确合理原则

目标在团队组建过程中具有特殊的价值。首先，目标是一种有效的激励因素。如果一个人看清了团队的未来发展目标，并认为随着团队目标的实现，自己可以从中分享到更多的利益，那么他就会把这个目标当成自己的目标，并为实现这个目标而奋斗。因此，目标必须是明确的，这样才能使团队成员清楚地认识到共同的奋斗方向是什么。与此同时，目标也必须是合理的、切实可行的，这样才能真正达到激励的目的。

3. 互补原则

创业团队的互补是指创业者知识、能力、心理等特征和教育、家庭环境等方面的差异，会对创业活动产生不利影响，通过组建创业团队来发挥各个创业者的优势，相互补充对方的不足之处，从而形成知识、能力、性格、人际关系资源等全面具备的一个优秀创业队伍。创业者之所以寻求团队合作，其目的就在于弥补创业目标与自身能力间的差距。只有当团队成员相互间在知识、技能、经验等方面实现互补时，才有可能通过相互协作发挥出“1＋1＞2”的协同效应。

从人力资源管理的角度来看，建立优势互补的创业团队是保持创业团队稳定的关键。在创建一个团队的时候，不仅要考虑成员相互之间的人际关系、亲情关系，更重要的是要考虑成员之间能力上和技术上的互补性。Sun微系统公司就是一个非常值得借鉴的例子。创业初始，维诺德·科尔斯勒找来的3个人分别是软件专家、硬件专家和管理专家，Sun微系统公司的创业团队非常稳定。稳定的团队为Sun微系统公司带来了稳定的发展。一般来说，一个创业团队是由其创始人组织的，而创始人不可能对企业经营中的各个方面都精通。因此，在组建创业团队的时候，“主内”与“主外”的不同人才、耐心的“总管”和具有战略眼光的“领袖”、技术与市场等方面的人才都应该尽可能地考虑进来，以保证团队成员的异质性。从创业资源的角度来看，在引进了不同背景的创业成员的同时，也就引进了不同的人际网络。每一家公司都需要各种人际网络的引进，才能使公司顺利地运作，这对一个缺乏资源的新创公司尤其重要。在引进不同人才的同时引进的不同的人际网络，在团队和资源之间是有若干联结的，也正因为有了这样的联结，才有可能衍生出一些新的机会。

4. 精简高效原则

低成本、高效率对初创企业来说尤为重要，因此为了减少创业期的运作成本、最大比例地分享成果，创业团队人员构成应在保证企业能高效运作的前提下尽量精简。

5. 动态开放原则

创业过程是一个充满了不确定性的过程，团队中的成员可能因为能力、观念等多种原因离开，同时也有人要求加入。因此，在组建创业团队时，应注意保持团队的动态性和开放性，使真正完美匹配的人员能被吸纳到创业团队中来。

3.3.2 创业团队组建的主要影响因素

创业团队的组建受多种因素的影响，这些因素相互作用、共同影响着组建过程，并进一步影响着团队建成后的运行效率。

1. 创业者

创业者的能力和思想意识从根本上决定了是否要组建创业团队以及团队组建的时间表和由哪些人组成团队。创业者只有在意识到组建团队可以弥补自身能力与创业目标之间存在的差距时，才有可能考虑是否需要组建创业团队，以及对什么时候需要引进什么样的人员才能和自己形成互补做出准确判断。

2. 商机

企业的经营是以市场为导向的，市场唯一不变的法则就是“永远在变”。在变幻莫测的市场大环境中，商机的得与失直接关系到企业的生死存亡。要想把握商机就要了解市场动向，企业的经营环境复杂动荡，消费者的需求偏好呈现多样化发展，技术更新速度不断加快。随着这些问题的出现，企业在追求创业导向以求获得竞争优势的同时，仍需注意以市场为导向，把为顾客创造价值放在企业活动的中心，以获得持续的竞争优势。

3. 团队目标与价值观

共同的价值观、统一的目标是组建创业团队的前提，团队成员若不认可团队目标，就不可能全心全意为此目标的实现而与其他团队成员相互合作、共同奋斗。不同的价值观将直接导致团队成员在创业过程中脱离团队，进而削弱创业团队作用的发挥。没有一致的目标和共同的价值观，创业团队即使组建起来也缺乏战斗力，无法有效发挥协同作用，缺乏战斗力。

4. 团队成员

团队成员能力的总和决定了创业团队整体能力和发展潜力。创业团队成员的才能互补是组建创业团队的必要条件。而团队成员间的互信是形成团队的基础，互信的缺乏，将直接导致团队成员间协作障碍的出现。

5. 外部环境

创业团队的生存和发展直接受到制度性环境、基础设施服务、经济环境、社会环境、市场环境、资源环境等多种外部环境要素的影响。这些外部环境要素从宏观上间接地影响着对创业团队组建类型的需求。

3.3.3 成功创业团队的主要特征

新创企业成功的关键在于有一支高效的、战斗力强的创业团队，通常成功的创业团队具有以下几个方面的特征。

1. 凝聚力

团队是一体的，成败是整体的而非个人的，成员能够同甘共苦，经营成果能够公开且合理地分享，团队就会形成坚强的凝聚力与一体感。每个成员都应将团队利益置于个人利益之上，而且充分认识到个人利益是建立在团队利益基础上的，团队中任何个人都不可能离开公司的整体利益而单独地获益。成员应愿意牺牲短期利益来换取长期的成功果实，而不计较短期薪资、福利、津贴，将利益分享放在成功后。

2. 创业激情

在创业团队组建时，需要特别注意的是一定要选择对项目有热情的人加入团队，并且要使所有人在企业初创时就要有每天长时间工作的准备。任何人，不管他的专业水平多么高，如果对事业的信心不足，将无法适应创业的需求，而这样一种消极的因素，对创业团队所有成员产生的负面影响可能是致命的。创业初期，整个团队可能需要每天 16 个小时不停地工作，并要求在高负荷的压力下仍能保持创业的激情。

3. 相互信任

在创业过程中，不可避免地会发生矛盾和冲突，而互信会帮助创业团队避免不必要的矛盾和冲突。信任是一种非常脆弱的心理状态，一旦产生裂痕就很难缝合，消除不信任及其带来的影响往往要付出巨大的代价，所以防止不信任比增强信任更加重要。一般来说，创业者在选择创业伙伴时主要考察对方的人品和能力。相对于能力而言，人品更加重要，它是人们交往和合作的基础，也是决定一个人值得信任的前提。在创业团队中，人们注重的人品主要有：成员是否诚信，成员的行为和动机是否带有很强的私心。另外，团队成员要对集体忠诚，彼此以诚相待、公平相处，误会和猜疑产生时应及时沟通，避免越积越多而不可收拾。

4. 目标清晰

一支好的创业团队一定要有一个清晰的切实可行的共同奋斗目标，这个目标是根据现实情况制订的，而且团队成员都熟知并坚信这一目标包含的重大意义和价值。对于具有清晰的共同奋斗目标的创业团队而言，共同的创业目标赋予创业团队成员高度的认同感，他们不会指望一夜暴富。企业发展在他们眼里是一场将持续若干年甚至是几十年的愉快经历，他们会不断奋斗直至取得最后的胜利。

5. 优势互补

创业者寻找团队成员，应该基于这样的考虑，主要是弥补当前资源能力上的不足，也就是说考虑当前能力与创业目标的差距，来寻找所需要的配套成员。好的创业团队，成员间的能力通常都能形成良好的互补，而这种能力互补也会有助于强化团队成员间彼此的合作。当然创业团队也并非一蹴而就，往往是在新企业发展过程中才逐渐孕育并形成完美组合的。在这一过程中，团队成员也可能因为理念不合等原因，在创业过程中不断替换。一个完整的、具有高效运作能力的创业团队，其成员除了志同道合外，还必须包括技术类人才、市场营销类人才和管理类人才。

6. 合作精神

成功的创业企业最显著的特点是拥有一支能够整体协同配合的团队，而不仅仅是培养一两个杰出的人物。团队成员注重互相配合，减轻他人的工作负担并提高整体的效率。通常在创业初期，团队成员大多能够齐心协力、精诚团结，为企业的发展贡献自己的力量。但随着企业的发展，各种矛盾、难题不断出现，在处理这些问题时，团队成员自然有不同的观点，这就要求团队成员学会有效地沟通，这样才能统一思想，拧成一股绳。

7. 价值创造

团队成员全心致力于创造新的企业价值，认为创造新的企业价值才是创业活动的主要目标，并认识到唯有企业不断增值，所有参与者才有可能分享到其中的利益。

8. 分享成果

创业之初的股权分配与以后创业过程中的贡献往往并不一致，因此会出现某些具有显著贡献的团队成员，拥有股权数较低，贡献与报酬不一致的不公平现象。因此好的创业团队需要有一套公平弹性的利益分配机制，来弥补前述不公平的现象。例如，新企业可以保留 10%的盈余或股权，用来奖赏以后有显著贡献的创业成员。

3.3.4　创业团队的组建程序及其主要工作

创业团队的组建是一个相当复杂的过程，不同类型的创业项目所需的团队不一样，创建步骤也不完全相同。创业团队组建程序如图 3-2 所示。

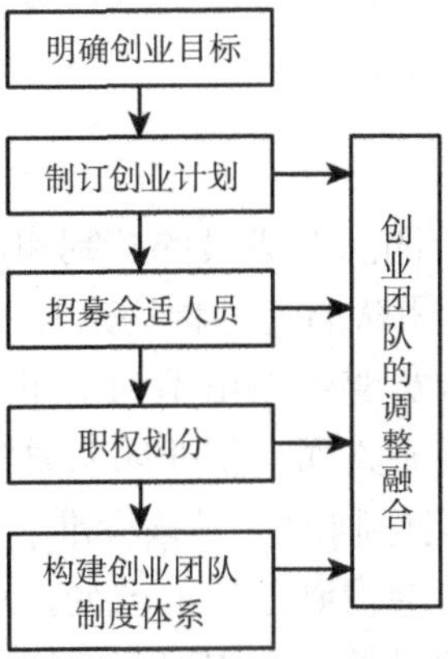

图 3-2　创业团队组建程序

1. 明确创业目标

创业团队的总目标就是要通过完成创业阶段的技术、市场、规划、组织、管理等各项工作实现企业从无到有、从起步到成熟。总目标确定之后，为了推动团队最终实现创业目标，再将总目标加以分解，设定若干可行的、阶段性的子目标。

2. 制订创业计划

在确定了一个个阶段性子目标以及总目标之后，紧接着就要研究如何实现这些目标，就需要制订周密的创业计划。创业计划是在对创业目标进行具体分解的基础上，以团队为整体来考虑的计划，创业计划确定了在不同的创业阶段需要完成的阶段性任务，通过逐步实现这些阶段性目标来最终实现创业目标。

3. 招募合适人员

招募合适人员也是创业团队组建最关键的一步。关于创业团队成员的招募，主要应考虑两个方面：一是互补性，即考虑其能否与其他成员在能力或技术上形成互补。这种互补性的形成既有助于强化团队成员间彼此的合作，又能保证整个团队的战斗力，更好地发挥团队的作用。一般而言，创业团队至少需要管理、技术和营销三个方面的人才，只有这三个方面的人才形成良好的沟通协作关系后，创业团队才可能实现稳定高效。二是适度规模，适度的团队规模是保证团队高效运转的重要条件。团队成员太少则无法实现团队的功能和优势，而过多又可能会产生交流的障碍，团队很可能会分裂成许多较小的团体，进而大大削弱团队的凝聚力。一般认为，创业团队的规模控制在2～12人最佳。

4. 职权划分

为了保证团队成员执行创业计划、顺利开展各项工作，必须预先在团队内部进行职权的划分。创业团队的职权划分就是根据执行创业计划的需要，具体确定每个团队成员所要担负的职责以及对应的权限。团队成员间职权的划分必须明确，既要避免职权的重叠和交叉，也要避免无人承担造成工作上的疏漏。此外，由于还处于创业过程中，面临的创业环境又是动态复杂的，会不断出现新的问题，团队成员可能不断更换，因此创业团队成员的职权也应根据需要不断地进行调整。

5. 构建创业团队制度体系

创业团队制度体系体现了创业团队对成员的控制和激励能力，主要包括团队的各种约束制度和各种激励制度。一方面，团队通过各种约束制度（主要包括纪律条例、组织条例、财务条例、保密条例等）指导其成员避免做出不利于团队发展的行为，对其行为进行有效的约束，保证团队的稳定秩序。另一方面，创业团队要实现高效运作必须制定有效的激励机制（主要包括利益分配方案、奖惩制度、考核标准、激励措施等），使团队成员看到随着创业目标的实现，其自身利益将会得到怎样的改变，从而达到充分调动团队成员的积极性、最大限度发挥团队成员作用的目的。要实现有效的激励首先就必须把成员的收益模式界定清楚，尤其是股权、奖惩等与团队成员利益密切相关的事宜。需要注意的是，创业团队的制度体系应以规范化的书面形式确定下来，以免带来不必要的混乱。

6. 创业团队的调整融合

完美组合的创业团队并非创业一开始就能建立起来的，很多时候是在企业创立一定时间以后随着企业的发展逐步形成的。随着团队的运作，团队组建时在人员匹配、制度设计、职权划分等方面的不合理之处会逐渐暴露出来，这时就需要对团队进行调整融合。由于问题的暴露需要一个过程，因此团队调整融合也应是一个动态持续的过程。在完成了前面的工作步骤之后，团队调整融合工作专门针对运行中出现的问题，不断地对前面的步骤进行调整直至满足实践需要为止。在进行团队调整融合的过程中，最为重要的是要保证团队成员间经常进行有效的沟通与协调，培养强化团队精神，提升团队士气。

这里需要注意的是，上述组建过程并不是一个完全严格的顺序过程，即创业团队有时并不是严格按照此顺序一步一步地进行组建。事实上，很多创业团队的组建过程没有明确的步骤划分界限，如制度体系构建、团队的调整融合可能贯穿于企业发展的整个过程。创业者在组建创业团队的时候应在上述基本原则的指导下，根据实际情况灵活加以运用。图3-3展示了创业团队组建与运行的全过程。

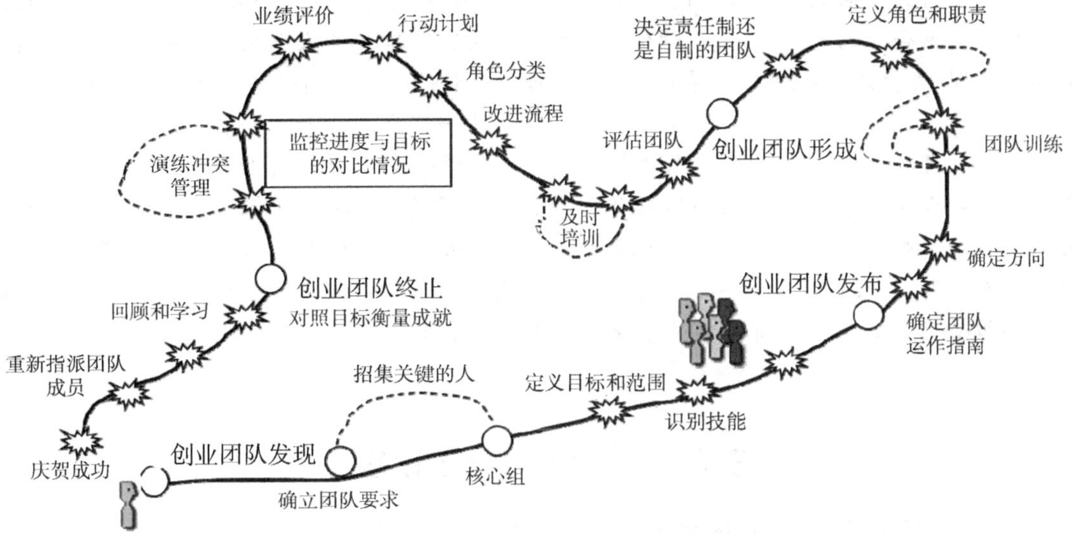

图3-3 创业团队组建与运行的全过程

案例拓展

企业发展与创业团队的演变

2003年6月，以蔡啟明教授为首的创业团队组建了南京佐佐管理咨询有限公司（以下简称“佐佐咨询”），其成立初衷是为他们所指导的研究生提供一个与社会接触和发展的平台。在公司成立之初，蔡啟明教授就为公司设计了开放式的动态股权模式，在蔡啟明教授等的管理理念和企业发展模式的影响下，他们所指导的研究生毕业后纷纷加入佐佐咨询的创业团队，从而使得佐佐咨询快速成长为一家具有区域影响力的专业管理顾问公司，佐佐咨询以清晰的流程和有效的方案落实在业界创下了良好的口碑。佐佐咨询为满足不同层次消费群的需求，不断进行咨询服务组合的深度拓展，业已形成错落有致、完备和谐的四大门类：战略规划、流程优化、人力资源管理和工业工程。

2006年5月，一批职业化培训讲师加盟到佐佐咨询的创业团队中，于是南京市佐佐职业培训学校成立。作为理念塑造者，佐佐学校是经人力资源和社会保障主管部门审批备案的教育机构。运用佐佐名家师资库及自有课程资源，通过有针对性的分析诊断和培训实施，佐佐学校有效地协助企业客户进行团队建设，帮助个人客户构建职业规划。目前，学校所涵盖的业务范围包括国家人力资源管理师职业资格培训、江苏省高级职业经理人培训、企业内训（侧重企业中高层管理理念和技能提升）与公开课（侧重创新思维训练、管理技巧和方法应用）。在不到10年中，佐佐学校培训了4万多名管理人员，在江苏有着广泛的影响力。

2007年12月，一批软件开发人员加盟到佐佐咨询的创业团队中，于是南京佐佐信息资讯有限公司成立。作为工具研发者，佐佐资讯秉承了U—joy，to—my—joy的理念，形成“EKM”（国内首款流程知识管理系统软件）、“佐佐职升机”（中国首套支持职业发展的专家系统）等主打知识产品系列，辅以专业的信息简报，为不同客户群体提供专业信息资讯支持。佑佐EKM系统构建了基于流程的企业知识管理系统，适用于各类工作岗位和企业，既为从业者打开了通向职业金领的快速通道，也为企业实现“个人资源企业化”，目前已经得到众多实施企业的一致认可。“佑佐职升机”的推出，建立了基于人工智能的HR（human resource，人力资源）系统，使得HR从业者可以轻松地将自己打造成人力资源专家。

随着创业团队的壮大，佑佐咨询已经发展成为一家立足于长三角，向社会各界提供管理咨询、管理培训、知识产品、人才猎寻以及信息资讯的综合性智业服务机构。佑佐咨询以其业务组合灵活多样化、业务风格务实精益化，博得了各界的广泛好评。U—joy，to—my—joy，佑佐咨询时刻谨记以客户需求为导向，从真正意义上帮助企业全面提升管理，协助个人进行自我超越，最终实现企业与个人既定的目标。凭借专业素养和务实精神，佑佐咨询被誉为长三角地区综合实力最强的智业服务机构之一。

3.4 创业团队的管理

3.4.1 培育创业团队的文化理念

创业过程充满艰辛和风险。创业团队一定要有一致的创业思路，成员个人的目标要与企业的愿景一致，即认同团队将要努力的目标和方向。然而在现实中，正如Timmons所指出的那样，创业团队成员的目标并不十分清晰和明确，甚至很多时候他们并不明白自己为什么这么急于走上创业的道路。缺乏共同的价值观就无法解决团队中的矛盾、争论和冲突，此时的团队就如同一盘散沙，失去了作为一个整体运作的基础，很难发挥1+1>2的整合效应。因此，创业团队成员要拥有共同的价值观，把个人目标整合到组织目标当中，增强团队的凝聚力。在组建创业团队、选拔队员的时候要思考团队是否有清晰、恪守不渝的核心理念和充满感召力的宏伟目标，团队成员是否都明确了解并认可这些核心理念和宏伟目标，并愿意为此而奋斗。

1. 创业团队的文化核心

创业团队的文化核心是团队精神。团队精神就是团队成员共同认可的一种集体意识，是显现的团队成员的工作心理状态和士气，是团队成员共同价值观和理想信念的体现，是凝聚团队、推动团队发展的精神力量。团队精神是员工思想与心态的高度整合，是员工在行动上的默契与互补，是“小我”与“大我”的同步发展，是员工之间的互相宽容与理解。团队精神的实质是一种力量，这种力量是通过共同的信仰、一致的行动、相似的工作作风、共有的价值观念、标准的行为规范而凝聚起来的合力、众力。它通过塑造可以成长，通过教育可以传播，通过激励机制可以发扬光大，通过行为人这一载体可以生生不息、延续不断。

团队精神对创业团队成员的集体共同意识具有一种强化作用，可以推动创业团队的有效运作和发展，提高组织的整体效能。一个具有团队精神的创业团队，往往显示出高涨的士气。创业团队成员对团队具有强烈的归属感、一体感，衷心地把自己的前途与团队的命运联系在一起，愿意为团队的利益与目标尽心尽力。创业团队成员对团队具有高度的忠诚，决不允许有损害团队利益的事情发生，并且有团队荣誉感。团队成员之间彼此信任，相互协作，信息共享，同舟共济。创业团队发展出清晰的团队规范，团队精神的价值观深入人心。团队精神的文化与舆论在团队氛围中占有统治地位，有效推进创业成功。

2. 创业团队文化的塑造

创业团队的文化是在创业团队的运行过程中逐步形成的，要想塑造出具有凝聚力的团队精神，创业团队在创业过程中必须做好以下两点。

（1）就事论事。创业的道路大多是曲折的，创业过程中会出现很多意想不到的情况，事先考虑不足或决策的失误，会使创业工作处于被动状态，严重时可能让创业处于崩溃的边缘，此时创业团队的情绪会比较低落，意见分歧严重。在这种情况下，创业团队应该就事论事、聚焦问题、群策群力、共同努力去解决问题。出现问题后，团队成员可以各抒己见，提出解决问题的对策建议，而不应该互相指责，影响情感。事实上，创业团队的瓦解很多是因为成员之间的互相指责、友谊破裂而引起的。

（2）杜绝扯皮。创业过程中，创业团队成员通常担当多个角色，创业工作也不可能一帆风顺，因此极易产生互相推诿的扯皮现象。一旦形成这种扯皮现象，团队的聚集力就会被快速削弱，团队精神也就很难延续。因此，创业团队需要尽可能地明确工作任务、职责和权限，并且在工作中不断完善业务流程，逐步形成标准化的工作流程和方法体系，把扯皮现象扼杀在萌芽之中，为新创企业的良性循环发展奠定基础。

3.4.2　创业团队权益的分配

创业团队成员间权益的分配是一个敏感、困难但又十分重要的议题。创业团队权益分配是指依法律文本的形式确定一个清晰的利润分配方案，把最基本的职责和权利界定清楚，尤其是股权、期权和分红权，此外还包括增资、扩股、融资、撤资等与团队成员利益紧密相关的事宜。

1. 创业团队初始股权的设定

创业团队初始股权的设定对企业的发展尤为重要，很多初创企业在公司利润出现后，由于没有将股权结构设定好，最后出现内部矛盾而瓦解。许多创业团队的成员是家人、朋友和同学，即使这样，也应该一开始就将股权结构设定好。因为人性都是利己的，必须用制度和规则来约束人，而不是用人性来考验人。初创企业的股本比较小，创业团队成员感觉股份、股权没有什么大不了，因为不值几个钱，但是企业做大了，每一个百分点都是巨大的利益，在巨大的利益前面，人性是经不住考验的。所以初创企业一开始的股权结构设定，都是为了企业以后的发展。

初创企业的创始人在天使投资之前必须在公司拥有绝对的控股权，原则上股权比例不低于 50%（拥有控股权），最好能够超过 67%（拥有绝对控股权），在天使投资阶段不要出让太多的股份（除非投资协议中注明经营团队对企业拥有绝对的决策权，即投资人不干涉企业的运行）。一些创业团队因为缺乏必要的起步资金，为了把企业创建起来，在天使投资阶段就出让了大部分的股份，企业发展起来了，才发现当初创业团队价值评估偏低，便失去了心理平衡。加上中国境内实施的是同股同权，因此一开始就丧失了控股权的创业团队大多结局不是很好。所以初创企业一定要规避在引进资本金的过程中股权被快速地稀释，失去控制权。初创企业股权设置的原则是创始人拥有控股权，企业注册成立后引进人才的股权通常不超过 10%，引进人才的股权适宜采用期股的方法，而不是直接在市场监督管理部门进行变更成为注册股东。同时设定 15%左右的股份预留给未来引进的人才，为公司未来发展奠定激励基础。

2. 期股的设定

期股是指企业原有股东与期股授予对象确定公司股票价格，在任期内由期股获受人以各种方式（如个人出资、贷款、奖金转化等）获取适当比例的本企业股份，在兑现之前，只有分红等部分权利，股票将在中长期兑现的一种激励方式。

1）期股的特点

（1）期股是当期（签约时或任期初始）的购买行为，股票权益在未来兑现。

（2）期股既可以出资购买得到，也可以通过赠予、奖励等方式获得。

（3）期股获受人被授予期股后，在到期前是不能转让或兑现的。因此，期股既有激励作用，又有约束作用。

2）期股的授予对象

期股的授予对象主要是公司的高管人员、中层管理人员和核心技术人员。

3）期股的授予数量

一般情况下，公司授予的期股总数不超过公司股本的 10%，拥有公司股本 10%以上的员工不再获授期股。

4）期股的授予价格

（1）低于现值，也称现值有利法，即期股的授予价格低于当前股价，相当于向期股获受人提供了优惠。低于现值的期股，股东权益会被稀释，因而股东不愿意接受，而且这种方式会产生多大的激励作用也令人怀疑。

（2）高于现值，也称现值不利法，即期股的授予价格高于当前股价。高于现值的期股，一般适用于公司股价看涨的时候，而且，它提高了获利的难度，对经理班子会产生更大的压力。

（3）等于现值，也称现值等利法，即期股的授予价格等于当前股价。大多数公司采用等于现值的授予价格。

3. 增资扩股的设定

公司增资也称公司增加资本，是指公司为扩大经营规模，拓展业务，提高公司的资信程度，依法增加注册资本金的行为。意义在于：筹集经营资金；保持现有运营资金，减少股东收益分配；调整股东结构和持股比例；提高公司信用，获得法定资质。

1）增资扩股的程序

公司增资必须经过股东大会（股东会）特别决议（必须经 2/3 以上有表决权的股东通

过），增加的注册资本要经过会计师事务所的验资，同时变更公司章程，并办理相应的变更登记手续。

2）公司增资扩股的方法

（1）邀请出资，改变原有出资比例。如某公司原有出资总额100万元，股东甲出资50万元（占出资总额50%），股东乙出资30万元（占出资总额30%），股东丙出资20万元（占出资总额20%）。现公司增资50万元，由股东甲认缴10万元，股东乙认缴30万元，股东丙认缴10万元，这就改变了原有股东的出资比例。增资后，甲乙各占股本总额的40%，丙占股本总额的20%。

这种增资方式，可适用于股东内部，也可用于股东之外的第三方出资增资情形。

（2）按原有出资比例增加出资额，而不改变出资额比例。这种增资方式仅适用于股东内部增资。如某公司原有出资总额100万元，股东甲出资50万元（占出资总额50%），股东乙出资30万元（占出资总额30%），股东丙出资20万元（占出资总额20%）。现公司增资50万元，由股东甲出资25万元，股东乙出资15万元，股东丙出资10万元。增资后，甲乙丙占股比例不变，注册资本则由原来的100万元变成150万元。

3）增资扩股的材料

公司增资扩股需要到市场监督管理部门进行登记审批，增资扩股所需材料清单如下。

（1）公司法人代表及股东身份证原件。

（2）公司营业执照正本原件。

（3）公司税务登记证正本原件。

（4）公司组织机构代码证正本原件。

（5）原公司章程。

（6）原公司股东会决议。

（7）原公司验资报告。

（8）新公司章程。

（9）新公司股东会决议。

（10）公司近期资产负债表及利润表。

（11）基本账户开户许可证原件。

（12）公章、财务专用章、法人章、股东章、账号章。

4. 撤资的设定

公司法明确规定股东是不能随意撤资的，因为股东一旦对公司履行完出资义务，就成了公司的注册资本，公司的注册资本是不能随意抽回的，如果股东抽逃出资会构成抽逃出资罪。但股东可以通过正常渠道转出注册资本。

1）撤资的方式

股东撤资的方式有两种：一是股权转让，二是减少注册资本注销股份。有限责任公司股权转让时，原有股东有优先购买权，对外转让需要其他股东同意，同时在市场监督管理部门办理相关的股权转让手续，并备案。减少注册资本需召开股东大会，由2/3以上有表决权的股东通过。

2）股权转让的流程

公司股东转让股权的，应自股权转让之日起30日内申请变更登记。

（1）公司法定代表人签署、公司盖章的《公司变更登记申请书》。

（2）原股东会决议（全体老股东盖章或签字，自然人股东签字，自然人以外的股东盖章）。其主要内容有：①转让双方当事人、转让的股权份额及股权转让价格、受让者，其他股东优先受让权利的行使情况等；②股权转让后公司的股本结构。

（3）股权转让协议书（转让双方签署，自然人签字，自然人以外的股东盖章）。

（4）股权向公司股东以外转让的，还应提交新股东会（股权转让后的股东）决议（全体新股东盖章或签字，自然人股东签字，自然人以外的股东盖章）。主要内容：因股东变更涉及的其他有变动的事项（包括公司董事、监事、经理等组织机构人员的变更等）。设董事会、监事会的，提交股东会决议，按章程规定委派或选举产生董事会成员（3～13人），监事会成员（3人以上），并应载明对上述人员经审查均符合有关法律规定的任职资格的意见；提交董事会决议，选举董事长，聘任公司总经理；提交监事会决议，选举监事会主席。不设董事会、监事会的，提交股东会决议，按章程规定委派或选举产生执行董事（1人）、监事（1～2人），聘任总经理，并应载明对上述人员经审查均符合有关法律规定的任职资格的意见。

（5）章程修正案或修改后的章程。修正案须写明修改后的完整内容，公司法定代表人签字。

3）公司减资的基本流程

（1）股东会决议。

（2）编制资产负债表及财产清单。

（3）通知或公告债权人。公司应当自做出减少注册资本决议之日起10日内通知债权人，并于30日内在报纸上至少公告3次。债权人自接到通知书之日起30日内，未接到通知书的自第一次公告之日起90日内，有权要求公司清偿债务或者提供相应的担保。

3.4.3 创业团队的激励机制

创业团队成员本身具有分离倾向，团队管理稍有松懈就可能导致团队绩效的大幅下降。创业团队的管理经验、领导者变更、计划不连续、裁减成员、规则不连续等都会冲击团队的合力。如果缺乏有效的激励，团队或者组织的生命难以长久，而有效激励是企业长久保持团队士气的关键。有效激励要求给予团队成员合理的“利益补偿”。利益补偿往往分为两种形式：一是物质条件，如钱、工作环境；二是心理收益，如工作成就感和地位，感受到尊重、承认和友爱等。

1. 团队文化的激励

团队文化是固化剂，团队凝聚力的培养离不开团队文化的建设。团队文化激励对团队建设的积极作用主要表现在：团队文化通过营造一种积极向上、相互尊重、相互信任的文化氛围来协调企业内外的人际关系。通过调动成员的积极性、主动性和创造性来增强团队的凝聚力与竞争力，使团队成员与整个团队同呼吸、共命运，把领导者、团队成员与团队整体紧紧联结在一起。

团队文化的精髓就是强调合作精神，团队合作才能成就共同的目标，从而满足团队成员的各自需求，为团队营造一种快乐工作和积极进取的氛围。要形成真正良好的氛围，关键在于彼此的信任。没有信任就没有尊重，也就没有相互关怀和支持。按照 Gofren F. Shea 的观点，可以把信任描述成“组织生命中产生奇迹的因素即一种减少摩擦的润滑油，把不同部件组合到一起的联结剂，有利于行动的催化剂，它对工作的作用无可替代”。一般而言，可将信任定义为对其他个体所形成的整体的信心。创业团队成员之间的信任程度将在一定程度上决定他们的沟通程度，进而影响到整个团队的凝聚力。

2. 经济利益的激励

创业企业的产权一般比较明晰、机制灵活，所以对创业团队成员，可以把期权激励作为经济激励的一项重要内容来实施，把传统的以现金为代表的短期经济激励和以期权为代表的长期经济激励结合起来，体现人力资源的价值。东方博远公司创立初期，团队内部就签署了协议，明确了每个团队成员的名义股份以及按服务时间逐步释放的原则。例如，技术总监名义股份为 10%，这些股份应该在工作 3 年，发挥相应作用之后才能够得到。一开始的时候他能够得到该名义股数的 34%，以后每工作满 1 年的时候，能够得到另外的 22%。如果工作满 2 年，那将得到的是：10%×（34%＋22%＋22%）＝7.8%的股份，剩余 22%将添加到由 CEO 代持的预留股份中。名义股份的具体调整在市场监督管理部门变更公司章程时得以实现。期权激励工具都对激励对象利益的兑现附带有服务期的限制，这种做法较好地实现了团队成员的持续激励，稳定团队的作用也比较明显。

此外，建立鼓励团队合作的奖励机制。将个人的一部分报酬，尤其是浮动薪酬，与团队成果有机地结合起来。同时在进行年度固定薪酬调整时，也会考虑个人在团队合作方面的表现。例如在个人全部现金收入中，75%为固定薪酬，25%为浮动薪酬。在 25%的浮动薪酬中，其中 70%与个人业绩挂钩，以奖励创业团队成员在个人业绩以及坚持团队价值观和团队文化等方面的出色表现；另外 30%与团队成果挂钩，只有团队达成既定目标，个人才能得到这部分的浮动薪酬，以此鼓励队员协同作战，将个人利益与团队利益有机地结合在一起，为实现团队的共同目标而努力。

3. 权力与职位的激励

通常，创业者具有极强的进取精神，创业团队又通常是高知群体。他们不仅为追求经济利益而进行创业活动，也为得到成就感以及权力和地位上的满足。Ovaid.C.MclClelland 在其《成就激励论》中指出，在人的基本需要得到满足的情况下，人们还有权力需要、友谊需要和成就需要。对于具有成就需要和权力需要的人来说，从成就和权力中得到的激励远远超过物质激励的作用。

另外，从团队的生命周期来看，团队发展到追逐权力的阶段，团队冲突增加、矛盾加剧，团队效率降低，部分核心成员选择离开团队。研究表明：约有 80%的团队在“争权夺利”这个阶段就停止了发展。对于初创企业来说，此时的生存和发展可能会面临着重大危机。如何突破这个瓶颈，实现团队自我超越是创业团队建设应考虑的关键议题。因此，随着企业的发展，创业团队管理者要注重权力和地位的激励机制，将创业成员的工作成效和职业生涯发展、地位提升有效地结合起来，建立并维护好团队的运作原则，使团队成员之间相互尊重和信任，能够倾听彼此的意见。基于不同的工作情境和分工，团队成员可以共享领导角色，在各自的领域中发挥领导作用。

3.4.4 创业团队的企业家精神

随着20世纪80年代对公司企业家精神研究的兴起，许多研究者认为公司的企业家精神是公司获取持续竞争优势的一个来源，能够提高公司绩效。从发展过程看，创业团队（高层管理团队）的企业家精神则是构建公司企业家精神的核心和基础。企业家精神主要包括创新精神、冒险精神、创业精神和宽容精神。

创业团队的企业家精神是指创业团队内部的每个成员并不简单地把自己看作个体意义上的企业家，而是看作集体意义上的企业家，并通过分享认知和合作行动的方式，创造性地识别、开发和利用创业机会，进而实现创建新企业和推动企业成长的管理活动。

创业团队的企业家精神包括四个维度：集体创新、分享认知、共担风险和协作进取。

1. 集体创新

创新，是企业家的灵魂。企业家的创新精神体现为一个成熟的企业家能够发现一般人所无法发现的机会，能够运用一般人所不能运用的资源，能够找到一般人所无法想象的办法。对于创业团队来说，其个体能力和经验与成熟的企业家无法相比，但创业团队成员有着足够的激情，其成员又是能力互补的，因此创业团队的创新更多的是集体创新，在重大事件上采取的是群体决策的方法，用集体智慧来解决创业中的各种问题。每个个体成员也会在集体创新中成长并逐步具备属于企业家特有的创新能力。

2. 分享认知

创业过程是创业团队不懈努力去追求创业目标实现的过程，这一过程中会遇到很多新问题，形成很多新方法和新思维，由于创业团队成员的角色和职责差异，每个人所掌握的新方法和新思维是有差异的。而初创企业更多的是依赖团队的合作才能走向成功，因此创业团队成员必须愿意采纳团队成员所提供的有价值的新观点，分享决策所需的新知识和解决问题的新方法。

3. 共担风险

创业并非一帆风顺的，创业途中充满了艰辛和风险，创业过程中有时还会陷入困境、遭遇挫折，在此类情况出现时，创业团队成员应该愿意一起分析原因，共同面对并以积极的心态去解决问题。对于新项目，创业团队能够就成本与收益进行深入讨论，当项目没有取得预期收益时，各成员也不会相互指责，而是心平气和地一起分析原因，为未来的决策积累经验，愿意共同承担风险。

4. 协作进取

创业团队虽然需要内部有较为明确的角色和职责分工，但团队的协作显得更为重要，尤其在创业初期，在抓住和开发市场机会、跟踪外部环境的动态变化、研发具有核心竞争力产品和商业模式创新上必须协同工作，共同追求卓越的标准。

案例拓展

三毛土菜馆的发展

2010 年，陈世平大专毕业后在家人的支持下，创建了三毛土菜馆。他利用自己所学的厨艺技术，亲自下厨，三毛土菜馆成了当地老百姓喜欢的一个菜馆。但由于陈世平一个人精力有限，因此菜馆的规模无法扩大，三毛土菜馆的利润徘徊在每月 2 万元左右。2012 年，陈世平做了一个决定，开放三毛土菜馆的股权。三毛土菜馆的年利润超过 25 万元部分的 50%为员工的分红，并根据厨师、配菜、传菜、保洁等不同岗位设定基本的权重及绩效考核分值来计算每个员工的分红额度。分红方案推出后，员工积极性大增，三毛土菜馆的盈利持续上升，在不到半年中，盈利从每月的 2 万元上升到 5 万元。在这一模式取得成功后，陈世平开始实施三毛土菜馆的连锁扩展，连锁店均采用员工享受分红的模式经营，截止到 2015 年 12 月，三毛土菜馆已经拥有 7 家连锁经营店，每家店的生意都非常红火。

本章小结

本章主要介绍了团队和创业团队的基本概念，分析了创业团队的构成要素，阐述了创业团队成员的角色构成及创业团队角色的配置原则。要想使创业取得成功，必须要有一个卓越高效的创业团队。本章论述了创业团队组建的基本原则、影响创业团队组建的主要因素、成功的创业团队的特征、如何有效地组建创业团队和创业团队的主要工作。组建了创业团队不等于创业就成功了，还需要对创业团队进行有效的管理。本章还探讨了创业团队文化理念的培育、利益的分配、激励机制的形成和企业家精神的培养。

思考题

1. 简答题

（1）团队和群体的关系是什么？

（2）什么是创业团队？创业团队有哪些基本构成要素？

（3）创业团队与一般团队有什么区别？

2. 论述题

（1）组建创业团队应该注意什么问题？

（2）创业团队有哪几种类型？怎么组建高效率的创业团队？

（3）结合实际情况，说明组建创业团队的程序和方法。

（4）如何对创业团队进行有效的管理？

案例分析

1992 年，两名研究生同学施平和茅鹏在研发出了超薄型燃气热水器后，决定组建公司开始创业。他们获得了 30 万美元的天使投资，由于早年我国对技术价值重视度不够，加上施平和茅鹏也没有钱投资，最后谈定的是施平和茅鹏各占5%的技术股份，公司预留10%的股份给未来加盟的创业团队。公司成立后，由施平任总经理，茅鹏任副总经理主管技术和生产，之后他们的同学张晓明也加入创业团队中来，任负责销售的副总经理。当时国内市场上的燃气热水器质量和外观都很一般，他们研发的6升超薄型燃气热水器外观精致、质量稳定，深受用户的喜爱，产品投放市场后供不应求。1994年，公司实现利润1500万元，由于公司的启动资金较少，虽然公司有较大的利润，但公司的利润基本上都用在设备、零部件和库存上，现金流依然比较紧张。由于账面利润很好，投资商就主张分红，而施平和茅鹏等认为需要再融资，以便抓住市场机会，把公司做大，双方陷入了巨大的争议。由于投资商拥有绝对的股份，所以公司股东会投票决定，1994年分红500万元。这一决定导致公司资金严重短缺，原本良好的市场发展趋势由于资金缺乏而无法及时供货，大量客户流失。1995年，施平被一家大公司聘去当常务副总经理，公司内一半骨干人员跟随施平去了新公司。施平离任后，由茅鹏出任总经理，这个时候市场上已经出现同类产品，茅鹏提议公司引入战略投资者，扩大生产规模，并且加强新一代产品的研发，但投资商依然不同意。1996年，茅鹏眼看公司发展无望，含泪辞职去另一家大公司就职，此时公司的大部分技术人员都跟随茅鹏走了。茅鹏离任后不到2年，他和施平所创建的公司在短暂辉煌后即告破产。施平从自己创建的公司离任后一直在外资企业工作，现在是一家跨国公司的副总裁；茅鹏则一直在一家民营企业任总经理，跟随他们的那些员工依然是他们的部下，他们一直在共同奋斗，但却不是在自己最初创业的公司。

上述案例给你的启示是什么?

参考文献

陈忠卫，郝喜玲. 2008. 创业团队企业家精神与公司绩效关系的实证研究[J]. 管理学（2）.

陈忠卫. 2007. 创业团队企业家精神的动态性研究[M]. 北京：人民出版社.

德鲁克 P. 2000. 创新与企业家精神[M]. 海口：海南出版社.

董晓辉. 2012. 企业创业团队的组建初探[J]. 经营管理者（3）.

黄海燕. 2008. 浅析创业团队的组建[J]. 商场现代化（9）.

鲁虹，曹耘. 2010. 基于自组织的高新技术创业团队演化模型研究[J]. 企业经济（9）.

秦立柱，秦兆行. 2007. 创业团队的组建与激励问题研究[J]. 中小企业科技（6）.

汪维勇. 2008. 跨文化创业团队的企业家精神及研究浅析[J]. 科技经济市场（9）.

谢科范，吴倩，张诗雨. 2010. 基于七维度分析的创业团队岗位配置与角色补位[J]. 管理世界（1）.

张涛. 2014. 创业团队的角色构成及价值分析[J]. 现代经济信息（13）.

张晓梅. 2011. 创业管理[M]. 北京：高等教育出版社.

周劲波. 2005. 多层次创业团队决策模式及其决策绩效机制研究[D]. 杭州：浙江大学.

Kamm J B，Nurick A J. 1993. The stages of team venture formation：a decision-making model[J]. Entrepreneurship Theory and Practice（2）.

Robbins S P. 2002. Organizational Behavior[M]. 10th Ed. Upper Saddle River：Prentice Hall.

Vanaelst I，Clarysse B，Wright M，et al. 2006. Entrepreneurial team development in academic spinouts：an examination of team heterogeneity[J]. Entrepreneurship Theory and Practice，30（2）.

Vyakarnam S. 2005. Four themes of the impact of management teams on organizational performance[J]. International Small Business Journal（23）.

第 4 章

商业模式开发

学习目标

了解商业模式的含义、特征及构成要素，熟悉商业模式的设计流程和方法，认识商业模式创新的动力及创新路径选择，重点掌握商业模式的内涵、设计与创新理论，学会综合运用商业模式分析方法解决实际问题。

引例

赫兹租车：巧妙降低购车成本

赫兹公司（Hertz Global Holdings，Inc.）成立于 1918 年，由 22 岁的沃尔特·雅各布在美国芝加哥创立。现在赫兹是全球最大、全球著名的汽车租赁公司。作为全球汽车租赁行业的领头羊，赫兹在全球 146 个国家和地区拥有 8500 多个租车门店。在赫兹租车，无论奥迪还是悍马，都是新车，这正透露出它商业模式的关键——巨大的成本优势！

由于赫兹购买新车规模较大，因此享受了较大的价格折扣。通常新车使用 1 年左右即出售，这时，车还有八九成新，赫兹以与购买时差不多的价格卖给原汽车厂商，或直接在二手车市场出售。赫兹购买的汽车中，有 70%与汽车厂商签订了“回购协议”，这大大降低了汽车处置风险。协议规定，在回购期末，生产商回购旧车，或者按照“约定价格”，或者按照一种“计算方法”，如购买原价减去固定的按天折旧额。当然，待回购车辆必须满足一定条件，如里程数未超额、车身完好等。之后，汽车生产商再在二手车市场售出。另外的 30%，则由赫兹专门成立的二手车销售部门卖出。虽然这些二手车面临一定的价格风险，但由于赫兹愿意为这些车提供一定年限的免费维修保养，又有多种购车融资方案，加上有许多受欢迎的车型可供选择，因此并不愁卖不出去。此外，赫兹还可获得“新车折旧税盾”（新车在使用期间可以折旧，折旧相当于费用，减少计税收入，减少纳税，称为“税盾”）、购买汽车的债务利息节税等收入。

赫兹能够与知名汽车厂家取得较大价格折扣的原因是双方结成利益相关者联盟。1994 年开始，赫兹一度成为福特汽车的全资子公司。正是由于这种关系，福特愿意为赫兹负担部分广告支出。在赫兹租车的广告中多会出现汽车形象，福特与赫兹达成协议，从 2005 年开始，赫兹每年采购一定数量的福特品牌汽车，其为福特品牌汽车打广告产生的费用，一半由福特承担（协议中设有上限）。当然，福特更关心赫兹的采购量，会根据赫兹每年的采购量，对承担的广告费进行调整，如果达不到最低采购量，则不会支付任何费用。

除汽车制造公司外，赫兹还与众多战略合作伙伴一起，为顾客出行提供“一体化解决方案”。如顾客在预订机票时，可同时预订“机场汽车租赁”服务。赫兹的合作伙伴涵盖航空、铁路、酒店、银行、信用卡、旅行社、邮政快递、传媒业等。赫兹在机场的柜台数，是同行业中最多的，方便顾客取车。现在，赫兹70%的租车收入来自机场，2006年达45亿美元。

为控制遍布全球的“租车网络”，赫兹开发了一套信息管理系统，用于实时处理订单，并监控各地车辆配置情况及市场环境的变化，实时制定租赁费用，通过建立“会员制”和“车辆预订网络”，简化服务流程，并根据订单调配各地车辆，以便达到最佳配置，使效益最大化。

资料来源：百度文库（有改动）

如今是一个商业环境加速变化的时代，信息技术革命不仅改变了人们的工作方式，也改变了商业活动的方式。一个小企业可以瞬间崛起，从诞生到成长为世界级大企业的时间越来越短，而那些巨无霸的企业一旦陷入危机也会在很短的时间内从世界500强中消失。一旦企业创造了独具价值的商业模式，它就有可能迅速腾飞，成为时代的标杆。在这其中，商业模式发挥着越来越重要的作用，这也就是商业模式的魔力。从上面的案例来看，即使有着百年历史的企业也要在面对市场变化、时代变迁的进程中不断适应、不断调整。所以，所有的企业，不管是传统行业还是新兴产业，不管是在创业之初还是在快速成长的阶段，都要面临来自市场残酷的竞争和考验，因此必须始终思考哪些因素可以促使企业进一步腾飞。管理大师德鲁克曾说：“当今企业的竞争，不是产品之间的竞争，而是商业模式之间的竞争。” 由产品、技术造就的企业优势往往短暂，只有系统级的商业模式优势才能给企业带来较为持久的竞争优势。

4.1 商业模式内涵

4.1.1 商业模式的含义

关于商业模式，我们援引有代表性的中外学者对这一概念所做出的定义，据此给出本书的定义。

（1）从企业盈利的角度。如美国北卡罗来纳州立大学教授迈克尔·拉帕（Rappa）将商业模式描述为清楚说明一个公司如何通过价值链定位赚钱。他认为：“商业模式是一种商业运作方法，是一个公司赖以生存的模式，一种能够为企业带来收益的模式。”这种观点的依据是企业存在的核心要义是产生利润，认为商业模式就是企业在动态的环境中怎样改变自身以达到持续盈利的目的。

（2）从价值创造的角度。如美国密歇根大学阿兰·奥佛尔（Allan Afuah）和瑞士洛桑联邦理工学院的克里斯托福·得希（Christopher L.Tucci）把商业模式看成公司为了创造客户价值并确立企业获取市场价值的地位，从而运用各种资源执行各种商业活动。哈佛大学亨利·切斯布鲁和理查德·罗森布鲁姆提出商业模式是反映企业商业活动的价值创造、价值提供和价值分配等活动的一种架构。

（3）从系统管理的角度。如哈佛商学院教授克莱顿·克里斯滕森提出："商业模式就是如何创造和传递客户价值和公司价值的系统。它包括四个环节：客户价值主张、盈利模式、关键资源和关键流程。"系统论者认为，强调商业模式不应该是片面和孤立的，商业模式要把握整个系统的本质，需要对企业的战略方向、运营模式和盈利结构等进行整合、归纳，而不是独立地进行组成部分的单个描述，要关注内在的关系和相互的协调作用。

（4）从商业本质的角度。如清华大学教授朱武祥认为商业的本质就是交换，商业模式就是"企业与其利益相关者的交易结构"，包括交易主体（谁参与交易）、交易内容（交易什么）、交易方式（怎么交易）以及交易定价（收支）。

这些不同的定义，均强调或突出了商业模式某些方面的特征，分析归纳上述对"商业模式"一词的解释，以下这个概念较全面地概括了商业模式：商业模式，就是企业根据自身资源、所处环境和所处阶段，通过创造和获取价值以满足客户需求，从而获取利润的动态活动过程。具体来说，主要包含以下两方面含义。

（1）商业模式的本质是价值创造。商业模式是由企业及其网络成员组成的相互依赖的活动系统，商业模式实质上是指一个企业如何通过创造价值，为目标顾客和其他利益相关者服务的一系列制度安排与战略设想。企业商业模式的价值定位，要考虑企业的特定环境因素，企业在产业价值链中所处的位置及其战略定位和战略导向。商业模式是企业创造和实现价值的方式，企业家和创业者的使命是将其价值战略转变成商业模式进而改变商业规则。

（2）商业模式的出发点是客户需求。商业模式就是为了满足客户需求或实现客户价值，而采取整体解决方案和一切方式方案的整合，也就是实现客户价值的逻辑。企业提供的商品或服务的购买者和使用者群体构成了企业的目标客户群，他们是企业利润的源泉。

4.1.2　商业模式的特征

与一般的管理活动不同，商业模式的基本特征主要包括整体性、动态性、相关性、层次性和依赖性五个方面，其中整体性和动态性是商业模式的根本属性。

1. 整体性

商业模式系统通常包含多个组成部分，如顾客、供应商、股东及利益相关者，而且每个基本的组成部分又包含大量的要素，如模式内供应商成员、企业资源要素、管理要素、能力要素等，在此将它们统称为商业模式的组分。商业模式的组分之间相互关联、相互作用，以某种特定的形式整合成一个具有某些特性的商业模式系统整体，其本身是一个复杂系统，客观上具有复杂系统的特性。商业模式的整体性和复杂性要求我们在研究中运用系统的观点与方法，关注商业系统中各个要素的相互关系与相互适应。

2. 动态性

商业模式不是静止的，而是一个动态演化的过程。它与企业所处的环境以及企业的成长阶段紧密联系在一起。当企业外部环境发生变化时，企业的商业模式也需要随之改变，否则就会被淘汰。此外，企业处于不同的阶段，也往往需要不同的商业模式与之相匹配。由于内部的运动和外界的变化，商业模式要经历一个不断创新变革的过程；相对地，商业模式本身在一定条件下或时期内又具有一定的稳定状态，正是这些创新和变革使得商业模式具有了生命力，企业也是依赖于这种商业模式的变化实现其持续发展的。由此可知，任何商业模式都有其适合的环境和生存土壤，都会有一个形成、成长、成熟和衰退的过程，这就是商业模式的生命周期性。

3. 相关性

商业模式的不同组成部分之间是紧密相关的，即商业模式不是各要素的简单相加，各要素之间相互作用而构成一个整体。商业模式是一个开放系统，它通过客户关系、伙伴关系等与外界商业环境进行物质、能量和信息的交换，构成了一个复杂的关系系统，商业模式系统在同外界商业环境的相互作用中自身才可能达到有序。因此，必须关注商业模式中每一个要素对于其他要素的作用及影响。

4. 层次性

商业模式的不同组成要素之间的关系不是并行的，有决定性的要素和从属要素之分。商业模式包含大量组分，每个组分又都包含大量要素，各个要素都存在大量的要素形态。商业模式的形成分为两个层次：第一个层次是各组分的要素形态的有意义组合，形成各组分的组分形态；第二个层次是由各组分的组分形态进行组合，形成商业模式系统的整体。因此，不论是从既成论还是从生成论的观点看，商业模式的组成和形成都具有层次性。

5. 依赖性

商业模式不可避免地要与环境、资源及企业成长路径相联系。一个商业模式的建立既要考虑与环境相适应（如先进的信息技术、产业政策等），又要与企业可以获得的资源相匹配，还要与企业选择的路径及未来规划相一致。

4.1.3 商业模式的构成要素

商业模式的定义是商业模式的内涵，商业模式的构成要素是商业模式的外延，商业模式作为一个能动的有机整体，是由一些基本要素构成的。

基于利益相关者的交易结构对商业模式的构成要素进行分析，商业模式的组成要素包括六个：定位、业务系统、盈利模式、关键资源能力、现金流结构和企业价值。六要素商业模式模型如图 4-1 所示。

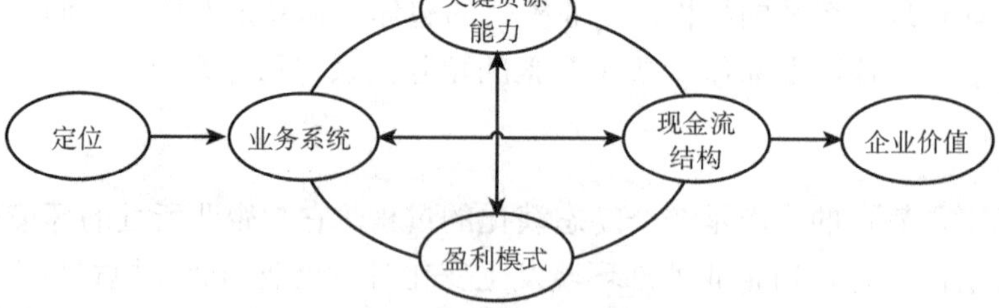

图 4-1 六要素商业模式模型

1. 定位

定位是企业满足客户的方式。世界营销大师艾尔·里斯提出："市场定位的意图是强化客户的消费需求，通过人为因素来调动客户的购买意愿，对抢占市场空白具有重要意义。"企业战略的核心命题就在于选定一个企业可以据为己有的位置，而定位是战略的核心，同时也是构建一个优秀的商业模式的起点。定位需要回答的问题主要有三个：企业的业务是什么？目标客户是谁？应该向他们提供什么样特征的产品或服务？

对企业的业务进行定义是创造一个杰出定位需要解决的第一个问题，因为业务定义会对企业所收集到的信息起过滤作用，它将告诉企业的决策层哪些机会应该抓住，哪些应该放弃。定位需要解决的第二个问题是锁定目标客户。识别和确定企业的目标客户意味着企业必须考虑服务于哪个地理区域与客户细分。定位需要解决的第三个问题是企业应该向目标客户提供什么样特征的产品或服务。任何企业都不可能把所有的客户作为自己的服务对象，也不可能向一个客户提供所有的产品或服务。定位需要解决的是在企业所有可提供的产品或服务中，应该将哪一种作为重点。例如，同样是满足消费者喝豆浆的需求，可以开连锁店卖豆浆（永和大王），可以卖豆浆机让消费者自己操作（九阳），可以开社区体验店现磨现卖等，这都是定位的差异。

2. 业务系统

一个好的定位需要有一套相应的运行机制来实现，这套运行机制包括业务系统、关键资源能力、盈利模式和现金流结构，其中业务系统是商业模式的核心元素，商业模式的差异往往通过业务系统之间的差异体现出来。

业务活动由相应的工作流、信息流、物流和资金流组成。业务系统反映的是企业与其内外各种利益相关者之间的交易关系，因此业务系统的构建首先需要确定的就是企业与其利益相关者各自分别应该占据、从事价值网中的哪些业务活动。现在企业的竞争是供应链对供应链的竞争，创业团队进行创业时首先要分析所进入的行业的供应链体系（图 4-2），现有供应链体系的业务运作模式是怎样的，确定所创立的企业在供应链的位置，分析社会中有多少条相互竞争的供应链，所创建的企业是进入其中的一条供应链还是进入多条供应

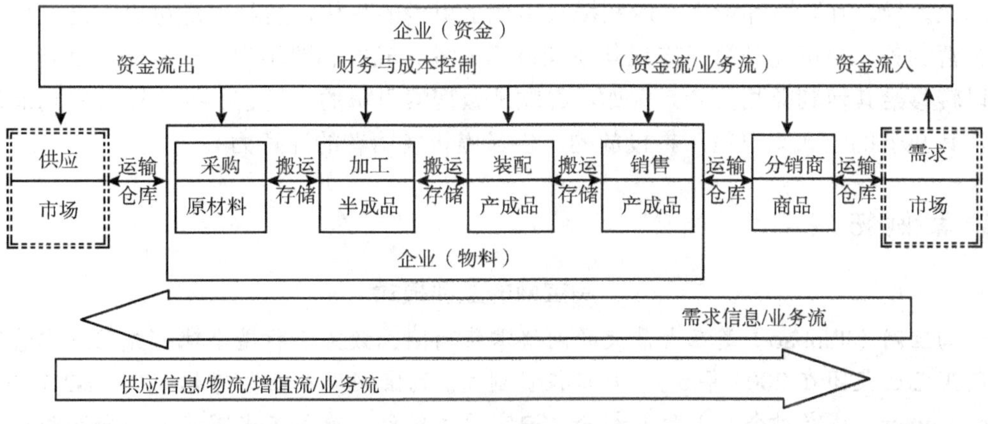

图 4-2　供应链体系

链，供应链中的同类企业的情况如何，怎样替代现有企业进入供应链体系，如何融合到供应链中并成为供应链中不可或缺的一家企业。

创业企业应以业务系统为中心，构建起整个商业模式的运营机制。而供应链体系内的企业是战略合作的共同体，遵循的是多赢模式。因此创业企业在建立业务系统的过程中，合作共赢是成就成功业务系统并且最终成就成功商业模式的一个重要原则。

案例拓展

茵曼服饰

在2013年淘宝“双11”的时候，有一家叫作茵曼的女装公司做了一件事情：选择了500款衣服没有生产，只是做了样衣和制定了价格，把衣服扔给所有消费者让他们做选择。于是消费者根据自己的习惯和喜好从500款中选择了150款，而且每一款消费者都根据数量付了订金。之后这家公司再把数量和产品交给自己的制造工厂，工厂再把制造订单交给原料厂商，如布料商、拉链商等。大家会发现，从消费者订单到品牌商、从品牌商到原料商、从原料商到所有环节，数据打通了所有产业链，这样的做法彻底改变了以往的生产状态。

资料来源：www.inman.com.cn（有改动）

3. 盈利模式

确定了企业的定位，明确了企业的目标顾客群；也找到了为客户提供“独特的价值”的方式，构建了好的业务系统，设定了好的利益分配机制，聚合了关键资源能力。但作为一个企业，如何从中获得利润呢？盈利模式就是要解决企业自身如何获得利润的问题。

盈利模式指企业利润来源及方式。从谁那里获取收益？谁可以分担投资或支付成本？相同行业的企业，定位和业务系统不同，企业的收入结构与成本结构即盈利模式也不同。即使定位和业务系统相同的企业，盈利模式也可以千姿百态。

传统的盈利模式主要依赖主营业务的直接销售获得收入，由于同行企业的产品/服务、定位、业务系统、组织结构和功能、投资模式、成本结构以及营销模式同质化，盈利模式基本无差异。互联网环境下，盈利模式出现了更多的变化，盈利来源可以不是直接客户或者主营业务，而可能是第三方或其他利益相关者。成本和费用也不一定是企业自己承担，可以转移给其他利益相关者。例如，谷歌是做搜索引擎的，但它的搜索服务等功能是免费的，其99%的收入来自第三方投放的广告（出售使用者的注意力）。

案例拓展

淘宝网的盈利模式

淘宝网（Taobao）是亚太最大的网络零售商圈，致力于打造全球领先网络零售商圈，由阿里巴巴集团在2003年5月10日投资创立。淘宝网现在业务跨越C2C、B2C（business to consumer，商家对个人）两大部分。淘宝网注册会员覆盖了中国绝大部分网购人群，交易额占中国网购市场80%以上。淘宝网创建了新的商业模式，其主要盈利模式如下。

一、通过支付宝盈利

淘宝网成功的原因之一是拥有支付宝这个第三方支付平台，支付宝的担保交易模式为C2C 买卖双方提供了安全保障。2017 年 11 月 11 日，天猫“双 11”成交额就高达 1682 亿元，大量资金沉淀在支付宝中，光利息就是一笔可观的收入。关键是淘宝网拥有一个比较好的财务管理团队，可以利用合理的财务政策对这些巨额存量资金进行管理，从而获得更高的收益。

二、通过开发 B2C 业务盈利

通过免费的 C2C 交易积累了大量的注册会员后，淘宝网推出其 B2C 购物平台——淘宝商城。淘宝商城在 B2C 领域中主要为商家提供 B2C 的平台服务，不仅给 C2C 市场中高级别卖家一个提升品牌的机会，更给传统的渠道销售商带来了进行网络渠道销售拓展的机会。但是加入淘宝商城和使用淘宝商城的商家服务都是需要付出一定成本的。首先商户加入淘宝商城需向第三方支付一笔信息确认费，用于核对用户的身份信息。其次根据店铺所使用的服务与级别，支付不同的服务费和保证金。淘宝商城的商户被分为三类，每一类所享受的服务不同，所支付的服务费用也相应不同。另外，淘宝网还按照 A、B、C 三类店铺，各自收取不同金额的保证金。

三、网络广告盈利

巨大的流量让淘宝网成为一个很好的广告展示平台，广告收入是其很大的一部分收入来源。

淘宝网自 2007 年 7 月正式启动网络广告业务，将网站中重要的横幅广告位和搜索结果的右侧广告位对外销售。网络广告服务是淘宝网官方正式宣布的首个盈利模式，主要指开拓网络营销渠道，包括品牌旗舰店建设、代理商招募等方式。另外，淘宝网还向广告客户推出了增值的服务计划，包括品牌推广、市场研究、消费者研究、社区活动等。

四、其他盈利模式

除以上三种主要盈利模式，淘宝网还有其他一些非主要盈利模式。

支付宝和淘宝网合起来其实就成了淘宝网的一个融资机构，基本上类似银行，只是比银行简单。例如淘宝网通过支付宝开展个人信贷业务，通过与中国建设银行合作推出一项个人小额信贷服务。个人信贷业务的开展，一方面使卖家的资金流转速度加快，从资金方面支持了卖家以及淘宝网的发展；另一方面给银行与淘宝网带来了一定收益。

资料来源：百度文库（有改动）

4. 关键资源能力

资源就是企业所控制的，能够使企业构思和设计好的战略得以实施，从而提高企业效果和效率的特性。企业的资源主要包括实物资源、金融资源、人力资源、信息、无形资源、客户关系、公司网络等。能力是企业协作和利用资源的内部特性，由一系列活动构成。能力可能出现在特定的业务职能中，也可能与特定技术或产品设计相联系，或者存在于管理价值链各要素的联系或协调的活动中。企业的能力包括组织能力、物资能力、交易能力、知识能力等。

关键资源能力指让商业模式运转所需要的相对重要的资源和能力。企业内各种资源能力的地位并不是均等的，不同商业模式能够顺利运行所需要的资源能力也各不相同。同样是开餐馆，高档餐厅、连锁快餐和送餐的关键资源能力一定是不同的。高档餐厅以环境、菜品单价和质量等取胜；连锁快餐追求标准化和快速复制化。商业模式中关键资源能力的确定方法有两种：一种是根据商业模式的其他要素的要求确定，不同业务系统需要的关键资源能力不同，不同盈利模式需要的关键资源能力也不一样；另一种是以关键资源能力为核心构建整个商业模式。例如可以以企业内的单个能力要素为中心，寻找、构造能与该能力要素相结合的其他利益相关者，对企业内部价值链上的能力要素进行有效整合，以创造更具竞争力的价值链产出。对于B2B（business to business，企业对企业电子商务模式）的企业来说，关键资源能力就是自己的研发能力，打造出具有高技术含量的产品是其核心任务；而对于B2C的企业来说，关键资源能力在于如何圈到更多的“粉丝”，也就是系统内的活跃会员数量。

5. 现金流结构

现金流结构是企业经营过程中产生的现金收入和扣除现金投资后的状况，其贴现值能够反映企业的投资价值。简单来讲，企业的自由现金流构成也可以转换为企业的“现金收入减去现金投资”，现金收入相当于税后利息、税前收入加折旧和摊销。现金投资包括运营资本投资和固定资产（如房产、工厂、设备的投资）以及并购投资。

案例拓展

UPS的物流金融化

UPS（联合包裹速递服务公司）是世界上最大的快递承运商与包裹递送公司，1907年成立于美国。作为世界上最大的快递承运商与包裹递送公司，UPS同时也是专业的运输、物流、资本与电子商务服务的领导性的提供者。

1998年，UPS在美国收购了一家银行，成立了UPS资本公司，为客户提供包括代理收取货款、抵押贷款、设备租赁、国际贸易融资等业务。托收是UPS金融服务的核心。UPS在收货的同时直接给出口商提供预付货款，货物即是抵押。这样，小型出口商得到及时的现金流；UPS再通过UPS银行实现与进口商的结算，而货物在UPS手中，也不必担心进口商赖账的风险。对于出口企业来说，借用UPS的资金流，货物发出之后立刻就能变现，如果把这笔现金再拿去做其他的流动用途，便能增加资金的周转率。而通过传统的国际贸易电汇或放账交易方式，从出货装箱到真正拿到货款，一般需要45～60天，营运周转的资金压力极其沉重。

UPS在它的物流当中加入了金融元素，自己成立金融公司，做存货融资、应收账款融资，但是它并不挣钱，而是把相应的银行引进来，把挣的钱给银行。由于提供了很好的服务，所以有更多的顾客进入UPS这个体系当中，愿意接受它的服务，这样一种方式，由于改变了现金流结构，所以也让企业非常有价值。

资料来源：百度文库（有改动）

6. 企业价值

评判商业模式优劣的最终标准就是企业价值（商业模式价值或者焦点企业价值）

的高低。商业模式的起点是定位，中间是业务系统、关键资源能力和盈利模式，归宿是企业价值。按照金融原理，任何一个投资机会的投资价值是指投资对象（项目/业务/企业）未来预期可以产生的自由现金流的贴现值，因为投资者最终关注的是企业的投资价值。

商业模式对企业投资价值影响很大。因为即使是相同的行业，商业模式不同，未来预期能够产生的自由现金流的期限结构也大相径庭，因此企业投资价值，特别是投资价值的实现效率和增长速度差异甚大。这里要特别提及轻资产商业模式。传统银行信贷评价标准关注企业资产抵押价值，企业交易价值也以有形资产价值为准，诱导企业普遍重视资产规模。例如，企业喜欢购买土地，以便增加债务抵押融资能力。但企业投资价值低，特别是企业投资价值实现的效率低、速度慢。而且在经营环境快速变化的情况下，重资产企业融资难度大，更容易陷入经营、财务困境。轻资产模式的企业往往能够有效利用以下三个杠杆。

（1）善于利用/整合存量关键资源能力，即资产/资源/能力杠杆。

（2）库存低、应收账款少、有息负债少，即有效利用负债杠杆，运营效率高、风险低、运营资本消耗少，甚至为负。

（3）投入资本收益高，成长速度快，成长价值和价值实现效率高，能很快获得资本青睐，有效利用价值杠杆。耐克、阿迪达斯、可口可乐，都属于轻资产商业模式。

商业模式的六要素是相互影响、相互决定的。定位体现了企业对客户价值的定义和诠释，企业价值体现了资本市场对企业长久盈利前景和投资价值的评判，业务系统、盈利模式、关键资源能力、现金流结构一起构成企业的运行机制，是连接客户价值和企业投资价值的桥梁。一般来说，如果商业模式六要素中的一个要素发生变化也会导致其他要素发生变化。

4.1.4 商业模式的类型

1. 从产业价值链的角度划分

从产业价值链的角度，可以将商业模式分为小系统（企业内）和大系统（企业所处整个产业价值链）。如超级女声，作为主办方的湖南广电集团，集全省各台的优势，在所有的黄金时段播放超级女声的节目、花絮，几乎倾全力来打造超级女声的品牌，同时将蒙牛、掌上灵通、百度等企业拉进超级女声的产业链中，让它们共同参与创造价值并形成长长的产业价值链。

2. 从空间定位的角度划分

从空间定位的角度，可以将商业模式分为有虚拟空间的和有现实空间的。有虚拟空间的商业模式，如利用互联网工具运营的企业，新浪、搜狐等门户网站，以及百度、淘宝网等服务网站；有现实空间的商业模式，如联想、海尔、国美等实体企业。

3. 从企业资本构成性质的角度划分

从企业资本构成性质的角度，可以将商业模式分为四类：第一，以产业资本为主的商业模式，如以长虹为代表的以生产加工为主的企业；第二，以商业资本为主的商业模式，如以沃尔玛为代表的以商业零售为主的企业；第三，以金融资本为主的商业模式，如银行、证券公司、信托公司、投资公司等；第四，产业资本、商业资本相结合的商业模式，如苏宁、海尔、联想等企业。

4. 从经营标的物的角度划分

从经营标的物的角度，可以将商业模式分为四类：第一，以经营产品、服务为主的商业模式，如制造业、商业企业、地产业、网站、咨询公司等大部分的企业都属于这个范畴；第二，以经营品牌、信誉为主的商业模式，如可口可乐、担保公司等；第三，以资本经营为主的商业模式，如投资公司、投资基金、银行等；第四，商品经营（产品、品牌）和资本经营相结合的商业模式，如海尔、恒大等。

5. 从企业生存依赖度的角度划分

从企业生存依赖度的角度，可以将商业模式分为四类：第一，以融资模式为主的商业模式，即对金融工具具有很高依赖度的模式；第二，以管理模式为主的商业模式，即对企业的运行效率进行改变就能改变公司命运的模式；第三，以营销模式为主的商业模式，如直销公司等；第四，以生产加工为主的商业模式。

6. 从服务对象的角度划分

从服务对象的角度，可以将商业模式分为两大类：一类是面向企业的商业模式，如制造业中的零部件制造商、原材料制造商、设备提供商，服务型的第三方物流公司、广告策划公司、咨询公司等，这类公司主要依赖自身的技术和服务水平而获利；另一类是面向个人客户的商业模式，如家电产品制造商、日用品制造商及相应的营销服务商，这类公司着眼于满足人们的生活工作需求而获利。

4.2 商业模式设计

在商业模式竞争成为发展趋势的时代，如何辨识和设计商业模式至关重要。不管企业处于生命周期的哪个阶段，都必须明确地将商业模式呈现出来。在这里，我们通过构建商业模式的模型来分析商业模式设计思路及实施流程。所谓商业模式的模型，就是一种用来描述商业模式、可视化商业模式、评估商业模式以及改变商业模式的通用语言。商业模式的模型可以用不同的形式与工具来表达。

4.2.1 商业模式设计框架

商业模式设计框架围绕企业“创造价值、传递价值和获取价值”的基本逻辑进行设计，在商业模式六要素的基础上建立商业模式的 9 个基本模块，通过 9 个基本模块能够描述、设计、质疑、发明和定义企业商业模式。这 9 个模块覆盖了商业的四个主要方面：客户、提供物（产品/服务）、基础设施和财务能力。商业模式像一个战略蓝图，可以通过企业组织结构、流程和系统来实现它。这 9 个独立变量的互动、创新，诞生出一个又一个商业模式。这种设计方法也被称为“商业模式画布”。

用商业模式画布描述商业模式，首先要回答 5 个问题：企业为谁提供商品或服务？企业提供什么样的商品或服务？企业如何提供服务？企业的收益多少？企业的成本多少？其次，用 9 个关键要素进行商业模式的描述（图 4-3）。

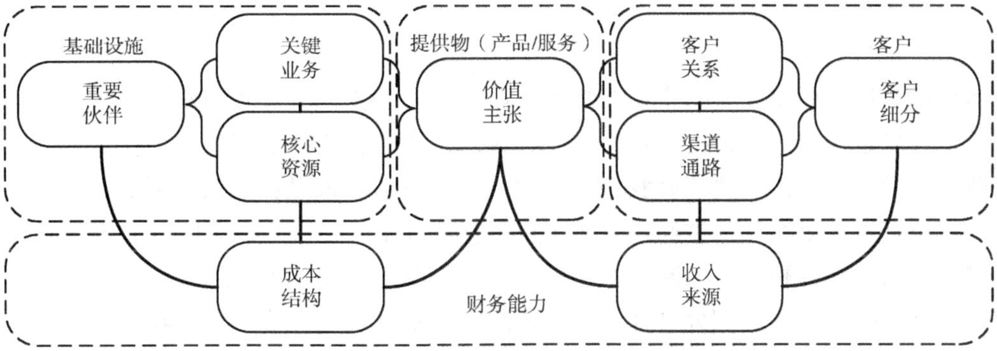

图 4-3 商业模式设计框架的 9 个关键要素

下面依次对 9 个模块进行说明。

1. 设计价值主张模块

设计价值主张模块首先要定义企业的价值主张，即企业提供的产品和服务。价值主张模块用来描绘为特定客户细分创造价值的系列产品和服务。价值主张模块通过迎合细分群体需求的独特组合来创造价值。价值可以是定量的（如价格、服务速度）或是定性的（如设计、客户体验）。客户定位清晰后，需要回答如下关于价值主张的一系列问题。

（1）我们该向客户传递什么样的价值？

（2）我们正在帮助客户解决哪一类难题？

（3）我们正在满足哪些客户需求？

（4）我们正在提供给客户细分群体哪些系列的产品或服务？

顾客在购买产品或服务的时候依赖其自己的判断。在构建价值主张的时候，可参考表 4-1 描述的六种类型。微利时代的到来使得企业需要依靠独特的价值主张吸引更多的用户来获取利润。

表 4-1 六种价值主张类型

价值主张类型	描述
创新型	不断创新和研究技术的下一代企业。价值主张是：技术上和功能上是最先进与创新型的产品，如 Intel
品牌管理型	发展基于款式、质量等的品牌效应，建立一种生活方式。价值主张是：让消费者感觉更好以及得到认同的产品将会帮助你建立一种生活方式
价格最优型	企业生产质量好但普通的产品或服务，并以最具竞争性的价格来销售。价值主张是：物有所值
简易型	创造更简单、更有效的生活。价值主张是：如果你和我们做交易，你的生活会更有效、无障碍

续表

价值主张类型	描述
技术集成型	为顾客提供专业的技术解决方案。价值主张是：我们理解你的企业，同时也有能力为企业提供有针对性的产品
关系友好型	和某些关系顾客发生人际关系，知道顾客的业务、性格和敏感处，以顾客能接受的方式提供个性化服务。价值主张是：熟悉、信任、人际关系

2. 设计客户细分模块

客户细分模块用来描述一个企业想要接触和服务的不同人群或组织。商业模式从为谁做开始，客户是任何商业模式的核心。没有客户，任何企业都不可能长久存活。所以在进行商业模式设计之初，先要明确我们正在为谁创造价值，谁是我们最重要的客户。

为了更好地满足客户，企业可能对客户进行合理细分，每个细分区域的客户具有共同的需求、共同的行为和其他共同的属性。企业必须做出合理决议，到底该服务哪些客户细分群体，该忽略哪些客户细分群体。根据客户细分群体可划分不同的市场类型。

（1）大众市场。价值主张、渠道通路和客户关系全都聚焦于一个大范围的客户群组，在这个群组中，企业以相同的方式向市场上所有的客户提供相同的产品和进行信息沟通，客户具有大致相同的需求和问题，是一种典型的产品导向方式。

（2）利基市场。大众市场的反义词是利基市场，聚焦于通过特定特性的产品满足特定的市场需求。价值主张、渠道通路和客户关系都针对某一利基市场的特定需求定制。像路易威登这样的奢侈消费品需求、汽车零部件厂商严重依赖来自主要汽车生产工厂的采购，就是典型的利基市场。

（3）区隔化市场。各细分群体之间客户需求略有不同，所提供的价值主张也略有不同。根据消费者需求、购买动机、购买行为、购买能力及习惯等方面存在的差异，将整体市场划分为两个以上不同类型的消费者群。例如航空公司根据尖峰时段制定不同售价，不同包装量的洗衣粉促使消费者自行选择产品。

（4）多元化市场。经营业务多样化，以完全不同的价值主张迎合完全不同需求的客户细分群体。

（5）多边平台或多边市场。服务于两个或更多的相互依存的客户细分群体。例如，信用卡连接了商家和持卡人，团购网站连接了会员和商家，报纸连接了读者和广告主。

3. 设计渠道通路模块

渠道通路，也可以称为分销渠道，是指价值主张即产品和服务是如何被传递给客户的。创新的思路是能不能通过渠道通路的优化，让客户获取服务的成本降低，增加客户的让渡价值。在前两步的基础上，这个模块设计阐述了企业如何开拓市场，设计企业的市场和分析策略，需要回答这些问题：通过哪些渠道可以接触我们的客户细分群体？如何接触他们？渠道如何整合？哪些渠道成本效益最好？如何对渠道与客户的例行程序进行整合？

一般来讲，商品渠道可以分为自有渠道与合作伙伴渠道。自有渠道可以是直接的，如内部销售团队或网站；也可以是间接的，如团体组织拥有或运营的零售商店渠道。合作伙伴渠道是间接的，同时在很大范围可供选择，如分销批发、零售或者合作伙伴的网站。

4. 设计客户关系模块

客户关系模块用来描绘企业与特定客户细分群体建立的关系类型。客户的获取和维系是客户关系管理的核心动机，良好的客户关系是企业立足的根本。企业在商业模式当中必须明确如何建立诚信的客户关系。该模块的设计需要回答下列问题。

（1）我们每个客户细分群体希望我们与之建立和保持何种关系？

（2）哪些关系我们已经建立？这些关系成本如何？

（3）如何把它们与商业模式的其余部分进行整合？

（4）如何在客户中提升企业产品和服务认知？

（5）如何协助客户购买特定的产品和服务？

（6）如何提供售后支持？

根据不同的客户细分、市场定位与价值主张，客户关系有不同的形式。客户关系可以通过个人之间的互动来维系，也可以通过呼叫中心、电子邮件等自动化的方式来维系。

5. 设计收入来源模块

收入来源模块用来描绘公司从每个客户群体中获取的现金收入（需要从创收中扣除成本）。这一步设计企业收入的渠道和方式，创新的思路是如何从各种细分的客户身上获取多种收入，同时为客户的付费提供各种便利，降低客户成本。设计这一模块需要思考的问题有：什么样的价值能让客户愿意付费？他们现在付费买什么？他们是如何支付费用的？他们更愿意如何支付费用？每个收入来源占总收入的比例是多少？

一个商业模式可以包含两种不同类型的收入来源：通过客户一次性支付获得的交易收入，经常性收入来自客户为获得价值主张与售后服务而持续支付的费用。收入来源的类型包括资产销售、使用收费、订阅收费、租赁收费、授权收费、经纪收费、广告收入、金融担保等。

6. 定义核心资源

核心资源是指企业为了实现价值主张所必须具备的最核心的资源和竞争力，用来描绘让商业模式有效运转所必需的最重要的因素。企业需要考虑两个问题：①我们的价值主张需要什么样的核心资源？②我们的渠道通路需要什么样的核心资源？

核心资源是企业具备的市场相对稀缺的资源，也是未来增值性高的资源。每个商业模式都需要核心资源，这些资源使得企业组织能够创造和提供价值主张、接触市场、与客户细分群体建立关系并赚取收入。不同的商业模式所需要的核心资源也有所不同。

案例拓展

Apple Store的商业模式

想到Apple，大家想到的都是它们推出的各种受消费者喜爱的产品——iPhone、iPad以及Macs。但是很少人注意到的是Apple其实不甘于只做一个“产品公司”。事实上，若要论到iPhone的最大创举，那应该是它的App Store，因为App Store打破了以往电信商垄断手机软件市场的局面，让全世界的消费者都可以通过同一个市集购买、下载Apps，也让任何软件开发者都可以和全世界人做生意。这造就了Angry Birds这个来自北欧小国芬兰的品牌，也让像Lightning Fighter、Burn The Corn、Gun Strike等中国台湾制作的游戏，第一次有机会快速在全世界走红。

所以Apple不只是一家产品公司，它的策略其实是用受欢迎的产品去建立起一条条通路。而除了App Store之外，大家没注意到的是它在鸭子划水，默默建立的“Apple Store”系列店通路。从2001年的第一家店开始，到2012年，苹果已经在全球13个国家和地区累积了363家“重新发明零售”的Apple Store。2011年，所有的Apple Store加起来总共贡献了141亿美元的营收，占苹果总营业额的比例高达13%。而Apple Store这个通路，将会是让苹果中期，甚至是长期立于不败之地最重要的资产。因为微软、谷歌、亚马逊等竞争对手每次推出新产品，都必须要去和BestBuy（百思买）、Walmart（沃尔玛）、Target（塔吉特公司）这些难缠的通路商谈判的同时，Apple未来的新产品即使没有更好，但只要不是太差，靠着自家的363家商店，至少有上百亿不需要被抽成的营收。这才是更高端的商业模式。

美国数据分析公司Asymco 2012年的调研数据显示，“每访客营收”从2007年的40元左右，逐渐拉升到52元。而更重要的是“每访客利润”从2007年初的5元，已经拉升到了40元水准。也就是说，随着来店人数的增加，虽然每个访客在店里面的平均花费没有增加太多，但Apple Store可以从访客身上赚到的钱正在大幅提升，也就是达到规模经济，或是“经营杠杆”的境界。

资料来源：http：//www.ebrun.com/20120630/49473.shtml.

7. 定义关键业务

关键业务用来描绘为了确保其商业模式可行，企业必须做的最重要的事情。关键业务构成核心能力，即企业执行其商业模式所需的能力和资格。关键业务是价值主张的具体实现，是决定企业经营成功的业务组合。定义关键业务需要回答：我们的价值主张需要哪些关键业务？我们的渠道通路需要哪些关键业务？我们的客户关系如何？收入来源是什么？

正如核心资源一样，关键业务也是创造和提供价值主张、接触市场、维系客户关系并取得收入的基础。

8. 设计重要伙伴模块

重要伙伴模块用来描述让商业模式有效运作所需的供应商与合作伙伴的网络。企业要想实现某种价值主张，但不具备所需要的核心资源时，则需要通过价值整合，与其他具备该核心资源的单位和组织结成战略伙伴，借助其资源实现自己的价值主张。设计重要合作伙伴模块涉及以下问题：谁是我们的重要伙伴？谁是我们的重要供应商？我们正在从伙伴那里获取哪些核心资源？合作伙伴都执行哪些关键业务？

企业会基于多种原因打造合作关系，合作关系正日益成为许多商业模式的基石。很多公司创建联盟来优化其商业模式、降低风险或获取资源。合作伙伴渠道还能够减少经营当中的不确定性，降低竞争环境的风险。伙伴网络有利于商业模式优化和规模经济优化。

9. 设计成本结构模块

成本结构模块用来描述运营一个商业模式所引发的所有成本。创建价值和提供价值、维系客户关系以及产生收入都会引发成本。这些成本在确定核心资源、关键业务与重要合作后可以相对容易地被计算出来。设计成本结构模块要回答几个基本问题：什么是我们商业模式中最重要的固有成本？哪些核心资源花费最多？哪些关键业务花费最多？

最后一个模块把企业的所有成本开支一一汇总罗列，帮助分析节约成本的办法。

这 9 个模块组成了构建商业模式便捷工具的基础，这个工具被称为商业模式画布（图 4-4）。这个工具类似于画家的画布，把以上模块统统联结起来，在一张大图上表现，可以借助这个工具填充预设的空格，一个清晰的商业模式结构就能完全展现。商业模式设计框架模型适用于各行各业的商业模式设计与创新，能够为企业经营与竞争提供创新思路和思维大图，是各级领导与管理者所必须掌握的一项专门研究工具。

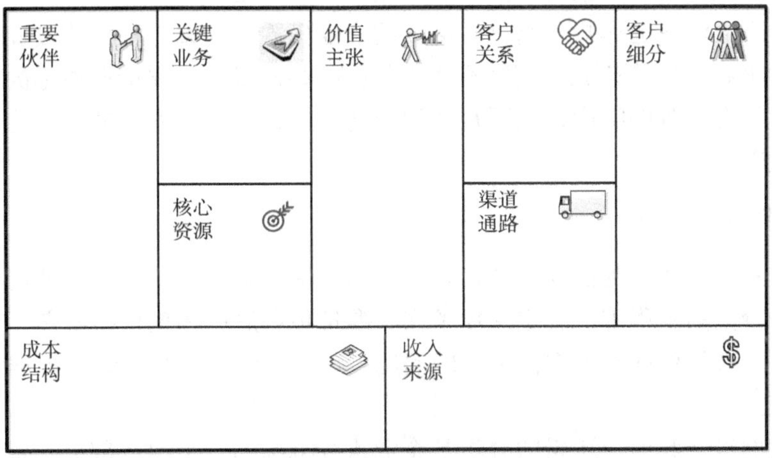

图 4-4　商业模式画布

4.2.2　商业模式的设计流程

根据商业模式画布进行设计之后，接下来，提供一个通用型的商业模式设计流程，以应对不同企业或团队的不同需求。

1. 第一阶段：动员

第一阶段的主要活动是确定项目目标、测试初始想法、规划项目计划和组建设计团队。项目目标要根据具体的项目来确定，但通常都会包含设立项目的缘由、项目范围和主要目的。初步的计划应该涉及商业模式设计的前几个阶段：动员、理解和设计。实施阶段和管理阶段主要取决于前面这三个阶段的结果，也就是本次商业模式的设计方向，因此只能稍后再来规划。

第一阶段的重要活动包括组建设计团队和获取符合要求的人员与信息。动员阶段最可能遇到的问题就是人们往往高估商业模式设想的潜力，这很可能导致思维的封闭，限制了探索其他想法的可能。理想的商业模式设计团队成员应该跨越整个公司，一个跨职能团队有助于发现并克服在设计初期遇到的困难，还能增进团队间的信赖。

2. 第二阶段：理解

第二阶段需要做的是，对商业模式所在的环境做一个细致彻底的了解。

研究一个商业模式的环境需要做许多不同的活动，包括调研市场、研究客户、采访领域专家、了解竞争对手的商业模式。

在这个阶段，一个关键的成功因素就是要敢于质疑行业假设和成熟的商业模式。

3. 第三阶段：设计

在设计阶段面临的主要挑战是要保持设计大胆、新颖模式的决心，发散性思维就是其中一个关键的成功因素。为了产生突破性的想法，团队成员必须在构思阶段摒弃现行的模式和形态。保持一种探究性的设计理念是至关重要的。设计团队需要投入时间探索多种不同的想法，因为最好的构思很有可能产生于这种探索的过程中。

与外部专家或潜在的客户一起试验潜在的商业模式，为每一种模式设计故事情节，并通过故事叙述来寻求反馈意见。这并不意味着你需要为每一条评价调整你的商业模式。评价指出未来可能会遇到的障碍，但不是说你的商业模式一无是处，进一步的研究调查可以帮助有效地改善模式。

4. 第四阶段：实施

一旦确定最后要实施的商业模式，就要开始着手实施工作了，包括确定所有的相关项目、制定各个阶段的里程碑、制定法规条文、准备预算清单和项目路线图，等等。特别要引起注意的是，如何处理不确定性因素的问题，这需要设计一些机制来根据市场反馈快速地调整商业模式。

商业模式的设计和商业逻辑的分析是企业执行机制的一个组成部分，而将商业模式实施到业务活动及信息系统中去则是运营机制的一部分。

5. 第五阶段：管理

创业或创新团队至少需要一个来自公司战略小组的员工负责管理商业模式。可以考虑跨职能团队组织定期的研讨会，一起评估商业模式。

商业模式设计流程的五大阶段在关注的焦点、执行活动上都存在很大差别，表 4-2 对五大阶段进行比较，概括性地列出每一阶段的目标、焦点、描述、具体活动、关键成功因素和主要风险。

表 4-2　商业模式设计流程五大阶段

阶段	动员	理解	设计	实施	管理
目标	为一个成功的商业模式设计项目做好准备工作	研究和分析商业模式设计所需要的元素	构建和测试可行的商业模式可选方案，并挑选最佳的方案	在实际环境中实施商业模式	综合市场反馈来调整和修改商业模式
焦点	搭建舞台	全情投入	调研探索	实际执行	演化发展
描述	为成功的商业模式设计聚集所有需要的元素。营造一个急需新商业模式的环境，建立一套描述设计和分析讨论商业模式的共同语言	商业模式设计团队需要全情投入相关信息中：客户、技术和环境。收集信息，访谈专家，研究潜在的客户，发现需求和问题	把前面获得的信息和想法转化为商业模式方案，进行不断的探索和测试。在反复密集的商业模式探究后，选出最符合要求的商业模式设计	实施挑选出来的商业模式设计	建立起管理架构来持续不断地监督、评估、调整和改变商业模式
具体活动	确定项目目标；测试初步的商业想法；规划；组建设计团队	环境分析；研究潜在客户；采访行业专家；研究前人做法；收集想法和观点	头脑风暴；测试；选择	交流和参与；执行	分析环境；持续地评估商业模式；调整商业模式，配合整体战略；处理模式间的协同效应和冲突问题
关键成功因素	合适的人员、经营和知识	对潜在目标市场的深入了解； 超越传统目标市场定义的界限	与来自企业不同部分的员工一起设计； 透过现状看本质的能力； 投入时间，探索多种商业模式	最佳项目管理； 快速调整商业模式的能力和意愿；平衡好旧模式和新模式	目标长远； 积极主动； 商业模式的管理
主要风险	高估初始想法的价值	研究过度，研究和目标之间脱节； 由于受到某个想法的影响，研究结果不理想	低估或打压大胆想法； 过快地“钟情”于某个想法	积极性降低、减弱	成为成功的牺牲品，满足于现状而未能及时做出调整

在这个时代，商业模式的“保质期”越来越短，日益激烈的竞争和成功商业模式的快速复制迫使所有企业必须不断地进行商业模式创新以获得持续的竞争优势，仅仅选择一个现有市场无法证明该行业是有利可图的，创业者需要设计一个具有竞争力的商业模式。

4.2.3　商业模式的设计方法

商业模式的设计方法主要包括参照法、相关分析法、关键因素法、价值创新法。

1. 参照法

参照法是商业模式设计的一种有效方法。该方法是以国内外商业模式作为参照，根据本企业的有关商业权变因素，如环境、战略、技术、规模等不同特点的调整，确定企业商业模式设计的方向。采用参照法进行商业模式设计时，一定要根据企业自身的情况加以调整和改进，创新地摸索出符合本企业的商业模式。许多企业的商业模式设计都是通过参照法进行的，如门户网站的设计多是参考相似行业的网站。

2. 相关分析法

相关分析法是在分析某个问题或因素时，将与该问题或因素相关的其他问题或因素进行对比，分析其相互关系或相关程度的一种分析方法。相关分析法需要根据影响企业商业模式的各种权变因素，运用有关商业模式设计的一般知识，采用影响因素与商业模式一一对应的方法确定企业的商业模式。利用相关分析法，可以找出相关因素之间规律性的联系，研究如何降低成本，达到价值创造的目的。如亚马逊通过分析传统书店，在网上开办电子书店；eBay 网上拍卖也来自传统的拍卖方式。

3. 关键因素法

关键因素法是以关键因素为依据来确定商业模式设计的方法。商业模式中存在着多个变量影响设计目标的实现，其中若干个因素是关键的和主要的。通过对关键因素的识别，找出实现目标所需的关键因素集合，确定商业模式设计的优先次序。关键因素法主要有以下五个步骤。

（1）确定商业模式设计的目标。

（2）识别所有的关键因素，分析影响商业模式的各种因素及其子因素。

（3）确定商业模式设计中不同阶段的关键因素。

（4）明确各关键因素的性能指标和评估标准。

（5）制订商业模式的实施计划。

4. 价值创新法

对一些从未出现过的商业模式设计，往往需要进行创新，即通过价值要素的构建、组合等设计出新的商业模式，这一点在互联网企业表现尤为明显。如盛大网络游戏全面实行免费模式，开创了网游行业盈利新模式——CSP（come-stay-pay）；爱奇艺视频网站通过网络视频平台，将制作原创视频的网民、网络视频下载者、电信运营商、风险投资者、合作伙伴等进行了关联，从而设计出新的商业模式。

案例拓展

南京大有淼宇医药科技有限公司商业模式设计

南京大有森宇医药科技有限公司（以下简称“大有森宇”）是以中医药理学为基础，为人类身体健康带来巨大益处的研究型企业。公司创始人周晓明先生精通中西医，发明了治疗由慢性炎症引起的多种疾病的中药配方，这些产品的实际疗效非常显著，具有巨大的市场潜力。为了确保公司的使命和愿景得以实现，2018 年，大有森宇聘请南京佑佐管理咨询有限公司的专业咨询团队为其量身设计了生态商业模式（图 4-5、图 4-6）。

这一商业模式中，研发中心主要承担新产品的研发和老产品的升级迭代，其研发的产品将通过知识产权价值评估以无形资产的形式进入药业公司、保健品公司和护肤品公司三大实业公司实现其价值体现；制造中心中的药业公司、保健品公司和护肤品公司三大实业公司负责三个领域产品的生产，公司的主要利润就体现在这三大公司中，每个公司都将演变为一个独立的上市公司；销售公司负责所有产品的经销，采用分销模式，即在全国发展经销商，每一个区或县将设立一个经销商，采用属地化管理，未来每个经销商即为一个配送中心，所有产品的销售价格由销售总公司统一制定，经销商无权调整销售价格，所有产品采用实名制销售，以便对客户进行有效的跟踪服务；数据公司负责公司所有信息化系统的开发以及数据管理，由于产品采用实名制销售（如购买该公司的药酒，客户提供体检报告将会有比较大的折扣），因此可以收集大量的客户健康情况信息，通过有效的数据分析就可以为每一个客户建立健康档案并为其提供更为专业的服务，数据公司的利润来自产品销售时的信息服务费（为固定费率）；健康管理公司根据数据中心筛选出的潜在客户有针对性地提供医疗服务和为高端人群提供家庭医生，同时将服务相关的数据反馈至数据公司，公司还将在全国开设连锁诊所，由健康管理公司统一管理，为患者提供有效的治疗方案；原材料种植基地在提供相关药材之外还提供旅游观光服务；酒业公司为制造中心提供原料；投资管理公司主要是解决各公司发展所需的资金。

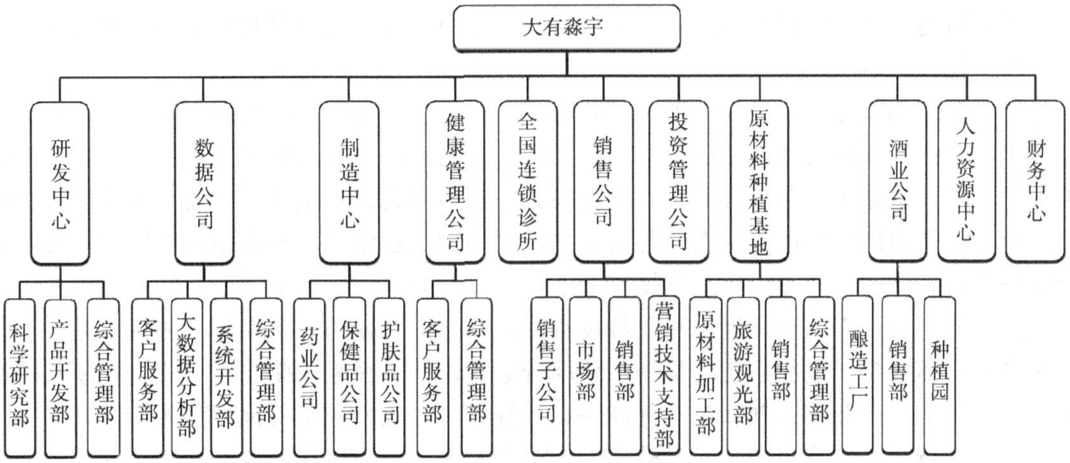

图 4-5 大有淼宇组织机构

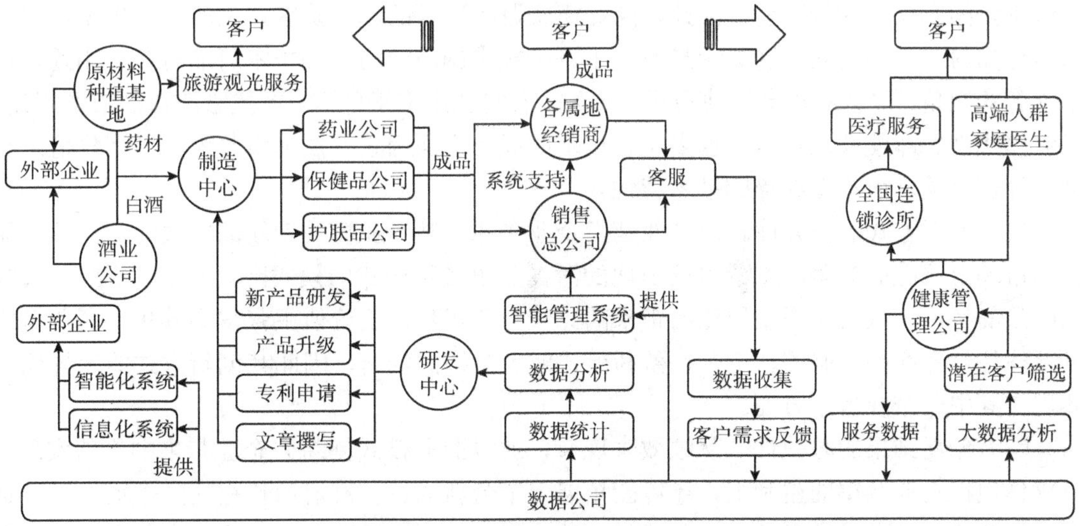

图 4-6 大有淼宇生态商业模式

这一商业模式实现了生态循环，原材料种植基地和酒业公司为制造中心与外部企业提供原料，制造中心的产成品由经销商销售给客户，消费产品的部分客户可衍生为享受服务的健康管理公司消费者，还有部分客户可衍生为原材料种植基地的旅游观光客户，数据公司则通过数据分析明确客户需求，研发中心研发产品并通过产品销售和服务实现客户价值。南京大有森宇医药科技有限公司已经在成长的路上，相信能够快速发展起来。

4.3 商业模式创新

4.3.1 商业模式创新的内涵

如果说商业模式是企业创造价值的逻辑，商业模式创新则是对复杂资源的最优化重组，以创新为手段实现有效的企业价值提升。商业模式与创新是息息相关的，创新是商业模式与生俱来的本质。

商业模式创新是指通过对企业全部价值活动进行优化选择，并对核心价值活动进行创新、重新排列，进而整合各种资源来开展实现价值的活动。商业模式创新贯穿于企业经营整个过程中，贯穿于企业资源开发、研发模式、制造方式、营销体系、流通体系等各个环节。每个环节的创新都可能塑造一种崭新的、成功的商业模式。商业模式创新的最终目的是通过改善企业的长期竞争优势来提高企业的长期获利能力。因此，企业的商业模式创新应以顾客为中心，来调整、优化配置各种资源，以合作共赢的观念来建立各种联系，不断地对自身的商业模式进行系统的思考，采用合适的创新途径来调整商业模式，以便获得持续的竞争优势。商业模式创新具有外向性、差异性、时效性三个方面明显的特征。

（1）创新视角的外向性。商业模式创新的出发点，是如何从根本上为客户创造增加的价值。因为顾客的需求满足是价值主张得以实现的基本指标，只有满足了顾客的价值需求，价值主张的实现才成为可能。因此，商业模式逻辑思考的起点是客户的需求，根据客户需求考虑如何有效满足它，这点明显不同于许多技术创新。同一种技术可能有多种用途，技术创新的视角，常是从技术特性与功能出发，看它能用来干什么，去找它潜在的市场用途。商业模式创新即使涉及技术，也多是和技术的经济方面因素、技术所蕴含的经济价值及经济可行性有关，而不是纯粹的技术特性。

（2）创新方式的差异性。差异性是指企业在选择其商业模式创新的方式时，应该将能否同市场上已有的竞争对手或可能出现的潜在竞争者所构建的模式区分开来，形成他人难以匹敌的特性，从而获得差异化所带来的比较竞争优势，使价值主张得到升华。商业模式创新往往伴随产品、服务、工艺、盈利模式或者组织的创新，因此其创新方式的差异化会体现在其中一个或多个方面。

（3）创新结果的时效性。从绩效表现看，通过商业模式创新为企业带来的价值实现，不仅体现在企业获得的盈利上，还可能拓展一个全新的、有价值增长空间的市场，不管是新市场的成功开发还是新的盈利方式的创造，都会在一定时期内为企业带来竞争者暂时无法匹敌的经济收益。商业模式创新，虽然与传统的创新形态一样也表现为企业效率提高、成本降低，但由于它更为系统和根本，涉及多个要素的同时变化。因此，它也更难以被竞争者模仿，常给企业带来战略性的竞争优势，而且优势常可以持续数年。

4.3.2　商业模式创新的动力

1. 商业模式创新的内在动力

1）企业家是企业实现商业模式创新最主要的内在动力之一

企业是商业模式创新的载体，而企业家是一个企业的灵魂，是企业成长的推动者，是企业发展的决策者。无论是实现创新产业化的苹果公司、连锁折扣商业模式的首创者沃尔玛公司，还是开启了现代大规模标准化生产时代的汽车大王福特公司，无一不是依靠企业家敏锐的商业目光、智慧的经济头脑、卓越的创新能力实现了商业模式创新。

企业家对于企业自身以及企业所处竞争环境的认识是企业进行商业模式创新的原始激发点，具有创业精神和创新精神的企业家更有助于企业进行商业模式创新。同时，企业家的创新能力同等重要，企业家自身的学习能力、知识水平、应变能力将会影响企业商业模式创新的进程。在企业商业模式创新过程中，企业家不仅仅是创新活动的发起者，更是推行者和领导者，他要将创新的思想准确地传递给企业的各个职能部门，使每个企业员工明白自身的目标与价值并要率先进行有效的创新活动，进而实现上行下效的全面创新。

2）企业的社会资本是保障企业成功进行商业模式创新的内在因素

企业的社会资本是指有助于企业实现其目标的、能够被企业控制的、独特的、显在和潜在的资源与能力的集合。企业的社会资本包括能够为企业带来新动力的人力资本以及企业的组织结构、企业制度、企业文化等，在企业进行商业模式创新的过程中，企业的社会资本就是企业创新能力有形的体现。具有更多、更优质社会资本的企业自然具备更强的创新能力，当企业面对经济环境中的竞争和机会时，其社会资本会是企业获取更多价值、获得竞争优势的基础。企业商业模式的创新就是企业对于其社会资本更有效的重组。

2. 商业模式创新的外在动力

1）市场需求是商业模式循环创新的拉动力

商业模式创新是在市场需求拉动下产生的，任何一种创新的原动力无一不是不断变化的市场需求，商业模式创新亦然。市场需求是自然增长的，企业在成长过程中要具有持续的生命力，就必须始终根据市场需求的变化进行不断的创新。但是，当潜在的市场需求逐步扩大增长甚至可以与主流市场需求相当时，单一要素的企业创新已不能满足它，这就需要企业进行前所未有的变革。只有商业模式的创新才能全面变革企业各个要素，以适应增长的市场需求。而成功的商业模式也会催生新的市场需求，因此，市场需求是商业模式循环创新的拉动力。

2）技术进步是商业模式创新的推动力

众所周知，互联网技术的广泛应用，催生出了诸如微软、谷歌、亚马逊等众多成功于商业模式创新的企业。可见，在信息经济时代，技术进步对市场的影响越来越广泛，时刻激励着各种类型的企业不断地进行技术创新。而企业的技术创新必须通过其商业模式来传达给市场，只有适当的商业模式才能使企业的技术创新得到合理的运用，并满足客户的新需求，进而为企业创造价值。当企业原有的商业模式与其不断变化的技术创新无法相适应时，就需要企业适时地进行商业模式创新，由此可见，技术进步是商业模式创新的推动力。

3）经济环境的变化与产业竞争的日益加剧是商业模式创新的外在压力

为了适应复杂多变的经济环境与日益激烈的产业竞争，企业往往要寻求更有效的战略来面对环境和竞争所带来的机会与威胁，这种调整包括节约交易成本、加强企业的内外学习机制等。而企业商业模式创新正是一种企业战略的彻底变革，是节约交易成本和加强学习机制的有效途径。企业只有远离相互厮杀的红海，选择蓝海战略，在复杂多变的经济环境下取得持续竞争优势才能不断强大，而商业模式创新可以帮助其实现发展壮大的目标。

案例拓展

施乐公司的“914”复印机

著名的施乐公司成立于1906年，在20世纪50年代还被称为哈罗依德公司，是一个靠静电复印术取得成功的小企业。总裁威尔逊及时意识到办公复印市场存在着巨大的潜在需求，并应用公司自身的技术创新成果“电子影印技术”开发出了新的产品，即“914”复印机，可以提供更快速、质量更好的复印服务。但是，哈罗依德公司面临的经济环境十分严峻，新产品成本高使其难以独立完成商业化量产，“914”复印机与同行业竞争对手的复印机产品相比，只有每个月几百页的数量优势和微小的成本优势，在寻求合作伙伴的过程中，哈罗依德公司先后遭到了产业巨头柯达等公司的拒绝。在此形势下，威尔逊并没有放弃新产品的推广，而是选择了以租赁的方式将“914”复印机推向市场，自己独立承担风险，这一创新的经营模式很快为公司带来了效益。在随后近20年时间里，“914”复印机成为施乐公司的明星产品，这也标志着施乐公司的商业模式创新取得了巨大成功。

这种成功是在市场需求和技术推动的双重作用下催生的，同时经济环境因素也不容忽视。可以说，只有充分考虑并合理利用各种外在动力才能进行成功的商业模式创新。

4.3.3 商业模式创新的路径

根据价值链的活动和主体特征，商业模式创新的路径主要可分为三种：原始创新、诱发创新和模仿创新。

1. 原始创新

无论是既存企业还是新创企业，只要以前所未有的商业模式为客户提供产品或服务就是原始创新。原始创新是企业进行商业模式创新最直接的途径，其可能由企业家的灵感触发，也可能由企业引进的新人才、新技术触发。可能是灵感一经实践即成功完成创新，更多时候则往往是经过多次尝试和改进才取得成功。但是，所谓原始创新，一定是企业进行的主观创新活动，是对企业商业模式构成要素的直接创新。

1）产品、服务与目标客户

发现环境变化带来的潜在市场机会和满足潜在的市场需求以提升企业价值是商业模

式创新的终极目标。与之相对应，两个商业模式构成要素的创新将是最为直接和有效的：一是寻求更广或更具价值的目标市场，也就是可被开发的潜在市场；二是提供创新的核心产品或服务，也就是满足潜在的市场需求。当前述两个要素成功实现了创新时，无疑会为企业创造更多的价值，可以说企业已经完成了卓有成效的商业模式创新。

为了使已经创新的要素保持其有效性，企业必须配置与其相适应的运营流程；为了使企业保持其竞争优势，企业必须调整其价值分配原则和价值链结构。这一系列的协同创新活动即为企业商业模式的创新过程。

案例拓展

产品服务创新的“加减乘除法”

钱·金和勒妮·莫博涅在《蓝海战略》一书中开发了一个关键的工具——四部动作框架形成的坐标格“剔除—减少—增加—创造”，实现了差异化和低成本的共生，创造了新的价值曲线。在这里，我们将其命名为产品服务创新的“加减乘除法”。

加法：哪些元素的含量应该被增加到产业标准以上？

减法：哪些元素的含量应该被减少到产业标准以下？

乘法：哪些产业从未有过的元素需要创造？

除法：哪些被产业认定为理所当然的元素需要剔除？

其中，减法和除法能够帮助企业将成本降低到产业一般水平以下，形成企业的成本竞争优势，加法和乘法能够帮助企业提升买方价值，创造新的市场需求，形成企业的差异化竞争优势。例如，国内经济型酒店的代表如家酒店借助此方法实现了迅速扩张和盈利。如家酒店是定位于服务中小企业商务人士和旅游人士的经济型酒店，通过“一星级的大堂，五星级的大床”的服务标准来满足顾客对价格和入住质量的需求。在成本控制上，它摒弃了传统的购置地产的高固定成本模式，而是对普通营业性房产甚至是城市烂尾楼加以改造装修形成标准客房，不提供早餐、会议和健身房等附加服务；在顾客价值上，专注于顾客的居住质量和休息体验，通过温馨的室内设计和舒适的床铺品类搭配，给顾客提供了一种如家一般的居住享受。

2）运营流程

运营流程的创新要求企业内部的各能力单元模块不仅能够形成自己的优势能力，发挥出价值创造过程中的增值作用；更重要的是要有一个动态、灵活、适应性强的连接机制将这些独立的模块整合到一起，使整个系统能够流畅、高效地运行，从而为整个商业模式提供源源不断的、根据需求变化的、能够及时做出灵活调整的动力。流程化的运营模式能够很好地满足这两方面的要求。

美国学者迈克尔·哈默和詹姆斯·钱皮提出的业务流程再造（business process reengineering，BPR）正迎合了企业运营模式创新的需要，引入业务流程管理对传统的组织结构进行再思考和再设计。流程管理打破了传统组织部门划分，直接面向顾客（包括外部顾客和内部顾客），以顾客的需求（订单）为导向，将相对独立的能力单元调用到统一的价值创造过程中，各部门由相互博弈转变成彼此独立而又相互合作的“貌离神合”的状态。例如日本丰田的准时生产（just in time，JIT）、精益生产，海尔集团以市场链为导向的业务流程再造都是流程管理的杰出实践。

3）价值链结构

迈克尔·波特教授认为，供应商价值链、企业价值链、渠道价值链和顾客价值链构成了完整的产业价值链，其中，企业价值链是企业相互关联的生产经营活动的集合，是企业创造价值的动态过程。企业间的竞争不仅仅是企业价值链的竞争，更与产业价值链的各价值环节息息相关。将价值链的各经营活动进行单项创新或重新组合与创新企业的运营流程具有相似的作用，即降低交易成本、改变收益方式。除此之外，企业的商业模式创新可以通过拆分外包自身的经营环节从而缩短价值链，也可以通过一体化延长自身价值链从而形成新的商业模式。

案例拓展

寒锐钴业商业模式创新

南京寒锐钴业股份有限公司（以下简称“寒锐钴业”）创立于1997年，总部位于南京市江宁开发区。公司经过20年的跨越式发展，如今成长为拥有3家实业公司、两家国际贸易公司的跨国企业集团。寒锐钴业旗下的南京寒锐钴业股份有限公司、刚果（金）迈特矿业有限公司、江苏润捷新材料有限公司构成了寒锐钴业的生产主体，寒锐钴业（香港）有限公司和南京齐傲化工有限公司构成了寒锐钴业的贸易主体。

寒锐钴业业务涵盖钴铜矿开采、冶炼，钴粉及其他钴基粉体研发、生产和销售，具有自主研发和创新能力，是持有自主品牌的高新技术企业。寒锐钴业积极践行“走出去”的国家战略，2007年在非洲刚果（金）投资设立了迈特矿业子公司，从事钴、铜矿资源的开发和产品深加工，形成了从矿产开发、冶炼，直至钴中间产品和钴粉生产的完整产业链，保证了寒锐钴业稳定的原料保障和极具竞争力的产品优势。

2015年之前，寒锐钴业的商业模式仍然是由生产要素驱动的，寒锐钴业处于产业链的中上游，拥有较长的产业链，通过生产和贸易实现价值增值，具体有矿产加工、贸易和钴粉生产3个增值环节。这个商业模式存在的问题有：①原料市场的政治、经济环境不确定性高，风险大，技术条件差；②质量管理控制能力较弱，外协厂商产品稳定性差，影响产品稳定性；③钴粉作为原料，虽然重要但下游占比较小，产业链影响力较低，技术发展缓慢，产品形态单一；④经济环境差，下游企业景气度低，市场需求量下降，技术变革带来的风险可能会改变钴行业的需求结构。更重要的是，这一商业模式下的价值链各环节关联过于紧密，增加了企业的整体经营风险。

2015年，寒锐钴业聘请南京佑佐管理咨询公司的专业咨询团队设计了新的商业模式，2016年初，寒锐钴业执行适应自身发展的新商业模式。新商业模式的设计要点是改变价值链结构，将原来的链式结构转化为四大中心（生产制造中心、贸易物流中心、发展研究中心和财务金融中心）的松散结构，降低了企业的整体风险；每个中心具有明确的结构和运营模式，每个中心保持较高的独立性；各中心之间保持适当关联性，通过产品或资本进行连接。①生产制造中心的定位：立足于钴行业，进行钴相关产品的生产加工，是寒锐钴业的基础业务板块，也是其他业务板块的发展基础，利润主要来自生产加工环节。②贸易物流中心的定位：立足于钴行业，进行钴相关的产品、装备、物资、技术的贸易活动，是寒锐钴业的扩张板块，也是连接和驱动其他业务的重要业务板块，贸易物流中心的利润主要来自商品交易环节。③发展研究中心的定位：立足于钴行业及相关行业，开展钴相关的产品、技术、装备的研究、开发、应用和咨询服务业务，并根据技术发展进行产品孵化，是寒锐钴业的新兴业务板块，也是未来发展的发动机，主要利润来自技术服务、技术产业化和产业孵化。④财务金融中心的定位：财务金融中心包含管控、融资和投资三大职能，利用财务和金融的手段，管理和筹划集团当前与未来的经营活动。管控中心和融资中心定位于管理与服务，投资中心定位于发展和扩张，财务金融中心的利润主要来自投资收益。

在新的商业模式运作下，寒锐钴业业绩快速增长，2017 年 3 月 6 日，寒锐钴业成功在深圳证券交易所创业板上市，发行价每股 12.45 元，2017 年净利润增长 575%，上市当年寒锐钴业市值增长 28 倍，股价超 300 元/股，成为 2017 年 A 股上市公司真正的牛股。

2. 诱发创新

除了原始创新，企业商业模式的创新还可能由其他因素诱发发生，即诱发创新。当外界诱发因素作用于企业商业模式某一个或几个要素，并给企业带来了巨大的变革，这种变革发生在与企业价值相关的内外部系统中，且能够与复杂的经济环境和多变的市场需求相适应，能够显著提升企业价值，这就是诱发创新的过程。

1）技术创新

创新的技术作用于企业生产资料会对企业商业模式构成要素产生一定影响。我们把技术创新对生产资料作用所产生的影响称为技术因子，往往是在技术发展和市场需求双重影响下产生的，技术因子在未应用于商业领域时始终具有潜在的价值，但是只有技术因子与其相适应的商业模式要素协同作用，才能提升企业价值，也就是说只有商业模式要素发生了相应的创新，才能使技术因子成为为企业创造价值的有效诱发因子。应用技术创新的企业不仅会创新其商业模式构成要素，也可能因为技术创新而改变各要素在企业创造价值过程中的地位。例如，互联网技术对于百货零售企业所掌握的生产资料本身并不能够产生任何效用，但是互联网技术诱发了百货零售企业走上电子商务平台，也就是说，互联网技术是技术因子，它诱发企业创新自身商业模式要素以与其相适应从而诱发商业模式创新。

2）信息流

可创新的企业商业模式首先其自身应该是一个自适应的动态系统，驱动这一动态系统结构发生变化的重要因素是知识。知识具有独特性，知识在企业组织中从隐性知识转化为显性知识的过程就是激发企业结构发生变化的过程，进而促进企业产生新的产品或服务，诱发企业创新商业模式要素。知识在静态下是无法提升企业价值的，必须扩散和流动才能产生效用，而信息流就是知识的载体。知识的扩散和流动是靠信息流在企业商业模式各要素间产生的动态效应来完成的。信息流冲击企业商业模式的各个构成要素，当原要素与信息流可以协同作用但仍具有较大的价值差异时，最容易诱发该要素进行创新，其价值差将由信息流转化为商业模式要素的效用，进而促进企业提升价值。我们将这个价值差定义为信息流的势，创新的商业模式要素效用则为原要素效用与信息流的势的和。

3）产业演化

在产业化程度较高的产业中，企业商业模式的同质化现象较为显著。市场竞争与市场需求两个方面的外力作用，迫使企业以蓝海战略应对同业竞争，这便直接诱发企业进行商业模式创新；当企业商业模式创新成功实现时，企业将会更为有效地利用自身生产要素并满足更迫切的市场需求，不仅为企业带来了竞争优势，也引领其产业的改革与创新，进而冲击和影响与之相关的上下游产业。这一系列影响的扩散使主动创新的产业日益趋于产业间的主导地位，主导产业的平稳发展会诱发其相关产业进一步进行创新，直至达到新的产业结构平衡。

可见，商业模式创新往往可以改变产业竞争格局，促进新生产业的发展与演化，推动产业走向成熟期，进而在相应的产业竞争环境下发生新一轮的企业商业模式创新，可以说，企业的商业模式创新始终与产业生命周期密切相关。例如，苹果公司在手机产业竞争白热化的情况下推出了智能手机，这一成功的商业模式创新不仅为其带来了竞争优势，而且改变了传统手机产业的竞争格局。

3. 模仿创新

原始创新和诱发创新都是企业商业模式创新的路径，模仿创新也是企业进行商业模式创新的重要路径之一。伴随着“数字经济”时代的来临，已经有许多资本主义国家的企业成功实践了商业模式的创新。我国进行商业模式创新的实践活动起步较晚，大多来源于模仿创新，无论是技术创新诱发的还是产业演化诱发的商业模式创新的成功企业，很多都可以在国外找到其借鉴的成功模型。如百度、腾讯、春秋航空都是我国企业分别模仿国外成功企业谷歌、ICQ、美国西南航空公司进行商业模式创新的典型案例。由于模仿创新以较为成熟的商业模式为其创新基础，因此可以节省很多尝试与修正的过程，对于一个充分具备社会资本的企业来说，可以使其更快速、更高效地完成商业模式创新。但是，商业模式创新必须要与企业所处的政治、经济、文化环境相适应。同时，商业模式是难以完全模仿的。企业只有根据自身资源及所处环境，分析自身独特的商业模式要素优势，进行有效的改进和进一步创新，才能避免模仿带来的排斥影响，取得卓越的竞争优势。

企业必须以商业模式的创新适应经营环境的变化，才可能始终做到盈利，通过构建新型的商业模式，来打破现有的产业竞争规则、价值规则，获取超额的收益。这一切都要建立在对外部环境、自身的资源、能力现状的认识基础之上，因此没有一个商业模式适用于任何企业，也没有一个商业模式永不过时。成功的商业模式创新活动可以为企业带来卓越的价值提升和难以超越的竞争优势。

本章小结

本章系统地介绍了商业模式的开发、设计方法和创新路径。商业模式是企业创造和实现价值的方式，是创业成功的关键之一。商业模式是包含了一系列要素及其关系的概念性工具，是用以阐释特定实体的商业逻辑。在实践中，商业模式创新路径选择、商业模式画布等商业模式模型已经得到大量运用。以创新的方法开发商业模式已成为企业家和创业者的使命——将其价值战略转变成商业模式进而改变商业规则。

思考题

1. 简述商业模式的内涵。
2. 商业模式的关键构成要素是什么？
3. 商业模式创新的动力是什么？
4. 简述商业模式创新的路径。

案例分析

李开复的“创新工场”在中国

李开复博士于 2009 年 9 月在中关村创办了创新工场。中美两国经济环境的不同，造就了不同的经营模式，也创造了不同的市场机会。美国拥有相对发达的信息系统、充足的资本和高新技术人才；而我国广阔的市场空间以及政府的支持等都是发展的优势所在。但如此的发展形势同样隐藏着威胁：金融支持的缺乏、管理制度的不完善、不利的商务环境等都对中国的企业提出了严峻的考验，创新工场正是致力于在这一复杂的环境中为企业建造一片创业的绿洲。

创新工场的实质是一个创业平台，为新创企业提供一系列的技术和资金支持以帮助企业发展。然而授人以鱼不如授人以渔，创新工场更重要的价值在于帮助企业开发具有市场竞争力的产品或培养一批高科技人才，这才是企业获得和维持长期竞争优势的关键。正是基于这种特性，创新工场的投资往往集中于信息产业，如互联网、电子商务等。创新工场作为一个招募的平台等待有独特想法的创业者来实现自己的梦想。经过一系列的筛选，你的想法就有可能变为现实：拥有自己的团队来开发自己的项目。整个公司的运作模式大致为：从创业者找到创新工场来为自己实现梦想到打造精英团队，再到产品项目的开发和运营。整个过程中，创新工场都做着后勤的工作来帮助团队成长，提供法律、技术及资金上的支持直到团队成为独立的个体可以独当一面。这意味着，手握大笔资金的投资人就站在创业者面前，创业者需要做的是通过自己的创意打动投资人而获得投资。经过几年的发展，李开复的创新工场已经吸引了成千上万拥有自己梦想、渴望获得成功的年轻人。到目前为止，创新工场的运作一直非常成功并取得了巨大的成就：上千项目的审阅，数十家公司的投资运营以及国内、国际专利的申请都代表了这一新型商业模式在中国的试水成功，这无疑引领了投资界的新浪潮。

李开复本人将创新工场定位为“一个提供创业可能的平台”，创新工场会提供创业所需要的一切资源：从场地的选择到行政管理的辅助，从项目的筛选评估到员工的招聘。利用公司现有的技术建立一个数据共享平台，基于历史团队数据实时更新的累积，帮助创业团队发展，降低其项目风险系数。项目孵化器开发阶段是创新工场的最初建立阶段。在创新工场的概念被李开复正式提出后，“孵化”新的项目成为他的目标。所谓项目的“孵化”，即为一些有潜力的项目提供技术、资金、管理方面的支持，项目做大后就可脱离原企业自由发展，类似于将一个一个的项目与项目团队孵化出来。通常意义上对孵化器有广义与狭义的划分，我国深圳的南山高科与盐田生物高科创业园区均属于广义的孵化器，而狭义的孵化器是指对某个单一项目或多个项目进行孵化，最终得到市场化产出。显然这里指的是狭义范畴的孵化器。本质上讲，孵化器是“生产”产品的机构，创业企业将在这个机构里得到生存与成长的条件，并享有孵化器提供的支撑性服务。带有创意项目的创业者或团队进入创新工场这个孵化器组织内，接受孵化器提供的系统培训，包括咨询、技术、生产等，创新工场提供项目投入所需的场地、通信、网络与办公等方面的硬软件共享设施，项目逐渐做大，直至脱离孵化器走向市场。对在孵企业或在孵项目而言，自身风险和创业成本大大降低。按照李开复的理想模式，在这一阶段的价值主张是帮助高新技术领域的创业者提供“创意—项目—产品”的一体化服务并推向市场，帮助这些创新项目寻找风险投资商进行再投资实现价值创造。

要求：尝试利用商业模式画布分析“创意工场”的商业模式。

参考文献

奥斯特瓦德 A，皮尼厄 Y. 2013. 商业模式新生代[M]. 北京：机械工业出版社.

蔡剑，吴戈，王陈慧子. 2015. 创业基础与创新实践[M]. 北京：北京大学出版社.

傅世昌. 2011. 商业模式定义与概念本质的理论体系与研究趋势[J]. 中国科技论坛（2）.

黄志勇. 2014. 科特勒市场营销理论和艾尔·里斯市场定位理论一体化关系思考[J]. 商业时代（17）.

纪慧生，陆强，王红卫. 2010. 商业模式设计方法、过程与分析工具[J]，中央财经大学学报（7）.

李飞. 2010. 企业成长路径与商业模式的动态演进研究[D]. 天津：天津大学.

李振勇. 2006. 商道逻辑：成功商业模式设计指南[M]. 北京：新华出版社.

李振勇. 2006. 商业模式——企业竞争的最高形态[M]. 北京：新华出版社.

刘盟，王晔. 2015. 商业模式的创新研究综述[J]. 中国商论（2）.

娄永海. 2009. 基于 TRIZ 理论的企业商业模式研究[D]. 长春：吉林大学.

孙永波. 2011. 商业模式创新与竞争优势[J]. 管理世界（7）.

王雪冬，董大海. 2013. 商业模式创新概念研究述评与展望[J].外国经济与管理（11）.

魏炜，朱武祥. 2008. 发现商业模式[M]. 北京：机械工业出版社.

魏炜，朱武祥. 2010. 重构商业模式[M]. 北京：机械工业出版社.

魏炜，朱武祥，林桂平. 2012. 基于利益相关者交易结构的商业模式理论[J]. 管理世界（12）.

魏炜，朱武祥，林桂平. 2012. 商业模式的经济解释：深度解构商业模式密码[M]. 北京：机械工业出版社.

温池洪. 2010. 信息化对企业竞争能力的影响机理与信息化战略选择[D]. 长春：吉林大学.

吴晓波，姚明明，吴朝晖. 2014. 基于价值网络视角的商业模式分类研究——以现代服务业为例[J]. 浙江大学学报（人文社会科学版）（2）.

易加斌，谢冬梅，高金微. 2015. 高新技术企业商业模式创新影响因素实证研究——基于知识视角[J]. 科研管理，36（2）.

云乐鑫.2014. 创业网络对商业模式内容创新影响及作用机制的实证研究[D].天津：南开大学.

张越，赵树宽. 2014. 基于要素视角的商业模式创新机理及路径[J]. 财贸经济（6）.

钟蔚. 2013. 基于能力分享的移动互联网商业模式研究[D]. 北京：北京邮电大学.

周娟，乔为国. 2014. 商业模式创新的政策依据与工具初探[J]. 中国经贸导刊（15）.

周娴. 2014. 创新合法性——资源获取与企业商业模式创新行为研究[D]. 广州：华南理工大学.

第5章

创业计划

学习目标

掌握创业计划的概念、目的和作用，熟悉创业计划书的编写内容和基本结构，了解创业计划书编写过程中常见的错误和解决方法。

引例

创业计划书的撰写：创业成功的关键影响因素

当下，随着中国经济的飞速发展和社会的深度变革，人们的就业方式也变得多种多样。其中，大众创业、万众创新是促进我国经济结构调整、实行供给侧改革、打造经济新的发展引擎、走创新驱动发展的重要举措。为此，2015年，国务院发布了《国务院关于大力推进大众创业万众创新若干政策措施的意见》。在国家一系列政策措施的推动下，广大年轻人尤其是刚刚毕业或者即将毕业的大学生纷纷选择创业。他们善于观察、善于思考、善于总结，能从纷繁复杂的市场现状中发现市场空白，迅速捕捉到那些稍纵即逝的市场机会，从而掘取人生的第一桶金。

可是，仅仅有敏锐的市场观察力和听起来令人热血沸腾的创业点子就一定能创业成功吗？在讲授"创业基础"这门课程时，曾有同学问笔者：老师你觉得我毕业后开设一个养老院怎么样？诚然，现在我国老龄化趋势明显，养老产业已经成为新兴的产业形态，也符合目前政府的创业导向，开设养老院确实是一个不错的创业选择。但是笔者问这位同学：你有没有做过详细的市场调查？你有没有精准的市场定位？也就是你开设的养老院主要面向哪一类人群？你开设养老院的资金从何而来？你的经营管理团队有哪些人？你如何向市场做推广？等等。结果这位同学一脸茫然，承认还没有做过详细的考虑。

其实，上述所有问题都可以归纳为一个问题，那就是有没有一份详细完美的创业计划书？一份详细的创业计划书是创业融资的"敲门砖"，对吸引投资人的眼球起着巨大的作用。但是仅仅凭借几十页包装精美、印刷良好的创业计划文本，还是很难吸引投资人下决心投资，我们需要的是创业计划书里面的内容货真价实、切实可行。这样才能称得上是一份好的创业计划书，只有这样的创业计划书，才能带领我们创业成功。

首先，创业者将自己完整的创业思路慎重思考并加以记录，通过团队的力量一起工作，逐步解决创业过程中出现的各种细节问题，从而及时纠正创业过程中出现的偏差，实现创业目的。

其次，创业计划还是一个宣传册，可以将创业者的思维和行动方案向各种潜在的投资者、产品供需双方、本企业重要岗位的候选人等进行推广和介绍，使他们看到该创业计划的可行之处，从而对该创业计划加以肯定并积极投身到创业计划的实施过程中来。

本章就是向读者讲解什么是创业计划、创业计划的目的与作用、创业计划书的主要内容、创业计划书的撰写技巧以及创业计划书撰写过程中可能出现的常见错误。

5.1 创业计划概述

很多创业者认为，头脑中有了好的创业思路，就可以开始准备创业了，并不需要一份正式的创业计划，有时候甚至认为不需要详细的创业计划而单凭经验一样可以实现创业成功。但是现在，更多的创业者在无数前人创业成功与失败的经验基础上，愈发认识到一份内容完整、思路清晰、切实可行的创业计划对于创业的成功将会起到莫大的推动和促进作用。

5.1.1 什么是创业计划

关于创业计划的概念，国内外学者给出的定义和解释不完全一样（表 5-1）。

表 5-1 中外学者对创业计划的不同定义

作者	书名及出版单位	对创业计划的定义
张光辉、戴育滨、张日新	《创业管理概论》，东北财经大学出版社	所谓创业计划，是对与创业项目有关的所有事项进行总体安排的文件，包括商业前景展望，人员、资金、物质等各种资源的整合，以及经营思想和战略的确定等，是为创业项目制定的一份完整、具体、深入的行动指南
李文忠	《创业管理：案例分析、经验借鉴、自我评估》，化学工业出版社	创业计划描述特定商业活动所有相关的外部条件及内部因素，是对特定商业活动的详尽筹划后的系统描述。在创业管理中现指对特定创业活动的具体筹划的系统描述
陈琦伟、冯文伟	《创业资本概论》，东北财经大学出版社	创业计划是包括企业筹资、融资等活动在内的，企业战略谋划和执行等一切经营活动的蓝图与指南，是行动纲领和执行方案；也是企业管理团队和企业本身给创业投资方的第一印象，是评估的第一关
王健	《大学生就业与创业指导》，福建教育出版社	创业计划就是创业者计划创立的业务的书面概要，它为业务的发展提供了指示图，并成为衡量业务进展情况的标准
张玉利	《创业管理》（第 3 版），机械工业出版社	创业计划是一份全面说明创业构想以及如何实施创业构想的文件，是描述所要创立的企业是什么以及将成为什么的故事
罗伯特·A. 巴隆（Robert A.Baron）、斯科特·A. 谢恩（Scott A.Shane）	《创业管理：基于过程的观点》，机械工业出版社	创业计划不仅是一份设计好的、旨在说服持怀疑态度的人向新企业投资的文件，它也是一份你把自己的创意和愿景转变为现实企业的详细路线图

综上所述，本书作者认为，创业计划是创业者在市场调查的基础上发现市场机会，阐明该如何利用该市场机会进行企业活动，以便获取融资和利润的一整套思维过程。

长期以来，创业者都把制订创业计划视为实施创业的一个重要前提。创业动态跟踪调查项目（PSED）在大规模调查多个国家创业者后显示，创业计划的制订是创业者在创业中必须要进行的 23 项关键活动之一。其实，新企业的大量演化研究表明，企业后期是否顺利发展在较大程度上受制于创业前的准备计划。例如，Miller 和 Cardinal（1994）针对 26 项公开发表的研究成果进行了研究分析，结果显示计划和绩效之间是正相关关系。Bamford 等针对新建银行的一项实证研究显示，与创业者的初始决策相比，新银行创建后在资源和决策方面发生的变化对它未来成长的影响要小得多。所以，我们有必要来强调研究创业计划的理论是否有利于创业发展这个问题。创业计划实际上是一个操作行动指南，有利于创业者对过去的工作进行回顾反思，对项目资源、市场环境和创业团队进行优化整理，并有效规划下一阶段的目标，对其创业运作进行科学计划指导。我们将此类先想后做归为“计划派”。

然而，也有学者对此提出疑问，认为制订创业计划占用了创业者本可以用来从事其他更有价值的创业活动的时间和资源，因此不利于创业和新企业的初期发展。因为创业的过程中不确定性因素诸多，在绩效上制订创业计划的创业者未必能优于那些没有制订创业计划的创业者。例如，Bygrave 等的研究表明，除非创业者需要金融机构或天使投资人的融资支持，否则没有必要制订正式的创业计划。所以，创业计划对创业行动实施的指导价值不大，创业者还是要根据市场环境变化的实际情况随机应变，更强调创业者的反应速度性、创造性及直觉。我们将此类先做后想归为“行动派”。

虽然确有研究表明，创业计划的制订不一定能提高创业绩效，更严重的甚至会导致创业失败。即便如此，我们还是不能全盘否定创业计划的作用。对于创业计划我们可以简单地看作把项目做一次系统性推演，对于可能出现的困难和市场变化有一个预先的清晰认识，并事先能准备好解决方案。至少创业者心中要有一个完整系统的创业逻辑想法，以此支持自己也说服别人。

5.1.2 编写创业计划的目的

创业计划是一份全方位的项目计划，它从企业内部人员、制度、管理以及企业的产品、营销、市场等各方面对即将展开的商业项目进行可行性分析。所以，编写创业计划的目的主要有两个：第一，创业计划使创业者充分认识自身企业经营战略目标和经营管理的方方面面，是创业者系统思考创业的具体体现；第二，创业计划是创业者提供给风险投资者和一切对投资项目感兴趣的人的第一印象，通过创业计划，向他人展示和推广项目投资的潜力与价值。

概括起来，编写创业计划的目的主要包括如下方面。

（1）创业计划可以使创业者整体把握创业思路、明确经营理念。创业者和准备创业者在创业之初都会对拟建企业的发展方向以及经营思路有一个粗略的设想，但如果把这一设想做成规范的创业计划，则会发现自己要从事的事业并非如所设想的那样容易。例如，资金不足或市场增长率等情况，有些时候甚至不得不放弃创业的念头。创业计划可以使创业者严格地、客观地、全面地从整体角度观察自己，以避免因企业破产或失败而可能导致的巨大损失。

（2）一份完美的创业计划可以增强创业者的自信，使创业者明显感到对企业更容易控制、对经营更有把握。因为创业计划提供了企业全部的现状和未来发展的方向，也为企业提供了良好的效益评价体系和管理监控指标。创业计划使得创业者在创业实践中有章可循。

（3）创业计划作为一份全方位的项目计划，对即将展开的创业项目进行可行性分析的过程，也在向风险投资商、银行、客户和供应商宣传拟建的企业及其经营方式，包括企业的产品、营销、市场及人员、制度、管理等各个方面。因此，创业计划在一定程度上也是拟建企业对外进行宣传和包装的文件。

（4）一份完美的创业计划不但会增强创业者自己的信心，也会增强风险投资家、合作伙伴、员工、供应商、分销商对创业者的信心。而这些信心，正是企业走向创业成功的坚实基础。

知识链接

创业计划：火箭发射与汽车驾驶的类比

大多数的创业计划看上去更像是火箭发射，而不是汽车驾驶。火箭发射必须依据最精确的动作指令，包括每次推进、每次助推器点火，以及每次改变航向，在发射时哪怕最微小的失误，也会导致过后远在千里之外的灾难性的结果。如果能有这样精确的计划指导创业当然最好，可惜没有。创业计划应该有助于创业者"驾驶汽车"。创业者要知道目的地所在和通往目的地的路线，在行驶过程中通过方向盘不断调整，坚持在事先知道的路线上行驶，遇到情况甚至需要改变路线。

资料来源：埃里克·莱斯. 精益创业：新创企业的成长思维[M]. 吴彤，译. 北京：中信出版社，2012（有改动）

5.1.3 创业计划的常用方法

随着"大众创业，万众创新"上升至国家战略层面，近年来创新创业计划的立项不断增加，为了保证创业项目的良好发展，创业计划中所运用到的方法体系是其成功的重要因素之一。通过对现有相关的文献资料查阅总结，编写创业计划的常用方法包括行动学习方法、项目资源的计划编制与优化方法、投入产出方法、模糊层次分析方法（FAHP）等。行动学习方法，是指一个围绕还未有答案的问题，进行不断学习、质疑和反思的过程，注重解决实际问题并发展个人和集体能力。项目资源的计划编制与优化方法，是指识别分析项目资源的需求，确定项目所需的资源类别、数量、供应情况等，制订可行的计划，并解决资源的均衡分配使用问题。投入产出方法，是指分析项目需要投入多少资金，资金用到何处，所投入的资金又能产出多少回报的方法。模糊层次分析方法，是指将模糊数学的思想和方法引入层次分析法后得到的一种系统分析方法，核心是构造模糊一致性矩阵。

知识链接

对于“大创计划”的项目而言，其生命周期是指从项目申报立项开始直到项目验收结束的全过程。一般而言，对于大多数大学生，“大创计划”是一次性的训练项目。为了确保项目达到预期的训练效果，可以将项目分成若干阶段，并进行相应的过程管理。各阶段包括申报立项阶段、实施项目阶段、结题验收阶段、成果转化或后期连续立项阶段（参见图5-1）。进入后期连续立项阶段，则意味着整个项目将进入一个全新的生命周期。部分成效显著的创新训练项目将使学生有机会在本科后续阶段、本连硕阶段、硕连博阶段持续获得训练支持。

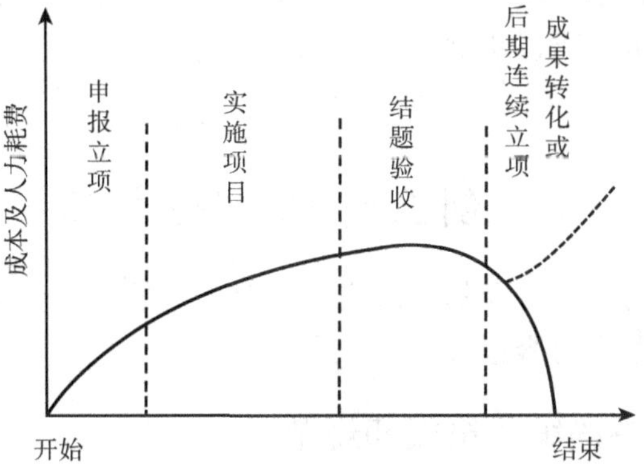

图5-1 “创业计划”生命周期

资料来源：李秋莹. 大学生创新创业计划项目的BSC过程管理——基于生命周期理论视角[J]. 大学教育，2016（5）（有改动）

通过构建具体的控制指标体系进行管理，可以保证创业计划项目的效率和质量。运用生命周期理论方法将创业计划分为四个阶段后，可以从“项目资金”“委托方需求”“项目内部管理”“学习与提升”四个维度进一步将创业计划具体化，为过程管理和行动提供一种方向。考虑到创业计划的实际操作性，避免管理方法体系过于复杂、繁重，每个创业计划阶段的二级指标设置应控制在5个以内。生命周期理论方法各阶段的管理内容，如表5-2所示。

表5-2 生命周期理论方法各阶段的管理内容

阶段	内容和要求
初创期（申报立项）	此阶段是创业计划的首要环节。一方面，相关部门要制定好具体的管理措施和鼓励政策，并多渠道加强宣传，提高员工的参与积极性。另一方面，遵循一定的原则，组成团队，填写项目申报材料。此阶段要注重创业计划的创新性、规范性、预算的合理性、成员分工的明确性等方面。一系列程序后，进行项目立项并公布
成长期（实施项目）	此阶段是创业计划的关键一步，也是生命周期理论的核心。在申报立项后，相关负责人需进一步完善具体工作计划，如明确成员的工作目标和分工、按照计划合理支出、展开相关的培训工作等。此外，很重要的一点是要充分利用各种平台和机会，营造出创新创业的良好环境与氛围，鼓励创新思想
成熟期（结题验收）	此阶段是尾声，是考核或衡量业务进展最终成果的时候。应关注工作任务的执行效率、提交成果的质量以及团队成员的能力和素质等各方面

续表

阶段	内容和要求
衰退期或继续上升期（成果转化或后期连续立项）	此阶段目前是我国创新创业的薄弱环节，应该不断探索尝试。创业的关键在于将创业计划付诸实践并随之不断修改和调整

不同生命周期发展阶段对应的企业成长的影响效应不同，给创业计划提供了一个动态层面的解释角度。前述对于生命周期的划分仍存在局限性，根据四个发展阶段划分了四个维度，虽结果分析具有一定价值，实践中创业者可以在此基础上根据四个发展阶段特征，选择或调整适宜的创业计划，但是从严格意义上来讲应该划分为五个阶段，因此，未来在创业计划的生命周期划分上可以更深一层探究。

5.2 创业计划书的内容

目前，创业计划书的编写已经基本形成了相对固定的格式和规范，同时也形成了被大多数创业者广泛采用的基本内容框架。

5.2.1 创业计划书的编写格式和规范

完整的创业计划书应至少包括以下几项核心组成部分。

（1）创业计划书的封面。封面的设计要新颖，给别人尤其是风险投资者以耳目一新的感觉，并且封面上要载明创业项目的名称和创业者的名字、联系方式等。

（2）目录表。该目录表要载明创业计划书中各个组成部分的详细页码位置，以便查阅者迅速找到自己感兴趣的内容。

（3）创业摘要和创业计划书的各个主要组成部分（表 5-3）。创业摘要虽放在创业计划书的最前面，但是它却不是创业计划书的前言部分，而是整个创业计划书的精华和核心，因此创业者应以最简练的语言来展示整个创业计划书的要点。创业摘要一般包括公司名称、主要产品和业务、市场简要分析、营销计划、生产计划、资金需求以及管理者和团队建设等。创业计划书的各个主要组成部分应该尽量详细和周密，以显现出创业者的完整思路，也让投资者能全面深入地了解创业项目。

表 5-3 创业计划书的核心内容

1. 摘要	创业计划的主要内容和主要目标
2. 企业介绍	企业理念，企业的基本现状，企业发展规划
3. 产品	产品的基本性能、竞争优势、市场前景，品牌和专利，产品的研究和开发情况，新产品开发的计划和成本分析
4. 市场分析和营销策略	市场分析和预测，目标市场营销策略
5. 产品制造	产品生产制造方式，生产设备情况，质量控制
6. 管理团队	企业的管理结构，主要管理人员的相关情况，激励和约束机制

续表

7. 财务管理	企业过去 3 年的财务情况和今后 3 年的发展预测，企业的融资计划
8. 附录	附件，附图，附表

资料来源：葛建新. 创业学[M]. 北京：清华大学出版社，2004（有改动）

（4）附录和图表。附录中可以加入详细的资金预算计划、产品生产计划、市场拓展计划、公司创始人的详细简历等。创业计划书中的各种图表，则以形象直观的方式向投资者展示创业计划的核心内容。

另外，创业计划书的编写要尽可能精益求精、形式完美、语句清晰流畅且富有感染力。

创业计划书的篇幅长短不一，并没有明确的规定。如果创业者开创的是一个全新的行业或者要向重要的风险投资人推介创业项目，那么创业计划书要尽可能详细周密，从而篇幅就可能会很长，以便让风险投资人确定冒如此之大的风险是非常值得的；如果只是一般的创业项目或者企业内部管理使用的创业计划书，则尽可能简短明了，把核心内容讲清楚就可以了。因为大多数的风险投资者或者阅读创业计划书的人，都是经验丰富且工作很忙的人，他们很清楚创业计划书的核心问题是什么，所以一般情况下，创业计划书不要长篇大论，能够以清晰的方式解答市场新机会、产品新特征、营销新理念就可以了。

创业计划书在形式上可以称得上是一份完整的商业文件，所以不宜用特别艳丽出格的图表，也不宜用十分夸张的文字语言来表述，在书写表述中，要实事求是、言语中肯、思路缜密，着重展示新创办企业的价值和优势，以便给风险投资者和其他对本项目感兴趣的人留下非常好的第一印象。

创业计划书的形式可以多种多样，一般情况下做成 Word 文档并且打印出来形成纸质文稿最好。但是随着现代办公工具和软件的飞速发展，创业计划书的表现方式越来越多样化，如 PPT 幻灯片演示并结合语言和图像，让观看者更加直观地感受到创业者的思路和创业计划的精髓。不可否认，现在创业计划书的表现形式越来越倾向于纸质文稿外加 PPT 幻灯片演示。

5.2.2　创业计划书的基本要素

创业计划书的编写因人因行业的不同而存在巨大的差异，但是一般认为，创业计划书必须包含以下一些基本要素，以便投资人和其他相关人员了解新创办的企业。

1. 纲要

这一部分要明确提出你的想法，要吸引阅读者的注意力，说明你的想法是一个好的想法，会为客户创造价值，这是一个值得去实施的想法。这一部分不需要展开，只要建立一个结构框架，1～2 页篇幅就可以了。

2. 公司概要

公司概要指这个公司要做什么，这个公司是一个什么样的公司，不是一个什么样的公司。如果有大量的事你都要去做，那就太宽泛了，因此要指出你不是一个什么样的公司。

3. 创业者的想法

这是计划中最重要的一部分。你应在这部分介绍你的产品或服务是什么，站在客户的角度来看，这个产品或服务是不是有价值。举个例子，有这样一份由医学院学生制订的创业计划书。他们的目标市场是为美国医学院的学生提供寻呼机和一些技术类产品。这样的定位还是比较准确的，可是在这份计划书的最后，他们又列举了出售这些产品的 10 个网站。但是在他们的计划书中就没有明确指出他们和那 10 个网站有什么不同，他们的价值比那 10 个网站高在哪里。这样的创业计划书就算不上很完美。

此外，也要说明你是不是这个技术领域里唯一掌握这项技术的，或是这个技术领域里较早推出这种技术的，并获得了一种专利。

这部分，你不必非常具体地提出你的产品，但需要指出怎样生产这些产品，如何提供这些服务，需要什么样的雇员，需要他们有什么样的背景。你可以用对比的方法来说明，如你的想法是要在网上售书，你就可以说要成为像亚马逊这样的公司，因为大家对这样的公司很熟悉，一下就能明白你的意思。

4. 市场和行业

你的想法在市场上能否奏效？这个市场的发展有多快？这是一个集中的市场，还是一个分散的市场？你的目标市场在哪里？美国公司和中国公司有很大的差别，一些中国公司认为它能够向每个人提供自己的产品或服务才算得上成功，事实上，这是不太可能的。而美国和欧洲的公司则会认清自己的目标市场，为特定的目标市场提供专门的产品或服务。所以，我特别建议大家在计划书中一定要明确指出你们的目标市场在哪里。这样在执行时会比较容易，你能够针对你的目标市场展开你的营销活动和促销活动。例如某公司生产一种新型的椅子，专门针对拥有大家庭的客户，因为这种椅子使得这种家庭清洁起来十分方便。于是它们在确定目标市场时，就提出一个问题，在美国的城市里有多少 4 个孩子以上的大家庭？通过调查，它们发现在盐湖城等 4 个城市拥有数量最多的大家庭。于是这个公司把它的产品主要向这 4 个城市推出，结果非常成功。还有，你对销售所做出的预测一定要让人认为是比较可信的。还是以那个椅子的例子，如果你定出的销售目标是 3 亿把椅子，别人一听就无法相信。因为这就意味着在美国每人每年都要买一把这样的椅子，这是令人无法相信的。

另外，在这部分一定要提到的是你的竞争者，他们在做什么？他们的主要客户是谁？他们是否在盈利？等等。

5. 市场营销

你如何将这些产品或服务递交到客户手中呢？例如，如果你面对的客户是消费者，那么你就要注重广告这方面；如果你面对的客户是企业，你就要注重销售人员这方面。在这里，最重要的是如何制定价格。对于新创公司来讲，公司是否盈利很大程度上取决于你的价格。例如，某个商业计划的目标是为经销商建立电子商务平台，使顾客直接向厂商订货，这种方式可为供需双方节省的费用占交易额的2%。他们确定的电子商务平台的服务价格是交易总额的1%，这样就能吸引供需双方在平台上进行交易，而1%的平台服务费足以让平台产生较好的利润，这是一个多赢的决策。

6. 管理队伍

风险投资公司对你投资与否，很大一部分取决于管理人员的素质。你应该指出你在运营这家公司时需要什么人来管理，你需要付给他们多少报酬。一般来讲，风险投资公司要付给管理人员10%的股权，这样会给他们一种激励，让他们尽力发展公司，同时他们的工资就会略微降低，因为他们获得了股权的薪酬。实际上，许多非常成功的公司在起家时通常是由3个具有不同能力的人创立的，其中一个人是负责技术的，一个是负责融资的，最后一个是通晓市场营销事务的，这样3个不同背景的人组成的公司比较容易成功。

7. 学习途径

任何一个计划在最初都不可能十分完善，需要随着时间的推移而逐步完善。因此你应该指出将会面临哪些挑战及如何应付这些挑战。

8. 5年财务计划

这一部分怎么强调也不为过。财务计划并不仅限于财务方面，还包括许多重要内容。举个主机托管的例子，在建立财务模型时，首先问交易量是多少，每一个服务器的交易是多少，每个服务器的价格是多少，这些收入是怎么来的，所占市场份额有多大，每一个服务器的定价是多少，收款的方式是怎样的，是否会形成大量应收账款，公司的现金流是否能够支撑公司的正常运转，等等。

9. 机会及风险

你的风险有多大？风险来自各个方面，有市场风险，有执行计划中的风险。在计划书中你不仅要一一列出这些风险，还要告诉阅读者面对这些风险你会做出哪些反应，要根据不同风险制订出不同的方案。

10. 筹资需要

你需要多少资金？你在什么时候需要这些资金？投资者希望你能逐渐投入这些资金，而不是刚建立公司时就大量投进去。作为一个创业者，在选择投资者时要非常谨慎。在今天，金钱已经成为一种商品，你在任何地方都能得到这种商品，但是更重要的是金钱以外的东西。实际上投资者不仅能带来资金，他们还能带来政府关系和技术服务等。所以你在一开始就要想清楚你要投资者给你带来什么。

以上这些问题都是风险投资家非常感兴趣的，同时也是创业者必须面对的现实问题。一份详细周密的创业计划书必须涵盖上述问题并且给出圆满的解答。这个世界上每分钟都会有无数的创业计划被风险投资家拒绝。但是，如果创业者在创业计划书中能切实解决好上述问题，则创业计划被风险投资家接受的概率将会大大增加。

知识链接

创业计划书的基本结构

第一部分：概述

概述部分要明确说明公司的现状与历史沿革、业务和发展目标，产品或服务是什么，公司的产品或服务有哪些竞争优势，企业管理团队的素质和发展变化情况。

第二部分：产品或服务

精确描述公司要推出的产品或服务，重点描述产品或服务的用途和好处，有关产品的专利、著作权、政府批文等。

第三部分：市场

详细说明现在和将来的市场状况，提供充分的市场调查数据和相关假设，描述市场的变化趋势和增长潜力，说明每个细分目标市场及其客户。

第四部分：竞争

分析现有的和将来的竞争对手，他们的强项和弱处，以及本公司的优势和战胜竞争对手的方法。如果是进入一个已有竞争对手的市场，要分析竞争对手会对本公司的进入做出什么反应；如果是进入一个新市场，要预测其他对手将如何跟随进入这个市场。

第五部分：营销

对每个细分目标市场做出特定的营销计划，说明如何接触客户、争取客户使用公司的产品并保持市场占有率。

第六部分：管理团队

详细描述管理团队组成人员的背景资料，包括其经验、能力和专长。尤其要对总经理、技术主管、营销主管、财务主管的人选情况进行说明。

第七部分：投资说明

对投资形式明确且具体地阐述意见。如所需资金的额度及用途，以后融资的设想，风险投资参与投资后的股权分配情况及参与公司管理的方式。

第八部分：财务预测

现有的公司财务报表、投资后5年的财务预测报表（前两年的营业收入和费用现金流量表用月报的方式做出预测），投资需求及如何使用这些资金，每年的预算。做财务预测要有一定的预测基础，避免完全的想象。

第九部分：风险因素

对于公司以后发展中可能面临的风险因素进行正面描述，并提出应对办法。如管理团队经验不足、市场发展的不确定性、技术开发不成功的可能、实验室阶段批量化生产的不确定性、关键人物离去对企业的影响等。

第十部分：资本退出

说明希望风险投资的变现方式，如股票上市、股权转让给行业内大公司（若确有这种设想请列出有可能的公司名称）、股权回购（按预先商定的方式买回投资者在公司的权益）。

第十一部分：附件

提供综合介绍公司的有关文献，所处行业的相关资料、统计数据以及其他能够帮助我们了解公司的材料。

5.2.3 创业计划书的核心内容

根据上述创业计划书的基本要素，我们可以大致总结出创业计划书的核心内容。目前，关于创业计划书的核心内容具体应该包括哪些，还没有一个通用的框架结构。但是，纵观大多数创业者的创业计划书，我们可以发现创业计划书的若干必要组成部分。其具体包括如下方面。

1. 计划摘要

计划摘要列在创业计划书的最前面，它是创业计划书的精华。计划摘要涵盖了计划的要点，以求一目了然，以便读者能在最短的时间内评审计划并做出判断。计划摘要一般包括以下内容：公司介绍，主要产品和业务范围，市场概貌，营销策略，销售计划，生产管理计划，管理者及其组织，财务计划，资金需求状况等。在介绍企业时，首先要说明创办新企业的思路、新思想的形成过程以及企业的目标和发展战略。其次，要交代企业现状、过去的背景和企业的经营范围。在这一部分中，要对企业以往的情况做客观的评述，不回避失误。中肯的分析往往更能赢得信任，从而使人容易认同企业的创业计划书。最后，介绍一下创业企业家自己的背景、经历、经验和特长等。企业家的素质对企业的成绩往往起关键性的作用。在这里，企业家应尽量突出自己的优点并表示自己强烈的进取精神，以给投资者留下一个好印象。在计划摘要中，企业还必须回答下列问题。

（1）企业所处的行业，企业经营的性质和范围。

（2）企业主要产品的内容。

（3）企业的市场在哪里，谁是企业的顾客，他们有哪些需求。

（4）企业的合伙人、投资人是谁。

（5）企业的竞争对手是谁，竞争对手对企业的发展有何影响。

计划摘要应尽量简明、生动，特别要详细说明自身企业的不同之处以及企业获取成功的市场因素。如果企业家了解企业所做的事情，摘要仅需两页纸就足够了。如果企业家不了解企业正在做什么，摘要就可能要写10页纸以上，而摘要过长不容易吸引投资者的眼球。

2. 产品（服务）介绍

在进行投资项目评估时，投资者最关心的问题之一就是，创业企业的产品、技术或服务能否以及在多大程度上解决现实生活中的问题，或者创业企业的产品（服务）能否帮助顾客节约开支、增加收入，实现顾客价值。因此，产品（服务）介绍是创业计划书中必不可少的一项内容。通常，产品介绍应包括以下内容：产品的概念、性能及特性，主要产品介绍，产品的市场竞争力，产品的研究和开发过程，发展新产品的计划和成本分析，产品的市场前景预测，产品的品牌和专利。在产品（服务）介绍部分，企业家要对产品（服务）做出详细的说明，说明要准确，也要通俗易懂，使不是专业人员的投资者也能明白。一般来说，产品（服务）介绍都要附上产品原型、照片或其他介绍。产品（服务）介绍必须要回答以下问题。

（1）顾客希望企业的产品能解决什么问题，顾客能从企业的产品中获得什么好处？

（2）企业的产品与竞争对手的产品相比有哪些优缺点，顾客为什么会选择本企业的产品？

（3）企业为自己的产品采取了何种保护措施？企业拥有哪些专利、许可证，或与已申请专利的厂家达成了哪些协议？

（4）为什么企业的产品定价可以使企业产生足够的利润？为什么用户会大批量地购买企业的产品？

（5）企业采用何种方式去改进产品的质量、性能？企业对发展新产品有哪些计划？

产品（服务）介绍的内容比较具体，因而写起来相对容易。虽然夸赞自己的产品是推销所必需的，但应该注意，企业所做的每一项承诺都要努力去兑现。要牢记，企业家和投资家所建立的是一种长期合作的伙伴关系。空口许诺，只能得意于一时。如果企业不能兑现承诺，不能偿还债务，企业的信誉必然要受到极大的损害，因而是真正的企业家所不屑的。

3. 团队人员及组织结构

有了产品之后，创业者接下来要做的就是组成一支有战斗力的管理队伍。企业管理的好坏，直接决定了企业经营风险的大小。而高素质的管理人员和良好的组织结构则是管理好企业的重要保证。因此，风险投资家会特别注重对管理队伍的评估。企业的管理人员应该是互补型的，而且要具有团队精神。一个企业必须拥有负责产品设计与开发、市场营销、生产作业管理、企业理财等方面的专门人才。

在创业计划书中，必须要对主要管理人员加以阐明，介绍他们所具有的能力，他们在本企业中的职务和责任，他们过去的详细经历及背景。此外，在这部分中，还应对公司结构做简要介绍，包括：公司的组织机构图，各部门的功能与责任，各部门的负责人及主要成员，公司的薪酬体系，公司的股东名单，包括认股权、比例和特权，公司的董事会成员，各位董事的背景资料。

4. 市场预测

当企业要开发一种新产品或向新的市场扩展时，首先就要进行市场预测。如果预测的结果并不乐观，或者预测的可信度让人怀疑，那么投资者就要承担更大的风险，这对多数风险投资家来说都是不可接受的。市场预测首先要对需求进行预测：市场是否存在对这种产品的需求？需求程度是否可以给企业带来所期望的利益？新的市场规模有多大？需求发展的未来趋向及其状态如何？影响需求的因素有哪些？其次，市场预测还要对市场竞争的情况——企业所面对的竞争格局进行分析：市场中主要的竞争者有哪些？是否存在有利于本企业产品的市场空白？本企业预计的市场占有率是多少？本企业进入市场会引起竞争者怎样的反应，这些反应对企业会有什么影响？等等。

在创业计划书中，市场预测应包括以下内容：市场现状综述，竞争厂商概览，目标顾客和目标市场，本企业产品的市场地位，市场区分和特征，等等。创业企业对市场的预测应建立在严密、科学的市场调查基础上。创业企业所面对的市场，本来就是变幻不定、难以捉摸的。因此，创业企业应尽量扩大收集信息的范围，重视对环境的预测和采用科学的预测手段与方法。创业企业家应牢记的是，市场预测不是凭空想象出来的，对市场错误的认识是企业经营失败的最主要原因之一。

5. 营销策略

营销是企业经营中最富挑战性的环节，影响营销策略的主要因素有：①消费者的特点；②产品的特性；③企业自身的状况；④市场环境方面的因素。最终影响营销策略的则是营销成本和营销效益因素。

在创业计划书中，营销策略应包括以下内容：①市场机构和营销渠道的选择；②营销队伍和管理；③促销计划和广告策略；④价格决策。

对创业企业来说，由于产品和企业的知名度低，很难进入其他企业已经稳定的销售渠道中。因此，企业不得不暂时采取高成本低效益的营销战略，如上门推销、大打商品广告、向批发商和零售商让利，或交给任何愿意经销的企业销售。对发展企业来说，它一方面可以利用原来的销售渠道，另一方面也可以开发新的销售渠道以适应企业的发展。

6. 生产制造计划

创业计划书中的生产制造计划应包括以下内容：产品制造和技术设备现状，新产品投产计划，技术提升和设备更新的要求，质量控制和质量改进计划。在寻求资金的过程中，为了增大企业在投资前的评估价值，创业企业家应尽量使生产制造计划更加详细、可靠。一般地，生产制造计划应回答以下问题：企业生产制造所需的厂房、设备情况如何；怎样保证新产品在进入规模生产时的稳定性和可靠性；设备的引进和安装情况，谁是供应商；生产线的设计与产品组装是怎样的；供货者的前置期和资源的需求量；生产周期标准的制定以及生产作业计划的编制；物料需求计划及其保证措施；质量控制的方法是怎样的；相关的其他问题。

7. 财务规划

财务规划需要花费较多的精力来做具体分析，其中包括现金流量表、损益表的制备和资产负债表。流动资金是企业的生命线，因此企业在初创或扩张时，对流动资金需要有预先周详的计划和进行过程中的严格控制；损益表反映的是企业的盈利状况，它是企业在一段时间运作后的经营结果；资产负债表则反映在某一时刻的企业状况，投资者可以用资产负债表中的数据计算比率指标来衡量企业的经营状况以及可能的投资回报率。

财务规划一般包括以下内容：①创业计划书的条件假设；②预计的资产负债表；③预计的损益表；④现金收支分析；⑤资金的来源和使用。

可以这样说，一份创业计划书概括地提出了在筹资过程中创业企业家需做的事情，而财务规划则是对创业计划书的支持和说明。因此，一份好的财务规划对评估创业企业所需的资金数量、提高创业企业取得资金的可能性是十分关键的。如果财务规划准备得不好，会给投资者以企业管理人员缺乏经验的印象，降低创业企业的评估价值，同时也会增加企业的经营风险。那么如何制订好财务规划呢？这首先要取决于创业企业的远景规划，是为一个新市场创造一个新产品还是进入一个财务信息较多的已有市场呢？着眼于一项新技术或创新产品的创业企业不可能参考现有市场的数据、价格和营销方式。因此，它要自己预测所进入市场的成长速度和可能获得的纯利，并把它的设想、管理队伍和财务模型推销给投资者。而准备进入一个已有市场的创业企业则可以很容易地说明整个市场的规模和改进方式。创业企业可以在获得目标市场的信息的基础上，对企业前一年的销售规模进行规划。

企业的财务规划应保证和创业计划书的假设相一致。事实上，财务规划和企业的生产计划、人力资源计划、营销计划等都是密不可分的。要完成财务规划，必须要明确以下问题：①产品在每一个期间的发出量有多大？②什么时候开始产品线扩张？③每件产品的生产费用是多少？④每件产品的定价是多少？⑤使用什么分销渠道，所预期的成本和利润是多少？⑥需要雇用哪几种类型的人？⑦雇用何时开始，工资预算是多少？等等。

案例拓展

云南攀迪有限公司创业计划书（摘要）

一、项目背景

（1）随着药品食品安全及“回归自然”“绿色消费”健康意识的增强，国际上对天然植物药（国内指中药）日益重视，人们对低含量农药残留和高含量功效成分的优质药材需求日益倍增。

（2）目前全球植物药市场年销售额约300亿美元，并以每年10%～20%的速度递增，我国出口仅约23亿美元，其中中药材交易额占比不到全球的10%，大多因为农药残留含量过高而被限制出口。

（3）西方许多国家已把以中草药为主的天然药物研发作为战略性产业，推动中医药国际化，药材质量提高标准为必然趋势，这也正是本公司的定位和市场切入点。

二、项目介绍

（1）本公司与当地政府联合，对天然中药材资源进行生产性保护，科学规范地对野生中药材进行统一开发、采收，公司分级加工，为海内外中药市场提供优质、高端、可溯源中药材及饮片。

（2）运用本公司行业领先的生物防控技术对天然中药材资源进行珍稀濒危物种保护，建立大宗和濒危药材品种“野生变家种”的生物防控技术育苗基地，引导当地农户规模化种植，进而向全国种植行业推广。

（3）生物防控技术的拓展。以降低农药残留为目标的生物防控技术，从中草药种植领域，拓展到农副果蔬产品种植领域。

三、产品和服务

（1）通过对野生中药材及红景天、重楼、贝母、秦艽、天麻、当归、云木香等名贵药材规模化家种产品的统一采收、加工，提供可溯源的优质药材和高端饮片，填补行业需求剧增的一大缺口。

（2）运用生物防控技术，为广大中药材规模化种植领域[全国现有约260万亩（1亩≈666.67平方米），“十二五”规划增至500万亩]及农副产品种植领域提供技术指导和服务。

四、竞争优势

（1）直接竞争对手如同仁堂、云南白药、广州药业、三九医药、金陵药业、太极集团等大型企业，它们均有规模化GAP（good agriculture practice，良好农业规范）认证的中药种植基地，但是仍处于自供不足状态，而且均为单独直投式片区种植，成本居高不下；而本公司运用生物防控技术指导种植，并以“本公司加农户”合作形式规模化种植，统一采收，极大地降低了种植生产成本。

（2）本公司的核心竞争力。本公司的生物防控种植技术完全不用农药和化肥，技术上处于行业领先水平，产品农药残留远远低于国际标准，并提高了产品的产量和质量。

（3）当地野生中药材的蕴藏量种类丰富，资源得天独厚，本公司选择当地的野生地道药材品种，就地引种，就地抚育，使野生变家种，产品功效含量接近，并以公司加农户模式规模化种植和生产。

（4）目前本公司是唯一一家与当地政府签约，对当地所有归属地药材统一采收的单位。

（5）生物防控中药材种植基地已达成意向成为中国中药材种养殖专业委员会研发基地和中科院生物农药、有机肥料示范基地。

五、运作模式

（1）本公司在当地建立中药饮片厂，与当地政府联合成立中药材检测收购机构，对野生和规模化种植的中药材统一收购（已签署长期合同）。

（2）建设生物防控技术下的中药材种植育种、示范基地，推广指导农户规模化中药材种植，并签署合作协议；将生物防控技术在全国中药种植领域推广（在近两年中国中药材种植养殖全国会议上得到广泛的认可和支持），进而跨入农副果蔬种植领域（正在进行试验）。

（3）直接与中药生产厂家签署供销合同（大宗及名贵药材已与相应几个大厂家达成合作意向。如供云南白药的重楼）。

（4）高端饮片重点销往中国台湾、日本、韩国（与中国台湾多家科研院所、医院、药商等达成合作意向，与日韩有几次交流）。

六、财务预计

（1）中药材销售。

中药材销售预计财务收入见表1。

表1　中药材销售预计财务收入

年份	第1年	第2年	第3年	第4年	第5年
野生药材量/kg	20 000	100 000	160 000	180 000	200 000
种植药材量/kg	1 000	80 000	800 000	2 000 000	4 000 000
销售收入/元	7 000 000	40 000 000	200 000 000	500 000 000	1 000 000 000
净利润/元	2 000 000	12 000 000	55 000 000	125 000 000	200 000 000

（2）生物防控技术的技术指导和服务。

生物防控技术的技术指导和服务预计财务收入见表2。

表2　生物防控技术的技术指导和服务预计财务收入

年份	第1年	第2年	第3年	第4年	第5年
服务数量/亩	基地建设	100 000	500 000	1 000 000	2 000 000
净利润/元	0	6 000 000	30 000 000	60 000 000	120 000 000

七、融资计划

计划融资1000万元，主要用于中药材饮片加工厂建设、生物防控种植基地建设和采购营运流动资金。

八、经营团队

林宝才：任本公司总经理。

简介：幼年跟师从医30余年；具有丰富的中药知识和中医临床经验。福州华仁堂本公司董事长总经理，拥有12年从事中医药和企业经营管理的成功经验；牛初乳国家标准制定发起人之一，对行业发展独具观点。

童应华：任本公司生物防控技术总负责人。

简介：福建农林大学教授，研究生导师，学生出众；从事昆虫和植物病虫害防治研究二十余年，成果丰硕；上市公司永林集团特聘病虫害防治专家组组长，成就卓越。

王卫权：任本公司顾问。

简介：中国中药协会中药材种植养殖专业委员会理事长、秘书长；国家中药材评委会专家评委。

5.3 创业计划书的编写

一份优秀的创业计划书从开始创意到编写完成都需要创业者投入极大的时间和精力，但是鉴于创业计划书对于创业成功的重要作用，因此值得创业者努力去做好。

5.3.1 创业计划书的编写原则

创业计划书是创业计划的书面表述，针对不同的读者其表述形式应该有所差异。但是创业计划书的首要任务是募得创业资金，因此以下从风险投资者的角度来分析一下创业计划书的编写原则。

1. 创业计划书的思路要循序渐进

创业计划不是一个简单的计划，它是指导企业运行的一个管理工具。在企业建立之初，创业计划书的主要功能是吸引投资者、吸引雇员，但这并不是说只要做到吸引投资者和雇员就行了，还应在计划中确定目标和里程碑，以指导未来的工作。例如，每月要获得多少个客户等。创业计划书不仅要说服投资者，对客户、供应商和雇员也应具有指导作用。

2. 创业计划书的内容要清晰明了

某些创业者写的创业计划书长篇累牍、数据烦琐、表述不清、面面俱到，但却没有明确说出创业观点、创业思路是什么，最后必然遭到风险投资者的否决，所以编写创业计划书一定要清晰明了地把主要内容亮出来。

3. 创业计划书的观点要客观

创业计划书不要用大量炫目的形容词来说明这个市场是多么巨大，而要实事求是地说明有哪些市场机会，让投资者切实感觉到创业机会的存在而不是感觉虚无缥缈、虚张声势。

4. 创业计划书的语言要通俗易懂

一些创业者写的创业计划书中充斥了大量的技术术语，这些技术术语确实重要，但是技术术语是给专业人士看的，风险投资家以及普通读者更加关心这些创业计划能为自身创造多大价值，所以创业者一定要把创业计划书写得通俗易懂。

5. 创业计划书的书写风格前后要一致

创业者在书写创业计划书时，无论是计划书前后分析问题的思路还是分析市场和预算收益时所列举的数据，都要前后对照一致，这样才不至于引起阅读者的误解。否则，将造成阅读者对创业者的严谨性持怀疑态度。

6. 创业计划书的各项计划进度安排要严谨周密

创业计划书中针对创业过程中的各项活动都要有详细的进度安排，这些进度安排既要符合客观实际，又要严谨周密，否则会给风险投资家留下不切实际、闭门造车的印象，从而导致创业计划书被否决。

知识链接

创业计划书的编写原则

第一，开门见山，打动人心。

要开门见山地切入主题，用真实简洁的语言描述你的想法，不要浪费时间去讲与主题无关的内容，并要表现你的语言的煽动力，从而展现你的领导才能。

第二，注意细节，自信诚恳。

尽可能地收集更多资料，对于市场前景、竞争优势、回报分析等要从多角度加以分析和总结，对于可能出现的困难或问题要有足够的认识和预估，同时准备多位顾客的事前采购协议，帮助投资者强化项目可行性认识。

第三，脉络清楚，条理分明。

尽可能按照如何实现营业循环和盈利来设计创业计划书，这样能够让你的条理性更清楚。投资者往往会在创业计划书看了一半的时候，向你提问前面或后面的问题，甚至是你没有想到的新问题。如果没有成熟的思考脉络，你很可能无言以对。

5.3.2 创业计划书的编写重点

那些既不能给投资者以充分的信息也不能使投资者为之激动的创业计划书，其最终结果只能是被扔进垃圾箱。因此，为了确保创业计划书能“击中目标”，创业者在编写创业计划书时应突出以下几个重点。

1. 时刻关注产品

在创业计划书中，应提供所有与企业的产品或服务有关的细节，包括企业所实施的所有调查。这些问题包括：产品正处于什么样的发展阶段？它的独特性怎样？企业分销产品的方法是什么？谁会使用企业的产品，为什么？产品的生产成本是多少，售价是多少？企业发展新的现代化产品的计划是什么？把投资者拉到企业的产品或服务中来，这样投资者就会和创业者一样对产品或服务有兴趣。在创业计划书中，企业家应尽量用简单的词语来描述每件事——商品及其属性的定义对企业家来说是非常明确的，但其他人却不一定清楚它们的含义。编写创业计划书的目的不仅是要投资者相信企业的产品会在世界上产生革命性的影响，同时也要使他们相信企业有证明它的论据。

2. 敢于参与竞争

在创业计划书中，创业者应细致分析竞争对手的情况。竞争对手都是谁？他们的产品是如何工作的？竞争对手的产品与本企业的产品相比，有哪些相同点和不同点？竞争对手所采用的营销策略是什么？要明确每个竞争者的销售额、毛利润、收入以及市场份额，再讨论本企业相对于每个竞争者所具有的竞争优势，要向投资者展示，顾客偏爱本企业的原因是：本企业的产品质量好、定位适中、价格合适等，创业计划书要使它的阅读者相信，本企业不仅是行业中的有力竞争者，而且将来会是确定行业标准的领先者。在创业计划书中，企业家还应阐明竞争者给本企业带来的风险以及本企业所采取的对策。

3. 详尽了解市场

创业计划书要给投资者提供企业对目标市场的深入分析和理解。要细致分析经济、地理、职业以及心理等因素对消费者选择购买本企业产品这一行为的影响，以及各个因素所起的作用。创业计划书中还应包括一个主要的营销计划，计划中应列出本企业打算开展广告、促销以及公共关系活动的地区，明确每一项活动的预算和收益。创业计划书中还应简述企业的销售战略：企业是使用外面的销售代表还是使用内部职员？企业是使用转卖商、分销商还是特许商？企业将提供何种类型的销售培训？此外，创业计划书还应特别关注销售中的细节问题。

4. 表明行动方针

企业的行动方针应该是无懈可击的。创业计划书中应该明确下列问题：企业如何把产品推向市场？如何设计生产线，如何组装产品？企业生产需要哪些原料？企业拥有哪些生产资源，还需要什么生产资源？生产和设备的成本是多少？企业是买设备还是租设备？解释与产品组装、储存以及发送有关的固定成本和变动成本的情况。

5. 展示团队力量

把一个思想转化为一个成功的创业企业，其关键的因素就是要有一支强有力的管理队伍，这支队伍的成员必须有较高的专业技术知识、管理才能和多年工作经验。在创业计划书中，应首先描述整个管理队伍及其职责，然后分别介绍每位管理人员的特殊才能、特点和造诣，细致描述每位管理人员将对公司所做的贡献。创业计划书中还应明确管理目标以及组织机构图。

6. 出色的计划摘要

创业计划书中的计划摘要必须能让读者有兴趣并渴望得到更多的信息，它将给读者留下长久的印象。计划摘要包括对公司内部的基本情况，公司的能力以及局限性，公司的竞争对手、营销和财务战略，公司的管理队伍等情况的简明而生动的概括。如果公司是一本书，计划摘要就是这本书的封面，计划摘要做得好就可以把投资者深深吸引住，计划摘要做得不好，投资者就可能没有继续读下去的欲望。

5.3.3 创业计划书的编写技巧

风险投资者每天从各种渠道收到的创业计划书很多，但是每天能用来看创业计划书的时间却是有限的。所以建议创业计划书最好用 PPT 做。一方面 PPT 图文排版更方便、表现更丰富，方便讲清楚创业项目；另一方面 PPT 一般是按页查看，让人更有耐心去了解。创业计划书的内容大概在 20 页，不要刻意控制页数，着重把每项内容讲清楚。以下列举一些创业计划书的编写技巧，仅供参考。

第一部分（2～3 页）：讲清楚你要做什么。用 2～3 页 PPT 讲清楚你准备干一件什么事。不要整页 PPT 都是大段文字，你要做的事应该是一两句话就能说清楚的。最好能配上简单的上下游图或功能示意图，让读者对你的项目一目了然。这里的核心是要突出专注，表明你就想做一件事，而且就想解决这件事中的某一个关键问题。不要追求大而全，也不要产业链太长。

另外，目前商业巨头要做的项目或者已经有几家都在竞争且获得较好融资的项目不要去做。这样的项目已经有太多失败的教训，风险投资者对此不感兴趣。

第二部分（4～6 页）：介绍行业背景、市场现状。用 4～6 页 PPT 讲清楚行业背景、市场发展趋势、市场空间。要说明你在正确的时间做正确的事，而且市场空间大。着重描述在目前的市场背景下，你的项目抓住了一个市场空白，或者你的项目可以为用户带来更高性价比的产品或服务。尽量列出与竞争对手的对比分析，表明当前的商业机会。

第三部分（5～10 页）：如何做，以及现状。用 5～10 页 PPT 讲清楚商业模式实现的具体方案，包括产品的研发、生产、市场、销售策略。

第四部分（2～3 页）：介绍你的团队。用 2～3 页 PPT 讲清楚团队的股份和分工。团队要有合理分工，需要介绍团队主要成员的背景和特长。注意要强调团队中个人的能力适合某岗位，团队的组合适合创业项目。

第五部分（1～2 页）：强调优势。用 1～2 页 PPT 讲清楚你的项目以及团队的优势。让投资者相信你要做的事非常有前景，而且你们团队很适合这个项目。注意回答好两个问题：“为什么是现在做这个项目？”“为什么你们能做成功？”

第六部分（2～3 页）：财务预测与融资计划。用 2～3 页 PPT 讲清楚前 3 年的财务情况，以及后 3 年的财务预测。早期项目的盈利不重要，投资者主要对高增长性项目感兴趣。着重表明你的融资计划，需要多少资金。资金需求一般做一年规划，这一年创业项目要达成什么目标，达成这个目标需要多少预算。

5.3.4 创业计划书的检查与评估

在创业计划书编写完成之后，创业者要对创业计划书再检查一遍，看一下该计划书是否能准确回答投资者的疑问，增强投资者对本企业的信心。通常，可以从以下几个方面对创业计划书加以检查。

（1）创业计划书是否显示出创业者具有管理公司的经验。

（2）创业计划书是否显示出创业者有能力偿还借款。

（3）创业计划书是否显示出创业者已进行过完整的市场分析。

（4）创业计划书是否容易被投资者所理解。

（5）创业计划书是否把计划摘要写好并放在了最前面。计划摘要相当于公司创业计划书的封面，投资者首先会看它。为了激发投资者的兴趣，计划摘要应写得引人入胜。

（6）创业计划书是否在文法上全部正确。计划书的语法错误和排印错误将很快使创业者可能的机会丧失。

（7）创业计划书能否打消投资者对产品或服务的疑虑。如果需要，你可以准备一件产品模型。

知识链接

成功撰写创业计划书的几点建议

（1）一定要自己做。没有人可以代替你制订你的计划。

（2）投资者关心财务状况，但更关心能够实现预期财务目标的战略。

（3）要清楚地显示出与竞争对手的明显差异，不要陷入“我也是”的境况。

（4）明确目标市场，提供顾客真实存在的证据。

（5）认真校对，不要出现错别字和语法错误。

（6）要有现金流预测，这对新创企业的生存至关重要。

（7）保持计划书的整洁、简明扼要，篇幅不要太长。

（8）陈述事实，尽量避免“我认为”“我估计”等主观判断和猜测。

（9）给计划书设计一个有吸引力的封面。

创业计划书要经得起三方面的测试

（1）真实性测试。证明市场是真实存在的，可以在预期的成本水平占领市场。

（2）竞争性测试。要比竞争对手更接近顾客，有能力比竞争对手做得更好。

（3）价值测试。能够真正解决顾客真实存在和关心的问题，能给顾客带来利益，给投资者提供有吸引力的投资回报。

资料来源：张玉利. 创业管理[M].3 版. 北京：机械工业出版社，2015（有改动）

5.3.5 创业计划书编写中的常见错误

创业计划书虽然简短，但是它能够让投资者在较短的时间内决定一个创业项目的生死。因此，若创业计划书在编写过程中出现一些不应有的错误（表 5-4），创业者将面临被投资家拒绝的命运。那么，创业计划书中常见的错误又有哪些呢？

表 5-4 创业计划书不应有的错误及解释

错误	解释
摘要太长而且松散，未能说准要点	摘要应简明扼要又全面，具体见文中案例
没有清楚回答“人们为什么想购买这种产品”	只说产品有价值，却忽视了对潜在顾客的调研
没有对管理团队资格给予清晰的陈述	管理团队的个人简历需用附录具体说明，否则投资者会认为管理团队没有经验
过于乐观的财务预期	盲目乐观会失去可信度，需根据实际调研做出合理预期
界定的市场规模过于宽泛	企业的市场规模应是目标市场，而不是产业市场
隐藏和回避不足与风险	投资者会认为计划不够深入
没有清晰回答产品所处的阶段	说明产品开发工作或是没有真正开展或是不具有合理性
认为没有竞争者	说明缺乏深入、认真的市场调研
任何形式上的错误	排版、语句错误，以及资产负债表的不平衡等

资料来源：张玉利. 创业管理[M]. 3 版. 北京：机械工业出版社，2015（有改动）

（1）创业计划书准备不充分，如缺少封面、关键信息或者打印错误等。

（2）对产品或服务的前景过分乐观，使人产生不信任感。

（3）市场数据或财务数据没有说服力。

（4）计划概要太长且没有抓住重点。

（5）对市场现状、竞争者缺乏深刻的认识。

（6）没有对创业团队给予清晰的陈述，让投资者感觉创业团队没有相关经验。

（7）没有针对性，盲目寻求风险投资者。

任何创业者在编写创业计划书时，都要在充分调研市场的基础上，遵循创业计划书编写的原则，掌握创业计划书编写的技巧，避免创业计划书编写过程中可能出现的错误，并认真对创业计划书进行检查和评估，才能得到风险投资者的青睐并顺利获得风险投资资金，最终实现创业成功。

知识链接

某文物保护材料有限责任公司商业计划书目录

目录

第 1 章 执行总结

1.1 公司简介

1.2 产品技术

1.3 市场与营销

1.4 财务与投资

1.5 组织与人力资源

第 2 章 项目背景

2.1 产业背景

2.2 产品概述
2.2.1 产品
2.2.2 核心技术
2.2.3 产品性能
2.2.4 与国内外同类产品的比较优势
2.2.5 使用现状
2.2.6 应用前景
2.2.7 未来规划
第3章 市场分析
3.1 宏观环境分析
3.1.1 政治环境分析
3.1.2 经济环境分析
3.1.3 社会环境分析
3.1.4 技术环境分析
3.2 自然环境分析
3.3 行业五种竞争力量分析
3.3.1 供应商分析
3.3.2 购买者分析
3.3.3 替代品分析
3.3.4 竞争对手分析
3.3.5 潜在竞争者分析
3.3.6 SWOT 分析
3.3.7 产品竞争力分析
3.4 市场调查
3.4.1 民国文献市场调查
3.4.2 古籍市场调查
3.5 目标市场预测
3.5.1 市场需求预测
3.5.2 未来销量预测
第4章 公司战略
4.1 战略定位
4.1.1 主要业务
4.1.2 主要客户
4.2 总体战略
4.3 竞争战略
4.3.1 差异化战略
4.3.2 低成本战略
4.4 职能战略
4.4.1 营销战略

4.4.2　人事战略
4.4.3　财务战略
4.4.4　生产战略
4.4.5　研发战略
第5章　营销策略
5.1　产品生命周期策略
5.2　产品策略
5.2.1　有形产品
5.2.2　无形产品
5.3　价格策略
5.3.1　定价依据
5.3.2　定价方法
5.4　渠道策略
5.5　促销策略
5.5.1　体验营销
5.5.2　广告策略
5.5.3　人员推销
5.6　销售促进策略
5.6.1　公关策略
5.6.2　客户关系管理
第6章　管理体系
6.1　公司概况
6.1.1　公司概述
6.1.2　公司理念
6.2　组织结构
6.2.1　组织形式
6.2.2　机构设置及其职责
6.3　知识产权管理
6.4　人力资源管理
6.4.1　人力资源配置
6.4.2　人员培训
6.4.3　人员绩效考核
6.4.4　薪酬奖惩
6.5　管理机制
6.5.1　产学研结合
6.5.2　薪酬激励机制
6.5.3　客户关系管理
第7章　生产组织与管理
7.1　厂址选择

7.2　生产过程
7.2.1　生产工艺流程
7.2.2　生产设备及人员要求
7.2.3　成本控制
7.3　产品研发
7.4　生产管理与产品运输
7.4.1　材料外包及采购
7.4.2　厂内生产
7.4.3　质量管理
7.4.4　包装
7.4.5　储运
7.5　环境评价
第 8 章　投资分析
8.1　股本结构与规模
8.2　资金来源与运用
8.3　投资可行性分析
8.3.1　投资假设
8.3.2　经营收入与成本预测
8.3.3　投资收益分析
8.3.4　项目敏感性分析
8.3.5　盈亏平衡点分析
8.3.6　企业经营安全性分析
8.3.7　投资回报政策
8.3.8　净利润与所有者权益
8.3.9　投资资本回报率
第 9 章　财务分析
9.1　主要财务假设
9.2　销售预测
9.3　成本费用核算
9.4　预测利润表
9.5　利润分配表
9.6　资产负债表
9.7　现金流量表
9.8　会计报表分析
9.8.1　经营收入与净利润
9.8.2　重要比率及数据分析
第 10 章　风险评估及对策
10.1　技术风险
10.2　市场风险

案例拓展

基于空间位置的智能掌上美食点餐系统开发
（本创业项目系2015年“挑战杯”江苏省大学生创业竞赛获奖作品，略有删减改动）

项目环境背景

信息化时代的开拓，将信息经济、数字经济、网络经济推向发展的高峰。随着互联网应用的快速增长，网络越来越快地进入千家万户中。网络凭借其卓越的互动性与便捷的交流手段正成为最有发展潜力与前途的新兴媒体。

随着无线网络技术的发展和智能手机终端的普及，人们在日常生活中都希望高效、便捷地解决饮食起居等各方面问题。基于空间位置分布的掌控美食城市智能平台就迎合了人们在就餐方面的需求。开发基于空间位置分布的掌控美食城市智能平台在旅游行业如日中天的当下，同样能成为宣传地方美食文化、提高地方知名度的有效方法。所以开发掌控美食城市智能平台，不仅是地方美食文化发展的需要，也是旅游业和饮食业发展的需要。

项目优势分析

首先，从政策层面看，系统软件、电子商务平台是国家和省市各级政府产业结构调整中重点扶持的行业门类，也是构建智慧城市的重要支撑之一。所以，掌控美食城市智能平台在获得政府层面的政策支持和资金支持方面具有很大的优势。

其次，从市场层面看，随着人们社交需求的日益增长，同学、同事以及亲朋好友聚会就餐成为我国社会生活中常见的社交活动。但是在实际生活中，人们常常为去哪里吃饭、自己心仪的饭店有没有餐位以及有什么样的菜肴而发愁，并且在周末或者节假日就餐时漫长的排队等候也是人们怨声载道的问题，而目前市面上还没有智能软件能对上述问题提出方便快捷的解决方案。基于空间位置分布的掌控美食城市智能平台填补了这一市场空白。

基于空间位置分布的掌控美食城市智能平台首先将一个城市中的重要道路两侧、重要商圈中的餐饮企业纳入平面图中，让就餐者在一张地图中就能非常直观地选择自己满意的就餐地点，选定就餐地点后，就餐者还可以看到该就餐地点的所有桌位分布图，就餐者可以根据就餐人数、就餐时间、个人喜好等关键字预订座位，并可以通过“菜单数据库”浏览该就餐地点所有菜肴品种简介和价位，从而通过终端设备完成点餐。这样所有的操作都可以通过智能终端解决，从而大大减少了人们外出就餐的诸多麻烦和不便。

项目的独特与创新分析

与普通的团购网站不同，掌控美食城市智能平台更加注重的是消费者的个性化需求。当下流行的众多团购网站中覆盖的餐饮商家并不多，并且消费者被吸引往往是因为低廉的价格而非真正的质量，所以商家的忠诚度往往偏低导致回头客较少。这并不能从根本上帮助商家吸引更多的消费者。而基于空间位置分布的掌控美食城市智能平台的开发，强调的是以人为本的个性化服务，更加注重的是对人的关注、个性释放的需求。消费者通过平台，可以依据个人喜好点餐、选定座位，餐后对消费进行评价。当然，也不用担心个性化服务带来的高消费，根据消费者的订餐时间及商家的折扣活动，消费者可以获得可观的优惠。这样，能在一定程度上提高顾客回头率，消费者满意的同时，商家也因此得利，达到多方共赢的效果。

市场特征

信息时代的快速发展对各行业的影响很大，餐饮业也不例外。为提升餐饮业的文化品位和网络餐饮特色，就必须摒弃传统餐饮业低层次的服务方式，走特色美食文化之路。团购网的兴起给餐饮业提供了机遇，虽然一直到 2010 年才开始进入蓬勃发展阶段，但是短暂的百家争鸣过后，目前已经进入团购大佬如美团、窝窝团、糯米团等垄断市场阶段。电子商务发达的今天，快速、简单、便捷、便宜的就餐方式成了大部分消费者的首选。无线网络在城市的大面积覆盖，以及智能手机终端的普及又给消费者们提供了很好的物质基础。基于空间位置分布的掌控美食城市智能平台正是通过大为普及的终端设备，为消费者提供个性化饮食服务。

当下流行的一些美食团购网站能够满足部分消费者的需求，但不能更好地进一步拓宽市场。代金券团购、套餐团购等各式各样的美食团购令人目不暇接，消费者在寻求价格优惠的同时也在寻找更喜欢的美食，而不是局限于团购套餐中的品种。

市场定位

目前，基于空间位置分布的掌控美食城市智能平台主要面向城市重要道路两侧及重要商圈中的知名餐饮企业，这些餐饮企业知名度高，就餐人数相对比较多，通过该系统的推广和应用，可以进一步提高此类餐饮企业的知名度和人气，通过缩短就餐排队等候的时间而增加就餐者的人数，从而实现可观的经济利润。

平台介绍

未来我们要将该 App 软件打造为三维地理信息显示、人工语音导航等前沿技术，全面超越同类软件。三维地理信息显示更加逼真更加人性化，不习惯看二维平面地图的普通老百姓也可以看懂，加上语音导航，更为方便。

平台开发

目前无线网络已经基本遍及城市的各个角落，并且智能手机终端也相当普及，这些都为该软件（网站）的应用提供了很好的物质基础。所以本系统要解决的关键技术问题就是智能地图和数据库的建设。本团队完全有能力结合自身的专业知识设计研发出此类软件。研发小组可以使用 Autodesk Map 创建智能地图，建立一套完整的城市餐馆位置、内部餐位分布的数据库。

平台推广

（1）建立自有销售平台，利用网站、微博、微信、移动客户端的特点，打通社会化营销渠道，提高品牌宣传的渗透度。

（2）二维码应用，实现从线下到线上的无缝连接。

（3）建立强大的用户数据库，通过会员制度，实现用户行为记录分析，建立用户数据库。

（4）增强数据互通，构建通信供应链，实现各系统的数据互通，完善通信供应链。

（5）建立社会化营销渠道，微博、微信、网站、手机客户端都是社会化营销。

创业团队

该软件产品的设计和研发团队主要由熟悉城市规划、网络开发、市场营销的专业技术人员组成。

营销策略

系统研发完成后，对一些试点餐饮企业进行推广，推广期收取少量的系统运营费用，待出现市场效益后，对后续使用该软件系统的餐饮企业收取相关费用。

融资与投资

软件开发属于风险投资，其项目成功与否的不确定性较大，软件工程项目的成本控制、投资回收率等财务管理工作难度也很大。由于软件开发企业的运营存在着极大的经营风险和财务风险，所以必须加强财务管理。

首先，注册一家软件开发公司所需资金主要包括：①最低注册资金 10 万元。只能搞开发、咨询，不能搞销售。②最低注册资金 30 万元。可以搞销售，但不能搞批发。③最低注册资金 50 万元，可以搞批发。

其次，软件数据库也需要资金的维护。费用一般分为 3 个部分：服务器空间（存储网站文字图片内容、程序代码用的）、网站域名的费用、网站页面设计以及后台程序编写的费用，还有就是日常维护的费用。

如果我们的项目用户量较大，那么我们就需要一台自己的服务器，差不多需要 2 万元左右；一个简单的介绍页面建设费用需要 3000 元，年运营费需要 300 元；同时，我们最低需要 1 个美工、2 个程序员、1 个管理人员、1 个策划人员，平均每人每月 5000 元开支，那每月就要 25 000 元，还需要宣传等费用。

财务分析

1. 软件开发成本预测分析的指标

掌上美食软件开发项目的支出，可以分为研究阶段支出和开发阶段支出。

2. 投资回收期的计算和分析

按照财务管理的理念，投资回收期是以投资项目经营净现金流量抵偿原始投资所需要的全部时间。

3. 投资收益率的计算和分析

投资收益率（投资报酬率）是指项目运营期年平均利润占项目总投资的百分比。投资收益率的计算公式：投资收益率＝年平均利润÷项目总投资。

如果将该投资收益率与其他投资项目的收益率相比，属于比较高的，那么这个软件工程项目就是可行的；否则为不可行。如果没有其他项目可以对比，那么就和同期银行存款利率进行比较，高于同期银行存款利率，就是可行项目；否则，不可行。

4. 软件工程项目纯收入的计算和分析

衡量软件工程项目的纯收入，应该就项目的整个生命周期内系统的累计收入额折现以后，扣除原始投资的净额作为软件工程的纯收入。

风险分析

软件项目的开发是一项可能发生损失的活动，开发过程可能存在超出预算或者质量无法保证或者人员增减的问题。在软件项目的整个生命周期中，变化是唯一不变的事物，变化带来不确定性，不确定性就意味着可能出现损失，而损失的不确定性就是风险。

此外，研究表明，约有 1/3 的软件项目，由于未能及时预见和有效控制软件风险，导致过程失控而被迫取消；另外 2/3 的软件项目，由于同样的原因，实际开发时间平均是计划的 2 倍。

在掌上美食软件开发准备阶段可能发生的风险事件是：对业务了解不够、对需求了解不够、没有进行充分的可行性研究、进度安排混乱等。

财务预警

在进行掌上美食软件开发时，我们要做好财务预警，即财务失败预警，建立完备的财务预警系统。我们可以借助财务报表、经营计划及其他相关会计资料，利用财会、统计、金融、企业管理、市场营销理论，采用比率分析、比较分析、因素分析及多种分析方法，对企业的经营活动、财务活动等进行分析预测，以发现掌上美食这个软件在经营管理活动中潜在的经营风险和财务风险，并在危机发生之前向经营者发出警告，督促大家采取有效措施，避免潜在的风险演变成损失，起到未雨绸缪的作用；而且，财务预警系统也可为纠正经营方向、改进经营决策和有效配置资源提供可靠依据。

本章小结

制订创业计划是任何创业活动的开始。好的创业计划书是创业行动的纲领，也是向投资者展示创业项目、实现融资的重要工具。本章主要介绍了创业计划的概念、制订创业计划的目的和意义、创业计划书的主要内容和结构以及编写创业计划书时常见的错误，并结合相应的知识链接和案例拓展，使读者对创业计划的作用以及创业计划书的编写要求有一个全面系统的认识。

思考题

1. 制订创业计划的目的和作用是什么？
2. 创业计划书的主要内容有哪些？
3. 编写创业计划书有哪些技巧？
4. 为什么说创业计划书中的计划摘要是十分重要的？

5. 创业计划书是否应该全面揭示和讨论创业过程中各种潜在的风险因素？这会对创业者造成负面影响吗？

6. 实践练习。请读者在详细市场调研的基础上，就自己感兴趣的创业领域写一份创业计划书，要求主题突出、结构完整、内容翔实；并组织开展一次创业计划书的模拟评估活动，遴选出相对优秀的创业项目。

案例分析

2013年，刘双利以优秀的成绩考入南京某著名大学计算机专业学习，由于从小酷爱计算机，所以刘双利学习特别用功，其软件编写能力也有了质的飞跃。刘双利从小在山里长大，因此他特别喜欢花草，时常利用课余时间在美丽的校园里欣赏各种花木，然而他发现校园内不少名贵的乔木由于缺少管养生长得不是很好。于是他突然想到，假如开发一个软件系统，将乔木的地理位置信息标注出来，并根据不同乔木的特性构建标准的管养体系，那么就可以及时有效地对乔木进行管养。这样的软件系统应该很有市场前景。他把想法告诉了几个同学，很快得到了同学的响应，大家组成了一个团队开始进行软件开发。但是由于缺乏对乔木特性的认识，因此团队成员在软件的一些核心功能设计上存在很大的分歧，无法形成统一的认识。于是他们想到了找林业大学的学生参与到研发中来，但由于他们对软件开发后未来如何进行发展没有明确的设想，因此始终未能打动林业大学的同学加盟。

困惑中，刘双利请教了管理学系的王教授，王教授告诉他创业需要有一个完整的创业计划书。于是他和团队成员一起开始制订创业计划，并在王教授的指导下完成了创业计划书的编写。当他拿着创业计划书再次找林业大学的同学合作时，很快就有几个同学愿意加盟。如今他们开发的软件已经通过了功能测试，并在自己学校的后勤集团试运行，用户反响非常好。现在他们已经修改完善了创业计划书，并和3家风险投资进行洽谈，这3家风险投资均表示愿意出资。

上述案例给你的启示是什么？

附录：

创业计划书样本

按国际惯例通用的标准文本格式形成的创业计划书，是全面介绍公司和项目运作情况，阐述产品市场及竞争、风险等未来发展前景和融资要求的书面材料。

一、项目企业摘要

创业计划书摘要，是计划书的核心之所在。

投资安排

资金需求数额	（万元）	相应权益	
拟建企业基本情况			
公司名称			
联系人			
电话			

续表

传真	
E-mail	
地址	
项目名称	
您在寻找第几轮资金	□种子资本 □第一轮 □第二轮 □第三轮
企业的主营产业	

其他需要着重说明的情况或数据（可以与下文重复，本概要将作为项目摘要由投资人浏览）

二、业务描述

企业的宗旨（200字左右）

主要发展战略目标和阶段目标

项目技术独特性（请与同类技术比较说明）

介绍投入研究开发的人员和资金计划及所要实现的目标，主要包括如下内容。

（1）研究资金投入。

（2）研发人员情况。

（3）研发设备。

（4）研发产品的技术先进性及发展趋势。

三、产品或服务

创业者必须将自己的产品或服务创意做一介绍，主要有下列内容。

（1）产品的名称、特征及性能用途；介绍企业的产品或服务及对客户的价值。

（2）产品的开发过程，同样的产品是否还没有在市场上出现？为什么？

（3）产品处于生命周期的哪一阶段？

（4）产品的市场前景和竞争力如何？

（5）产品的技术改进和更新换代计划及成本。

（6）利润的来源及持续盈利的商业模式。

本产品或服务的生产经营计划，主要包括以下内容。

（1）新产品的生产经营计划：生产产品的原料如何采购、供应商的有关情况、劳动力和雇员的情况，生产资金的安排以及厂房、土地等。

（2）公司的生产技术能力。

（3）品质控制和质量改进能力。

（4）将要购置的生产设备。

（5）生产工艺流程。

（6）生产产品的经济分析及生产过程。

四、市场营销

介绍企业所针对的市场、营销战略、竞争环境、竞争优势与不足，主要产品的销售金额、增长率和产品或服务所拥有的核心技术、拟投资的核心产品的总需求，以及目标市场等，着重解决以下问题。

（1）你的细分市场是什么？

（2）你的目标顾客群是什么？

（3）你的5年生产计划、收入和利润是多少？

（4）你拥有多大的市场？你的目标市场份额为多大？

（5）你的营销策略是什么？

详细的行业分析，应该回答以下问题。

（1）该行业发展程度如何？

（2）现在发展动态如何？

（3）该行业的总销售额有多少？总收入是多少？发展趋势怎样？

（4）经济发展对该行业的影响程度如何？

（5）政府是如何影响该行业的？

（6）是什么因素决定它的发展？

（7）竞争的本质是什么？你将采取什么样的战略？

（8）进入该行业的障碍是什么？你将如何克服？

深刻的竞争分析，应回答如下问题。

（1）你的主要竞争对手是谁？

（2）你的竞争对手所占的市场份额有多大？市场策略是什么？

（3）可能出现什么样的新发展？

（4）你的核心技术（包括专利技术拥有情况、相关技术使用情况）和产品研发的进展情况，以及现实物质基础是什么？

（5）你的策略是什么？

（6）在竞争中你的发展、市场和地理位置的优势是什么？

（7）你能否承受竞争带来的压力？

（8）产品的价格、性能、质量在市场竞争中所具备的优势是什么？

独特的市场营销团队和策略，应说明以下问题。

（1）营销机构和营销队伍。

（2）营销渠道的选择和营销网络的建设。

（3）广告策略和促销策略。

（4）价格策略。

（5）市场渗透与开拓计划。

（6）市场营销中意外情况的应急对策。

五、管理团队

全面介绍公司管理团队情况，主要包括如下内容。

（1）公司的管理机构，主要股东、董事、关键的雇员、薪金、股票期权、劳工协议、奖惩制度及各部门的构成等情况都要以明晰的形式展示出来。

（2）要展示公司管理团队的战斗力和独特性及与众不同的凝聚力和团结战斗精神。

列出企业的关键人物（含创建者、董事、经理和主要雇员等）。

关键人物的信息介绍。

<table>
<tr><td>姓 名</td><td colspan="3"></td></tr>
<tr><td>角 色</td><td colspan="3"></td></tr>
<tr><td>专业职称</td><td colspan="3"></td></tr>
<tr><td>任 务</td><td colspan="3"></td></tr>
<tr><td>专 长</td><td colspan="3"></td></tr>
<tr><td colspan="4">主要经历</td></tr>
<tr><td>时 间</td><td>单 位</td><td>职 务</td><td>业 绩</td></tr>
<tr><td></td><td></td><td></td><td></td></tr>
<tr><td></td><td></td><td></td><td></td></tr>
<tr><td></td><td></td><td></td><td></td></tr>
<tr><td></td><td></td><td></td><td></td></tr>
<tr><td colspan="4">所受教育</td></tr>
<tr><td>时 间</td><td>学 校</td><td>专 业</td><td>学 历</td></tr>
<tr><td></td><td></td><td></td><td></td></tr>
<tr><td></td><td></td><td></td><td></td></tr>
<tr><td></td><td></td><td></td><td></td></tr>
</table>

企业共有多少全职员工（填数字）。

企业共有多少兼职员工（填数字）。

尚未有合适人选的关键职位。

管理团队优势与不足之处。

人才战略与激励制度。

外部支持：公司聘请的法律顾问、投资顾问、会计师事务所等中介机构。

六、财务预测

财务预测包括以下三方面的内容。

1. 财务状况

过去 3 年的历史数据，今后 3 年的发展预测，主要提供过去 3 年的现金流量表、资产负债表、损益表，以及年度的财务总结报告书。

2. 投资计划

（1）预计的风险投资数额。

（2）创业企业未来的筹资资本结构如何安排。

（3）获取风险投资的抵押、担保条件。

（4）投资收益和再投资的安排。

（5）风险投资者投资后双方股权的比例安排。

（6）投资资金的收支安排及财务报告编制。

（7）投资者介入公司经营管理的程度。

3. 融资需求

创业所需要的资金额，团队出资情况，资金需求计划，为实现公司发展计划所需要的资金额，资金需求的时间性，资金用途（详细说明资金用途，并列表说明）。

融资方案：公司所希望的投资人及所占股份的说明，资金其他来源，如银行贷款等。

完成研发所需投入，达到盈亏平衡所需投入，达到盈亏平衡的时间，项目实施的计划进度及相应的资金配置、进度表等。

投资与收益详表 单位：万元

指标	第1年	第2年	第3年	第4年	第5年
年收入					
销售成本					
运营成本					
净收入					
实际投资					
资本支出					
年终现金余额					

七、资本结构

迄今为止有多少资金投入贵企业	
你目前正在筹集多少资金	
假如资金筹集成功，企业可持续经营多久	
下一轮投资打算筹集多少资金	
企业可以向投资人提供的权益有	□股权 □可转换债 □普通债权 □不确定

目前资本结构表

股东成分	已投入资金	股权比例

本期资金到位后的资本结构表

股东成分	投入资金	股权比例

请说明你们希望寻求什么样的投资者？（包括投资者对行业的了解，资金、管理上的支持程度等）

八、投资者退出方式

股票上市：依照本创业计划的分析，对公司上市的可能性做出分析，对上市的前提条件做出说明。

股权转让：投资商可以通过股权转让的方式收回投资。

股权回购：依照本创业计划的分析，公司实施股权回购计划应向投资者说明。

利润分红：投资商可以通过公司利润分红达到收回投资的目的，按照本创业计划的分析，公司实施股权利润分红计划应向投资者说明。

九、风险分析

企业面临的风险及对策：详细说明项目实施过程中可能遇到的风险，提出有效的风险控制和防范手段，包括技术风险、市场风险、管理风险、财务风险及其他不可预见的风险。

十、其他说明

你认为企业成功的关键因素是什么？

请说明为什么投资人应该投资该企业而不是别的企业。

关于项目承担团队的主要负责人或公司总经理详细的个人简历及证明人。

媒体关于产品的报道，公司产品的样品、图片及说明，有关公司及产品的其他资料。

创业计划书内容真实性承诺。

参考文献

巴隆 R A，谢恩 S A. 2005. 创业管理：基于过程的观点[M]. 张玉利，等译.北京：机械工业出版社.

蒂蒙斯 J，斯皮内利 S. 2005. 创业学[M]. 周伟民，吕长春，译. 北京：人民邮电出版社.

陈佳贵. 1995. 关于企业生命周期与企业蜕变的探讨[J]. 中国工业经济（11）.

李秋莹. 2016. 大学生创新创业计划项目的 BSC 过程管理——基于生命周期理论视角[J]. 大学教育（5）.

李文忠. 2011. 创业管理：案例分析、经验借鉴、自我评估[M]. 北京：化学工业出版社.

林昕，孙春玲，吴逸男，等. 2017. 价值共创视角下造价咨询企业客户关系管理创新研究[J]. 建筑经济，38（10）.

夏侃，张健，方健强. 2006. 模糊层次分析法在大学生创业计划团队评价中的应用[J]. 江苏工业学院学报（社会科学版）（4）.

熊辉. 2015. 创业计划与创业行动的关系和作用[J]. 品牌（下半月）（8）.

薛红志，牛芳. 2009. 国外创业计划研究前沿探析[J]. 外国经济与管理，31（2）.

宇琦，杨小清. 2010. 创业前的必修课[M]. 北京：朝华出版社.

张玉利. 2015. 创业管理[M]. 3 版. 北京：机械工业出版社.

Bamford C E，Dean T J，Douglas T J. 2004. The temporal nature of growth determinants in new bank foundings：implications for new venture research design[J]. Journal of Business Venturing，19（6）.

Bygrave W D，Lange J，Mollov A，et al. 2007. Pre-startup formal business plans and post-startup performance：a study of 116 new ventures[J]. Venture Capital Journal，9（4）.

第6章

创业融资与投资决策

学习目标

对于任何一项创业活动而言，创业资金从何而来？这是创业者在创业之初首先遇到的问题，之后是将筹措的资金投到哪些项目上效果最好？这是投资决策的问题。本章在介绍创业投融资基本理念的基础上，较为系统地介绍了创业融资渠道和方法，进而介绍了投资决策方法，并通过投资决策的案例分析，介绍了投资决策方法的应用，要求读者在理解了时间价值的理念、了解了资本结构原理的基础上，学会应用投资决策方法对拟创业的项目进行投资决策分析，达到降低创业风险、提高创业成功概率的目的。

引例

1999年，在中国乳业老大伊利当了10年生产经营副总裁的牛根生被开除了，失业的牛根生决定自己创业。凑集启动资金是创业者遇到的第一道坎，10位创业者跑遍全国，东拼西凑了900万元，于1999年8月18日注册成立了“内蒙古蒙牛乳业股份有限公司”。包括牛根生在内的10位创业者有5位来自伊利，可谓经验丰富、往绩彪炳。900万元相对于创业者心中的宏大目标而言实在太寒酸了，但牛根生们对乳品行业的运营规律有着深刻认识和把握，他们拥有广泛的人脉关系和可资利用的市场渠道。蒙牛在第一个年头剩下的3个半月就实现了3730万元的销售收入。过了这道坎蒙牛就没有什么办不到的事了，它的销售收入开始以223%的年复合增长率上升。2000年是2.467亿元，2001年升至7.24亿元，2002年再升至16.687亿元，2003年跃过40亿元！产量由初期的5万吨增至2003年的90万吨。根据AC尼尔森在中国24个省份的调查,2004年1月蒙牛液态奶的市场份额为20.6%。

有种笑谈：资本是狗，你追它追不上，它追你跑不掉。当初牛根生为凑900万元历尽了千辛万苦。2002年已驶入快车道的蒙牛对资金仍然十分渴求，资本的注入对其成长至关重要。当时国内握有数亿资本的投资人不在少数，而蒙牛却是被顶级国际投资人（摩根、英联、鼎晖）相中的。今天看来摩根们选择投资目标的功夫令人佩服，他们不愧是最精明的“猎狗”。牛根生当然没有跑，2002年10月和2003年10月，他们分两次向蒙牛注入了约5亿元资金。

资料来源：程宏伟，冯茜颖，刘晓. 财务管理案例[M]. 北京：经济管理出版社，2014（有改动）

6.1 创业投融资基础理论

对于一个创业者而言在进行创业投融资决策时，首先应熟悉资金的时间价值、资本结构与资金成本以及财务杠杆及其风险基础理论知识。

6.1.1 资金的时间价值

1. 资金时间价值的含义

资金的时间价值(time value of money)是指一定量资金在不同时点上的价值量的差额。

作为一个合格的创业者必须清楚地知道资金是具有时间价值的，资金的时间价值反映了如下事实。

（1）资金的时间价值是资金在周转使用中产生的，是资金所有者让渡资金使用权而参与社会财富分配的一种形式。当人们把手中的资金借给银行，资金的所有权与使用权就暂时分离了。在市场经济中，银行需支付给所有者一定的利息，作为对其货币所有权暂时让渡的一种补偿。

（2）资金的时间价值反映了消费者购买力交换的回报。拥有一定资金的消费者放弃现在的消费，而推迟在将来进行消费，这样消费者的购买力就发生了转移，对消费者来说，资金在目前消费与在将来消费在效用上是不一样的。

（3）资金的时间价值反映了使用或不使用资金时的机会成本（损失），这种成本又称为时间的机会成本。当你拥有一定量的资金，没有把它投资到某一赚钱的领域，而是把它锁在家里时，就意味着你放弃了许多其他挣钱的机会，因此，就产生了持有（使用）货币的机会成本。

因此，资金随着时间的变化，应该具有时间价值，其核心思想是反映了货币（资本）的稀缺性和机会成本的价值观念。

2. 资金时间价值的计算

创业者在进行投融资各项决策时，必须弄清楚在不同时点上收到或付出的资金价值之间的数量关系，掌握终值和现值的换算方法。确定终值和现值时必须明确是按单利还是按复利计算。单利（simple interest）表明只按借（贷）的原始金额或本金支付（收取）的利息，即一定期间内只根据本金计算利息，当期产生的利息在下一期不作为本金，不重复计算利息。复利（compound interest）表明不仅借（贷）的本金要支付（收取）利息，而且前期的利息在本期也应计息，即每经过一个计息期，要将所生利息加入本金再计利息，逐期滚算，俗称“利滚利”。复利的概念充分体现了资金的时间价值，因为资金可以再投资，而且理性的投资者总是尽可能快地将资金投入合适的方向，以赚取收益。在讨论资金的时间价值时，一般均要求按复利计算终值和现值。

资金时间价值的计算实质上是利用复利的方法，计算不同时间一定量资金的价值。它包括终值（future value，FV）、现值（present value，PV）和年金（annuity，A）。

1）终值

终值是指现在一定量的资金，通过给定的折现率折现得到的将来某一时间的价值。复

利终值的计算公式为

$$FV_n=PV\times(1+i)^n$$

式中，FV_n为第 n 年末的复利终值；PV 为复利现值；i 为折现率；n 为折现期数。$(1+i)^n$称为复利终值系数，可以写成 $FVIF_{i,n}$ 或（F/P，i，n），则复利终值的计算公式也可以写成

$$FV_n=PV\times(1+i)^n=PV\times FVIF_{i,n}$$

【例 6-1】假设你 20 岁时将 1000 元存入银行，年利息率为 8%，按复利计算，存 45 年，当你 65 岁时账户上会有多少钱呢？如果存款的年利率为 9%，你 65 岁时账户上又会有多少钱呢？

解　$FV_{45}=1000\times(1+8\%)^{45}=31\,920$（元）

若存款的年利率为 9%，则 $FV_{45}=1000\times(1+9\%)^{45}=48\,327$（元）

从【例 6-1】可以看出，在期限较长的情况下，很小的折现率差别就可以导致很大的终值变化。

2）现值

现值是指未来一定量的资金，通过给定的折现率得到的现在的价值。由终值求现值，称为贴现，贴现时使用的利息率称为贴现率。

复利现值的计算公式可由终值的计算公式导出。

由公式 $FV_n=PV\times(1+i)^n$可以得到

$$PV=FV_n/(1+i)^n=FV_n\times\frac{1}{(1+i)^n}$$

式中，$\frac{1}{(1+i)^n}$称为复利现值系数或贴现系数，由于折现后的现值比终值小，此系数恒小于 1，而且折现率随时期的增加而减少，可以写成 $PVIF_{i,n}$或（P/F，i，n），则复利现值的计算公式也可以写成

$$PV=FV_n\times PVIF_{i,n}$$

【例 6-2】假如某房产预计 3 年后的市场价值为 200 万元，年利息率为 8%，复利计息，则现在的售价应为多少？

解　$PV=FV_n\times\frac{1}{(1+i)^n}=200\times\frac{1}{(1+8\%)^3}=158.8$（万元）

3）年金

年金是指在未来一段时间内，定期等额收付的等量的资金。例如，分期付款购货、分期偿还贷款、养老金发放等，都属于年金收付形式。年金按收付款项的发生时间不同可分为普通年金、先付年金、递延年金和永续年金四种，为了简化起见本章只介绍普通年金。

普通年金又称后付年金，指每期期末等额收付款项的年金，可分为年金终值和年金现值。

（1）年金终值（FVA_n）。年金终值是指在一定时期（n）内，在一定折现率（i）下，每期期末等额的系列收付值（A）的终值之和。其计算可用图 6-1 加以说明。

由图 6-1 得普通年金终值的计算公式为

$$FVA_n=A(1+i)^0+A(1+i)^1+A(1+i)^2+\cdots+A(1+i)^{n-2}+A(1+i)^{n-1}$$

$$=A\left[(1+i)^0+(1+i)^1+(1+i)^2+\cdots+(1+i)^{n-2}+(1+i)^{n-1}\right]$$

$$=A\cdot\sum_{t=1}^{n}(1+i)^{t-1}$$

$$=A\cdot\left[\frac{(1+i)^{n-1}}{i}\right]$$

$$=A\cdot \mathrm{FVIFA}_{i,\ n}=A\cdot \mathrm{ACF}_{i,\ n}$$

式中，$\sum_{t=1}^{n}(1+i)^{t-1}$ 称为年金终值系数或年金复利系数，通常写作 $\mathrm{FVIFA}_{i,\ n}$ 或 $\mathrm{ACF}_{i,\ n}$。

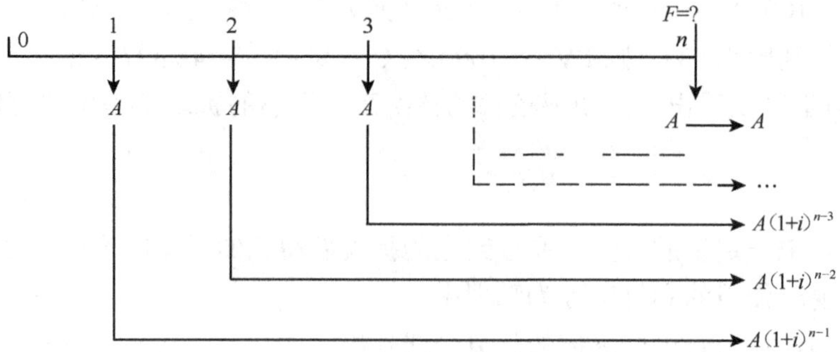

图 6-1　年金终值的计算图

【例 6-3】小张在未来的 5 年内，每年底需向房东支付 10 000 元房屋租金，若按年存款利率为 8%的复利计息，小张若在第 5 年末一次支付的房租应为多少？

解　根据普通年金的计算公式：

$$\mathrm{FVA}_5=A\cdot \mathrm{FVIFA}_{8\%,\ 5}=10\,000\times 5.867=58\,670\text{（元）}$$

（2）年金现值（PVA_n）。年金现值是指在一定时期（n）内，在一定的贴现率（i）下，每期期末等额的系列收付值（A）的现值之和。其计算可用图 6-2 加以说明。

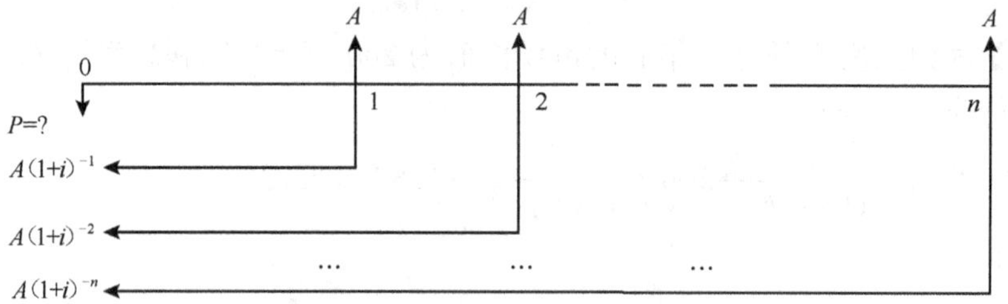

图 6-2　年金现值的计算图

由图 6-2 得普通年金现值的计算公式为

$$\mathrm{PVA}_n=A/(1+i)^1+A/(1+i)^2+\cdots+A/(1+i)^{n-1}+A/(1+i)^n$$

$$=A\cdot\sum_{t=1}^{n}\frac{1}{(1+i)^t}$$

$$=A\cdot\frac{\left[1-\frac{1}{(1+i)^n}\right]}{i}$$

$$=A\cdot\frac{(1+i)^{n-1}}{i(1+i)^n}$$

$$=A\cdot PVIFA_{i,\ n}=A\cdot ADF_{i,\ n}$$

式中，$\sum_{t=1}^{n}\frac{1}{(1+i)^t}$称为年金现值系数，可简写为 $PVIFA_{i,\ n}$ 或 $ADF_{i,\ n}$。

【例 6-4】小张在 5 年内，每年底需向房东支付 10 000 元房屋租金，若按年存款利率为 8%的复利计息，小张现在一次支付的房租应为多少？

解　根据年金现值的计算公式：

$$PVA_n=A\cdot PVIFA_{i,\ n}=10\ 000\times3.993=39\ 930\text{（元）}$$

6.1.2　资本结构与资本成本

1. 资本结构的概念

1）资本结构的基本概念

资本结构是指企业各种资本的价值构成及其比率关系，是企业一定时期筹资组合的结果。在实务中，资本结构有广义和狭义之分。广义的资本结构是指全部资本（包括长期资本和短期资本）的构成及其比例关系。狭义的资本结构是指企业各种长期资本的构成及其比例关系。

2）资本的价值基础

（1）资本的账面价值结构。资本的账面价值结构是指企业资本按历史账面价值基础计量反映的资本结构。企业资产负债表中的“负债及所有者权益”所反映的资本结构就是按账面价值计量的，由此形成的资本结构是资本的账面价值结构。

（2）资本的市场价值结构。资本的市场价值结构是指企业资本按现时市场价值基础计量反映的资本结构。如上市公司的股票和债券的市场价值具有现时的市场价值，因此上市公司可以用市场价格计量反映其资本的市场价值结构。

（3）资本的目标价值结构。资本的目标价值结构是指企业资本按未来目标价值计量反映的资本结构。当一个公司能够比较准确地预计其资本的未来目标价值时，可以按其目标价值计量反映资本结构。它也是达到资金成本最低状态的资本结构。

2. 资本成本

1）资本成本的概念、性质和作用

（1）资本成本的概念。资本成本是指企业为筹集和使用资本而付出的代价。它包括筹资成本和使用成本两个部分。筹资成本是指企业在筹集资本活动中为获得资本而付出的成本，如向银行支付的借款手续费，因发行股票、债券而支付的发行费用等。使用成本是指企业在生产经营和对外投资活动中因使用资本而付出的成本，如向债权人支付的利息、向股东分配的股利等。

资本成本一般用资本成本率表示，一般来说，资本成本率包括个别资本成本率、综合资本成本率和边际资本成本率三种，资本成本率是指企业使用成本与有效筹措资本数额的比值，通常用百分比来表示。

$$资本成本（率）=\frac{资本使用成本}{筹资总额-筹资费用}\times 100\%$$

计算公式也可用如下公式表示。

$$K=\frac{D}{P-f} \quad 或 \quad K=\frac{D}{P(1-F)}$$

式中，K 为资本成本率，以百分率表示；D 为资本使用成本；P 为筹资总额；f 为筹资费用额；F 为筹资费用率，即筹资费用额与筹资额的比率。

资本成本与资金的时间价值两者既有联系，又有区别。资金的时间价值反映了资金随着时间的推移而不断增值的性质；而资本成本反映的是资本使用者应向资金所有者支付的占用费，在计算资本成本时一定要考虑资金的时间价值。两者的区别主要体现在两方面：一方面，资金的时间价值表现为资本所有者的利息收入，而资本成本是资本使用者的融资代价；另一方面，资金的时间价值一般表现为时间的函数，而资本成本则表现为资金占用额的函数。

（2）资本成本的性质。

①从资本成本的价值属性看，它属于投资收益的再分配，属于利润的范畴。资本成本的产生是由于资本的所有权与使用权的分离，属于资本使用者向其所有者或者中介机构支付的费用，构成了资本所有者和中介机构的各种投资收益。

②从资本成本的成本属性看，它属于要素成本，在会计上称财务费用，即非生产经营费用，也就是说这种成本只与资金的使用有关，并不直接构成产品的生产成本。

③从资本成本的计算与应用价值看，它属于预测成本。资本成本的计算是规划筹资方案的一项基础性工作，计算不同筹资方式下的成本，有利于降低其投资成本，提高投资收益。

（3）资本成本的作用。

①资本成本是选择筹资方式、进行资本结构决策和追加筹资方案的依据。

个别资本成本率是企业选择筹资方式的依据。一个企业长期资本的筹集有多种方式，包括长期借款、发行债券、股票等。这些长期筹资方式的个别资本成本率是不同的，可作为比较各种筹资方式的一个依据。

综合资本成本率是企业进行资本结构决策的依据。企业全部长期资本是由多种长期资本筹资类型组合而成的。不同筹资组合的综合资本成本率的高低可以作为比较选择筹资组合方案的一个依据。

边际资本成本率是比较选择追加筹资方案的依据。企业在扩大经营规模时需要追加筹资，不同的追加筹资方案的边际资本成本率的高低可以作为比较选择追加筹资方案的一个依据。

②资本成本是评价投资项目可行性的主要标准。

在利用净现值指标进行决策时，常以资本成本作为贴现率。当净现值为正时，投资项目可行；反之，则该项目不可行。因此，采用净现值指标评价投资项目可行性时，离不开资本成本。

在利用内部收益率指标进行决策时，一般以资本成本作为基准率，即只有当投资项目的内部收益率高于资本成本时，投资项目才可行。因此，国际上通常把资本成本作为投资项目的最低收益率或必要报酬率，视为是否采纳一个项目的取舍率，是比较选择投资方案的主要标准。

③资本成本是评价企业整体经营业绩的重要依据。

企业的经营业绩可以用企业全部投资的利润率来衡量，对于投资者投入的资本，企业要以投资利润加以回报，若投资报酬率低于投资的资本成本，则认为企业经营业绩不佳，会大大降低投资者的信心。

2）个别资本成本的计算

（1）债务资本成本的计算。一般而言，长期债务资本有以下几个特点：第一，资本成本的具体表现形式是利息。其利息率的高低是预先确定的，不受经营业绩的影响。第二，在长期债务中，利息一般固定不变，并且按期支付。第三，根据企业所得税法的规定，企业债务的利息允许从税前利润中扣除，从而抵免企业所得税。第四，债务本金应按期偿还。长期债务资本成本率一般有长期借款资本成本率和长期债券资本成本率两种。

①长期借款成本的计算。长期借款成本一般由借款利息及银行手续费两部分组成。银行借款的年利息费用直接构成了它的资本成本。

若不考虑资金的时间价值：

$$\text{长期借款成本率}=\frac{\text{年利息}\times(1-\text{所得税税率})}{\text{筹资额}\times(1-\text{筹资费用率})}\times 100\%$$

$$\begin{aligned}K_1&=\frac{I_1(1-T)}{L(1-F_1)}\times 100\%\\&=\frac{i\times L(1-T)}{L(1-F_1)}\times 100\%\\&=\frac{i(1-T)}{1-F_1}\times 100\%\end{aligned}$$

式中，K_1 为长期借款资本成本率；I_1 为长期借款年利息额；L 为长期借款筹资额，即借款本金；F_1 为长期借款筹资费用融资率，即借款手续费费率；T 为所得税税率。

当企业借款的筹资费用很少时，如银行手续费费率为 0.1%的情况，可以忽略不计。长期借款资本成本率的计算公式可以简化为 $K_1=R_1$（$1-T$），R_1 表示借款利息率。

【例 6-5】某企业从工商银行取得一笔长期借款 2000 万元，手续费费率 0.1%，年利率 5%，期限 3 年，每年结息一次，到期一次还本。公司所得税税率为 25%。问：

（1）这笔借款的资本成本率是多少？

（2）不考虑借款手续费，则这笔借款的资本成本率是多少？

解（1）$K_1=\dfrac{I_1(1-T)}{L(1-F_1)}\times 100\%=\dfrac{2000\times 5\%\times(1-25\%)}{2000\times(1-0.1\%)}\times 100\%=3.75\%$

（2）$K_1=R_1$（$1-T$）$=5\%\times$（$1-25\%$）$=3.75\%$

②长期债券资本成本的计算。长期债券资本成本主要包括债券利息的支付、公司债券筹资的费用以及债券发行与还本的方式等。债券利息的支付方式一般分为分次付息和到期一次还本付息两种，这两种付息方式下的资本成本的计算不同。公司债券筹资的费用往往高于长期借款的筹资费用，主要包括发行债券的手续费、注册费、印刷费以及上市推销费

等。这些费用的发生与债券的发行有一定联系，但不是线性关系。债券的发行价格有平价发行、溢价发行和折价发行三种。这些价格的区别体现了债券票面利率与市场利率之间的关系。但是不论以怎样的价格发行，债券利息都是以面值计算的，而债券的筹资费用应该按具体发行的价格进行计算。

若不考虑时间价值：

$$长期债券成本率=\frac{长期债券的年利息\times(1-所得税税率)}{债券发行总价-债券筹资费用}\times100\%$$

$$K_b=\frac{I_b(1-T)}{B(1-F_b)}\times100\%$$

式中，K_b为债券资本成本率；B为债券筹资额，按发行价格确定；F_b为债券筹资费用率。

【例 6-6】长虹公司拟等价发行面值 1000 元、期限 5 年、票面利率 8%的债券，每年结息一次；发行费用为发行价格的 3.5%；公司所得税税率为 25%。问：

（1）该批债券的资本成本率是多少？

（2）若按溢价 50 元发行，则该批债券的资本成本率是多少？

（3）若按折价 50 元发行，则该批债券的资本成本率是多少？

解 （1）$K_b=\frac{1000\times8\%\times(1-25\%)}{1000\times(1-3.5\%)}\times100\%=6.22\%$

（2）$K_b=\frac{1000\times8\%\times(1-25\%)}{1050\times(1-3.5\%)}\times100\%=5.92\%$

（3）$K_b=\frac{1000\times8\%\times(1-25\%)}{950\times(1-3.5\%)}\times100\%=6.54\%$

（2）权益资本成本的计算。权益资本是指企业的所有者投入企业的资本。根据它们的不同形式，可分为优先股、普通股以及留存收益等。权益资本的成本包含投资者的预期投资报酬和筹资费用两部分。与债券的利息不同，权益资本报酬即股利是以税后利润支付的，因此股权资本成本没有抵税利益。

①优先股资本成本率的计算。

优先股是享有某种优先权利的股票，其特征表现为：投资报酬表现为股利形式，股利率固定，本金不需要偿还。优先股的成本包含筹资费用和预定的股利两部分，计算公式如下：

$$优先股成本率=\frac{优先股的年股利}{优先股筹资额-优先股筹资费用}\times100\%$$

$$K_p=\frac{D_p}{P_p}\times100\%=\frac{D_p}{P_0(1-F)}\times100\%$$

式中，K_P为优先股资本成本率；D_p为优先股每股年股利；P_p为优先股筹资净额；P_0为优先股面值；F为优先股筹资费用率。

【例 6-7】某股份制企业发行总面值为 150 万元的优先股股票。其实际发行所得为 180 万元，合约规定优先股股利率为每年 15%，筹资费用率为发行价的 5.5%。问优先股资本成本率是多少？

解　$K_p=\dfrac{150\times15\%}{180\times(1-5.5\%)}\times100\%=13.2\%$

一般而言，优先股投资要求的报酬要大于债券投资报酬，加上优先股股利不能抵扣公司的所得税，所以优先股成本一般均高于债券成本。

②普通股资本成本率的计算。

普通股是构成股份公司原始资本和权益的主要成分。其特征体现在：无到期日；股利从公司的税后利润中支付；每年支付的股利不固定，并与当年公司的经营状况密切相关。正常情况下，股利应呈现逐年增加的趋势。普通股资本成本的计算公式常用股利折现模型。股利折现模型的基本表达式为

$$P_s=\sum_{t=1}^{\infty}\frac{D_t}{(1+K_s)^t}$$

式中，P_s为普通股筹资净额，即发行价格扣除发行费用；D_t为普通股第t年的股利；K_s为普通股投资必要报酬率，即普通股资本成本率。

如果公司实行固定股利政策，即每年分派现金红利D元，则普通股的资本成本率与优先股资本成本率计算一样，可按下式计算：

$$普通股成本率=\frac{普通股的年股利}{普通股筹资额-普通股筹资费用}\times100\%$$

$$K_s=\frac{D}{P_s}=\frac{D}{V_0(1-F)}\times100\%$$

式中，V_0为股票发行价。

如果公司实行固定增长股利的政策，假设固定增长率为G，则资本成本率需按下式计算：

$$K_s=\frac{D}{P_s}+G=\frac{D_1}{V_0(1-F)}\times100\%+G$$

式中，D_1为第一年分配的现金股利；V_0为股票发行价。

【例 6-8】某公司准备增发普通股，每股的发行价格为 15 元，发行费率为 3%，预计第一年分配的现金股利为 1.5 元/股，以后每年的股利增长率为 4%。则资金成本率是多少？

解　$K_s=\dfrac{D_1}{V_0(1-F)}\times100\%+G=\dfrac{1.5}{15\times(1-3\%)}\times100\%+4\%=14.31\%$

6.2　创 业 融 资

6.2.1　创业融资的意义

创业融资，是指在创业过程中，企业根据生产经营管理以及调整资本结构等需求，为筹集企业生产经营和投资活动所需资金的一项财务活动。

资金是创业过程中所必需的“血液”，要成立一个企业，就必须有相应的资金，否则生产经营就无从谈起，而融资能够满足经营所需的资本条件；企业也可以将融资获得的资

金进行对外投资，从而获得一定的收益；除此之外，融资还可以解决由于季节性或临时性需求带来的资金问题，企业可以通过融资更好地适应创业过程中的内外部环境变化。总的来说，融资既是企业生产经营活动的前提，又是企业再生产顺利进行的保证，对经济活动有重要的意义。

1. 创业融资的动机

企业作为融资主体，通过各种融资渠道筹集资本，其目的就是保证企业自身的生存与发展。企业在发展过程中，其具体的融资活动通常是受到特定的融资动机所驱使，这些动机多种多样，有时是单一的，有时是多种结合的，可以归纳为以下几种基本类型。

1）初创性融资动机

对于一个初创性创业企业而言，创业过程第一步就是要筹集到创业项目所需的资本金，以满足创业初期的资金需求，确保创业过程的顺利进行。对于创业企业而言，由于其产品或者服务尚未得到市场检验，尚有很大的不确定性或者说是风险，这个阶段的融资渠道可以选择创业者的个人、家庭或亲友的自有资金，向政府部门申请创业资助资金或者创业优惠贷款，通过创业计划路演的方式争取风险投资等方式。

2）扩张性融资动机

企业因为扩大生产经营规模、开辟新的经营领域或者增加对外投资而产生的融资动机即扩张性融资动机。例如，企业的产品在市场上供不应求需要扩大生产，企业开发适销对路的新产品，开拓有市场前景的对外投资领域，对有利的投资项目追加投资规模等，因此它主要产生于发展前景良好或者处于成长阶段的企业。扩张性融资动机会使得企业的资产规模和资本总额同时增加。

【例 6-9】ABC 公司进行扩张性融资前的资产总额与资本规模如表 6-1 的Ⅰ栏所示，根据生产经营的扩张需要，融资获得 5000 万元。其中具体包括：短期借款 500 万元，长期借款 2500 万元，企业所有者投入资本 2000 万元；用于追加设备价值 1000 万元，购买专利权 1000 万元，追加存货价值 1000 万元，追加长期投资 2000 万元。假定没有发生其他项目变动，在进行扩张性融资后，企业的资产总额与资本规模如表 6-1 的Ⅱ栏所示。

表 6-1 ABC 公司扩张性融资前后资产总额与资本总额变动表 单位：万元

资产	Ⅰ扩张性融资前	Ⅱ扩张性融资后	资本	Ⅰ扩张性融资前	Ⅱ扩张性融资后
库存现金	500	500	短期借款	500	1 000
应收账款	2 000	2 000	应付票据	500	500
存货	1 500	2 500	应付账款	1 500	1 500
长期投资	1 500	3 500	长期借款	1 500	4 000
固定资产	4 500	5 500	应付债券	2 500	2 500
无形资产	1 500	2 500	权益总额	5 000	7 000
资产总额	11 500	16 500	资本总额	11 500	16 500

比较表 6-1 的Ⅰ栏和Ⅱ栏可以发现，ABC 公司进行扩张性融资后，资产总额与资本总额同时增加了 5000 万元，这是扩张性融资带来的最直接的结果。

3）调整性融资动机

企业由于需要调整现有的资本结构而产生的融资动机即调整性融资动机。由于不同时期企业经营环境有所变化，企业需要调整资本结构以适应这种变化。资本结构的调整是对权益资本与债务资本的比例关系进行的调整，可能会引起企业资产规模与资本总额的增加，也可能会使资产规模和资本总额保持不变，在特殊情况下还可能引起资产总额的减少。

【例 6-10】XYZ 公司进行调整性融资前的资产总额与资本规模如表 6-2 的 I 栏所示，由于政策变化，企业无法再承受高负债风险，为此需要通过降低债务资本比例，提高权益资本比例的方式来优化资本结构，公司采用债转股的方式进行调整，调整性融资后的资产总额与资本规模如表 6-2 的Ⅱ栏所示。

表 6-2　XYZ 公司调整性融资前后资产总额与资本总额变动表　　单位：万元

资产	I 调整性融资前	Ⅱ调整性融资后	资本	I 调整性融资前	Ⅱ调整性融资后
库存现金	500	500	短期借款	500	500
应收账款	2 000	2 000	应付账款	1 500	1 500
存货	1 000	1 000	预收账款	500	500
长期投资	1 500	1 500	长期借款	2 000	2 000
固定资产	3 500	3 500	应付债券	2 500	1 500
无形资产	1 500	1 500	权益总额	3 000	4 000
资产总额	10 000	10 000	资本总额	10 000	10 000

比较表 6-2 的 I 栏和Ⅱ栏可以发现，XYZ 公司调整性融资后，其债务资本的比例从 70%下降到 60%，权益资本的比例从 30%上升到 40%，公司的资产总额与资本总额仍然是 10 000 万元，只是资本结构发生了变化。

4）混合性融资动机

企业同时进行规模扩张和资本结构调整而产生的融资动机即混合性融资动机，该动机兼容了扩张性融资和调整性融资两种融资动机。在这种融资动机驱使下，企业通过融资活动既增加了资产总额和资本总额，又调整了资本结构。

2. 创业融资的原则

企业在融资过程中，要深入分析影响融资的各种因素，力求经济有效地筹集到所需资金，服务于企业的战略发展，因此企业在融资时应遵循以下基本原则。

1）合法性原则

合法性原则是企业在融资过程中必须遵守的首要原则，即企业在融资活动中必须接受国家在宏观方面的指导和控制，遵守国家有关法律法规，依法履行约定的责任，以保障有关各方的合法权益。

2）效益性原则

效益性原则是指企业通过融资活动达到收益与成本的相互权衡。企业要在获得一定效益的基础上尽可能节约费用，降低资本成本。因此，企业在进行融资活动时，首先要仔细分析投资机会，比较投资收益与资本成本的多少，避免盲目融资和投资。其次，由于不同融资方式的资本成本不尽相同，企业应当综合分析各种融资方式与融资渠道，寻求最优的融资组合，从而经济有效地筹集资本。

3）合理性原则

合理性原则也称比例性原则，是指企业在融资时合理确定所需的融资数额，使融资数额与投资所需的数额达到平衡。同时必须合理确定资本结构，主要包括权益资本和债务资本。一方面，企业必须合理安排权益资本和债务资本的结构比例，既要避免由于负债过多导致的财务风险加大，又要有效地利用财务杠杆，提高资本的收益水平；另一方面，在债务资本中还要考虑长期债务与短期债务的比例，合理安排资本的期限结构，以保持适当的偿债能力。

4）及时性原则

及时性原则是指企业根据投资时间来安排具体的融资活动，及时地取得资本来源，使融资和投资在时间上相协调。企业的投资在时间上都有一定的要求，特别是证券投资，对于时间的要求非常严格。因此，融资必须配合投资的时间点，既要避免资本的闲置，也要避免融资滞后错过投资时机而给企业带来损失。

6.2.2 创业融资渠道与融资类型

1. 融资渠道

不同的融资渠道各有特点和适用性。创业过程中，企业需要分析不同融资渠道的优缺点，以便在适当的时机通过最为经济有效的融资渠道获得资金。企业的融资渠道主要包括以下几种。

1）政府财政资本

政府财政资本是属于国家投入的资本，产权归国家所有，主要投资于国有控股企业或者国有独资企业，政策性很强。

2）银行信贷资本

银行信贷资本是企业融资的主要渠道之一，其贷款方式灵活多样，可以适应各类企业的融资需要。我国的银行包括商业银行和政策性银行，商业银行是以盈利为目的、从事信贷资金投放的金融机构；政策性银行是指由政府发起、出资成立，为贯彻和配合政府特定经济政策与意图，为特定企业提供政策性贷款的机构。

3）非银行金融机构资本

非银行金融机构是指除了银行之外的各类金融机构，也是企业融资渠道之一。目前，我国非银行金融机构主要有保险公司、小贷公司、租赁公司、企业集团的财务公司、基金公司、证券公司等。非银行金融机构相比于银行而言资本较少，但是其所提供的服务更为广泛，具有良好的发展前景。

4）其他法人资本

其他法人资本有时也可以为企业提供资金来源，主要包括企业法人、事业法人和团体法人等。当其他法人资本在一段时间内变为闲置资本时，为了从中获取一定的收益，需要相互融通，这就为企业提供了融资机会。

5）民间资本

民间资本是指企业职工与居民个人持有的结余货币资本，它可以用于企业投资，从而直接为企业提供资金来源。

6）企业内部资本

企业内部资本主要指通过企业自身的盈余公积提取与未分配利润的保留而形成的资本，是企业内部形成的，可以为企业所用。

7）国外及我国港澳台地区资本

在我国实行改革开放后，国外及我国港澳台地区资本流入我国内地，成为企业融资的重要渠道。经济全球化的发展，以及国家政策的鼓励，都为内地企业融资开拓了新的空间。

2. 融资类型

创业融资由于融资范围、资本属性和分类标准的不同，可以区分为各种不同的融资类型，并且随着金融业的逐步开放，会有更多的创新融资类型出现。

1）按照资本属性分类

按照资本属性，融资可以分为股权融资、债权融资和混合融资。

（1）股权融资。股权融资是指企业股东出让部分企业所有权，通过企业增资引进新的股东，主要包括发行股票、吸引直接投资等融资方式。股权融资所获得的资金，企业无须还本付息，但新股东将和老股东共同分享企业的盈利与增长。股权融资的特点决定了其用途的广泛性，既可以充实企业的营运资金，也可以用于企业的投资活动。

（2）债权融资。债权融资是指企业通过借钱的方式进行融资，获得资金后，企业首先要承担资金的利息，并在借款到期后向债权人偿还本金。企业可通过直接借款、发行债券、融资租赁等方式进行债权融资。

（3）混合融资。混合融资兼容股权融资与债权融资的特性，主要方式包括发行优先股、发行可转换债券和发行认股权证。

2）按照资本来源范围分类

按照资本来源范围，融资可以分为内部融资和外部融资。

（1）内部融资。内部融资是指企业自身的盈余公积提取与未分配利润的保留而形成的资本。企业通过内部融资获得资本无须花费融资费用，但其融资规模受到企业可分配利润规模与股利政策等因素影响。

（2）外部融资。外部融资是指企业从外部获得资本来源，外部融资方式多种多样，包括借款、发行股票、发行债券等。企业在初创期与成长期，由于内部资本有限，应广泛开展外部融资活动。

3）按照资本使用期限分类

按照资本使用期限，融资可以分为短期融资和长期融资。

（1）短期融资。短期融资一般指资金使用期限在一年及一年以内的融资行为，具有期限短、资金周转速度快、融资成本低的特点，企业可以通过向银行借款、商业信用等方式进行融资。

（2）长期融资。长期融资是指资金使用期限在一年以上的融资行为。企业可以通过发行股票、发行债券、取得长期借款等方式进行融资。长期融资的资本主要用于企业新产品、新项目的开发与推广，生产规模扩大，设备的更新与改造等，因此这类资本的回收期较长、成本较高，对企业的生产经营有较大的影响。

4）按照是否借助金融机构分类

按照是否借助金融机构，融资可以分为直接融资和间接融资。

（1）直接融资。直接融资是指企业不借助金融机构，直接向资本所有者协商筹集资本。直接融资可利用的渠道与方式较多，可以最大限度地筹集大量资本。

（2）间接融资。间接融资是指企业借助金融机构或金融中介机构进行的融资行为，最常见的方式就是向银行借款。间接融资相比于直接融资而言，手续较简单，融资效率高并且融资费用较低。

6.2.3 股权融资

股权融资主要包括吸引直接投资、发行普通股等融资方式。不同的股权融资方式适用的企业也存在不同，如吸引直接投资方式适用于非股份制企业，而发行普通股融资方式适用于股份制企业。下面详细介绍这两种股权融资方式。

1. 吸引直接投资

吸引直接投资又称投入资本融资，它是非股份制企业筹措权益资本的基本形式。企业在创业之初必须具备一定的原始资本，直接投资的出资者就是企业的所有者，可以共同参与企业决策，共担风险、共享收益。

1）吸引直接投资的形式

按照投资者的出资形式，吸引直接投资可以分为货币形式和非货币形式。

（1）货币形式。货币形式是吸引直接投资中最重要的出资方式，企业可直接将获得的货币现金用于购置资产、支付各项费用，较为灵活，是企业融资所乐于采用的方式。

（2）非货币形式。非货币形式主要有实物资产出资和无形资产出资两种。实物资产出资是指房屋、建筑物、设备等固定资产以及原材料、商品等流动资产作价投资；无形资产出资是指投资者以专有技术、商标权、专利权、非专利技术以及土地使用权等资产作价投资。

2）吸引直接投资的程序

吸引直接投资应当遵循以下程序：首先，确定企业所需的资金数量；其次，选择吸引直接投资的具体形式，包括投入资本的具体方向与出资形式；再次，签署决定、合同或协议等文件；最后，获得资本，与投资者共担风险、共享收益。

3）吸引直接投资的优缺点

（1）优点：这种融资方式筹集的资本属于权益资本，与债务资本相比，能够提高企业的社会声誉和借款能力；并且基于出资形式的多样性，企业不仅能够获得货币资金，有时也能够直接获得企业所需的先进技术与生产设备，有利于尽快提高生产经营能力；除此之外，吸引直接投资不需要支付利息，财务风险较低。

（2）缺点：首先，与债务资本相比，融资成本较高；其次，由于该融资方式没有股票作为媒介，不利于产权关系的交易和转让。

2. 发行普通股

股票是股份有限公司为筹集股权资本发行的有价证券，是公司签发的证明持有者拥有公司股份的凭证。股票的持有者是公司的股东，可以按照所持有的股份数享有权益和承担义务。股票的种类有很多，最为常见的分类是将股票分为普通股和优先股。在我国，普通股是最基本的股票，是股份有限公司依法发行的享有经营管理权且股利不固定的股票。目前我国资本市场上普通股发行量最大。

1）股票销售方式和股票发行价格

（1）股票销售方式。

①自销方式。自销方式是指股份有限公司直接将股票销售给认购者，通常出现在非公开发行股票时。这种方式可以直接由公司控制发行过程，节约发行费用，但是公司因此承担全部的发行风险，并且需要公司具有较高知名度和声誉。

②承销方式。承销方式是指股份有限公司将股票销售业务委托给证券承销机构代理，这种方式是销售股票最普遍的方式。我国公司法规定，股份有限公司向社会公开发行股票，必须与依法设立的证券承销机构签订承销协议，由证券经营机构承销。

承销方式包括包销和代销两种。包销，是指发行公司与证券承销机构签订协议，由证券承销机构一次性购入全部股票，然后再转卖给社会认购者。这种发行方式公司不用承担股款未募足的风险，但付出的发行费用较高。代销，是指证券承销机构只是代理发售股票，不承担发行风险，根据售出的股票获取一定的佣金。

（2）股票发行价格。股票发行价格是股票认购者认购股票时支付的价格，主要由股票面额、股市行情和其他相关因素综合决定。在我国，股票发行价格一般有以下三种。

①等价。等价发行也称平价发行，就是以股票面额作为发行价格。等价股票比较容易推销，但公司无法获得股票溢价收入。

②时价。时价也称市价，通常指在增发新股时，以公司原有股票在流通市场上的现行价格为基准确定股票价格。时价考虑了股票的现行市场价值，对投资者有较大的吸引力。

③中间价。中间价兼具等价和时价的特点，以股票面额和市场价格的中间值作为股票的发行价格。

2）发行普通股融资的优缺点

（1）优点：发行普通股融资没有固定的股利负担，企业可以根据自身的盈利情况考虑是否支付股利以及支付股利的多少；并且发行普通股获得的资本作为公司的永久性资本，没有固定的到期日，企业无须偿还；此外，发行普通股的融资风险较小、限制较少；通过发行普通股增加公司的资本在一定程度上可以提升公司信誉，也是今后进行债权融资的基础。

（2）缺点：发行普通股作为股权融资方式，虽然不需要像债权融资一样按期还本付息，但是其股利分配不能像利息一样在税前扣除，因此资本成本较高，发行费用也较高；另外，发行普通股会增加新股东，分散原有股东对企业的控制权；如果以后增发普通股，可能会引起股票价格的波动。

6.2.4 债权融资

1. 长期借款融资

长期借款融资是指企业向银行或其他金融机构借入的期限超过一年的资金来源。企业长期借款大多可分期还本付息，有助于债务人预先在财务上做合理的安排和调控，也有助于债权人更安全地回收资金。

1）长期借款的种类

长期借款根据不同的分类标准，有以下几类。

（1）按照提供贷款的机构，长期借款可以分为政策性银行贷款、商业银行贷款和其他金融机构贷款。政策性银行贷款是指执行国家政策性贷款业务的银行向企业发放的贷款，通常是长期贷款；商业银行贷款是指商业银行向企业提供的贷款，包括长期贷款和短期贷款，企业取得贷款后自主决策、自担风险，定期还本付息；其他金融机构贷款是指除银行以外的金融机构向企业提供的贷款，如财务公司、投资公司、保险公司等，这些金融机构提供的贷款一般期限更长、利率更高，对借款方的信用要求更为严格。

（2）按照有无抵押品做担保，长期借款可以分为抵押贷款和信用贷款。抵押贷款是指以特定的抵押品为担保而取得的贷款，如房屋、建筑物、机器设备、有价证券、存货等。如贷款到期企业不能偿还，银行有权取消企业对抵押品的赎回权并处置抵押品，这种方式有利于降低银行贷款的风险。信用贷款是指不提供抵押品，仅凭借款人或担保人的信用取得的贷款，由于其风险较大，银行通常收取较高的利息作为风险补偿。

（3）按照贷款的用途，长期借款可以分为基本建设贷款、更新改造贷款、科研开发和新产品试制贷款等。

2）长期借款的程序

此处以长期银行借款为主，介绍企业进行长期借款融资的基本程序。

（1）企业提出申请。企业申请借款必须以满足银行规定的贷款条件为前提，包括企业经营的合法性、独立性，以及企业的偿债能力等。除此之外，还需陈述借款原因、借款金额、用款计划、还款计划相关具体事项。

（2）银行审批核准。银行针对企业的申请，对企业的财务状况、盈利稳定性、偿债能力、发展前景以及投资项目的可行性等进行审查核准。

（3）签订借款合同。银行审查通过后，可与企业签订正式的借款合同，明确贷款的具体事项。

（4）企业取得借款。借款合同生效后，银行按照合同约定，将款项转入企业的存款结算户，供企业使用。

（5）企业偿还借款。合同生效后，企业需要按照合同约定定期付息还本。

长期借款的还款方式有多种形式，如定期付息到期偿还方式、定期等额偿还方式以及平时逐期偿还小额本金和利息、到期偿还余下部分的方式等。

3）长期借款的合同条款

借款合同是明确借贷双方权利和义务的契约，具有法律约束力，借贷双方必须严格遵守合同规定的条款。长期借款的合同条款包括基本条款和限制条款。基本条款是借款合同的基本内容，包括借款种类、借款用途、借款金额、借款利率、借款期限、还款资金来源及还款方式、保证条款、违约责任等。限制条款是银行针对长期借款期限长、风险大的特征而提出的一些有助于保证贷款按时足额偿还的制约条件。限制条款主要包括一般性限制条款、例行性限制条款和特殊性限制条款。一般性限制条款通常包括：规定企业必须持有一定限度的货币资金和其他流动资产，限制企业支付现金股利或限制企业资本支出的规模等；例行性限制条款，如企业定期向银行报送财务报表，债务到期及时偿还，禁止应收账款的转让等；特殊性限制条款只在某些特殊情况下才生效，如要求企业主要领导人购买人身保险，限制企业高级职员的薪金及奖金总额等。

4）长期借款融资的优缺点

（1）优点：长期借款融资的程序较为简单，融资速度较快；企业在借款或用款期间如发生某些变化可以直接与银行协议商定，具有较大的灵活性；此外，与股权融资相比，其资本成本较低、融资费用较少，同时可以发挥财务杠杆的作用。

（2）缺点：长期借款融资的风险较高，并且限制条件较多，有时甚至会影响企业的生产经营活动；此外，长期借款不像股票或债券一样可以一次筹集大量资金，其融资数额相对有限。

2. 债券融资

发行债券是企业融资的一种重要方式，债券是企业为筹集债权资本而发行的、约定在一定的期限内向债权人还本付息的一种有价证券。

1）债券的种类

债券根据不同的标准，可以进行如下分类：①按照有无抵押担保，分为抵押债券和信用债券；②按照债券利率是否变动，分为固定利率债券和浮动利率债券；③按照债券有无记名，分为记名债券和无记名债券，所谓记名，就是记载持券人的姓名或名称；④按照持券人是否参与收益分配，分为参与债券和非参与债券；⑤按照持券人拥有的特定权益，分为收益债券、可转换债券以及附认股权债券；⑥按照是否上市交易，分为上市债券和非上市债券。

2）公司债券的发行

在我国，非公司企业发行的债券称为企业债券，股份有限公司和有限责任公司发行的债券称为公司债券。下面主要讲述公司债券的相关问题。

（1）公司债券的发行条件。根据我国公司法的相关规定，发行公司债券应满足下列条件。

①股份有限公司的净资产额不低于 3000 万元人民币，有限责任公司的净资产额不低于 6000 万元人民币。

②累计债券总额不超过公司净资产的 40%。

③公司最近 3 年平均可分配利润足够支付公司债券一年的利息。

④资金投向符合国家产业政策要求。

⑤债券的利率不得超过国务院规定的利率水平。

⑥国务院规定的其他条件。

此外，发行公司债券获得的资本必须按照审批机关批准的用途使用，不得用于弥补亏损和非生产性支出。

（2）公司债券的发行价格。债券的发行价格是指债券原始投资者购入债券时应当支付的市场价格，它可能与债券面额相同，也可能不同。债券的发行价格有三种确定方法，即等价、溢价和折价。发行价格的高低，主要取决于以下四个因素。

①债券面额。这是决定债券发行价格的基本因素。一般来说，债券面额越大，发行价格越高。

②票面利率。这是债券的名义利率。通常在债券发行之前已经确定并注明于票面上。一般而言，票面利率越大，债券的发行价格越高；反之，就越低。

③市场利率。这里的市场利率是指债券发行时的市场利率，它是衡量债券票面利率高低的参照系，与票面利率共同影响发行价格。一般来说，债券的市场利率越高，发行价格越低；反之，就越高。

④债券期限。同银行借款一样，债券的期限越长，债权人的风险越大，要求的利息补偿越高，债券的发行价格就可能越低；反之，可能越高。

总的来说，债券的发行价格一般是由债券面额和支付的年利息按发行当年的市场利率折算成现值来确定的，基本计算公式如下：

$$债券发行价格=\frac{F}{(1+R_m)^n}+\sum_{t=1}^{n}\frac{I}{(1+R_m)^t}$$

式中，R_m为市场利率；F为债券面值；I为债券的年利率；n为债券期限；t为付息期数。

3）债券融资的优缺点

（1）优点：首先，与股权融资相比，由于债券利息可在所得税前支付，具有节税功能，融资成本较低；其次，由于债券的利息固定，债券融资能够发挥财务杠杆的作用，增加公司和股东的财富；再次，发行债券融资能够保障原有股东对公司的控制权；最后，如果公司发行可转换债券或者可提前赎回债券，有利于公司适时调整资本结构。

（2）缺点：首先，财务风险较高，公司必须按期还本付息，否则会给公司带来更大的财务困难，甚至濒临破产；其次，发行债券的限制条件较多，有时会影响公司未来的融资能力；最后，由于我国公司法明确规定，公司发行的债券总额不得超过净资产的40%，因此这种方式筹集的资金数量有限。

3. 融资租赁

1）融资租赁的概念

租赁是出租人以收取租金为条件，在契约或合同规定期限内，将资产租给承租人使用的一种经济行为。按照租赁业务性质，租赁可以分为经营租赁和融资租赁。

从承租人的目的来看，经营租赁的承租人不在于通过租赁融资，而在于通过租赁获得设备短期内的使用权或出租人提供的专门技术服务，所以，经营租赁也称营业租赁或服务租赁，不属于借贷关系。而融资租赁的主要目的在于融资，它是为了获得租赁资产的所有权，是企业筹集资金的一种方式。

融资租赁属于长期租赁，又称资本租赁、财务租赁，是由租赁公司按照承租企业的要求融资购买设备，并在契约或合同规定的较长期限内提供给承租企业使用的信用性服务，它集融资与融物于一身，具有借贷性质。

2）融资租赁的形式

融资租赁按照其业务的特点不同，可分为以下三种形式。

（1）直接租赁。直接租赁又称自营租赁，是融资租赁中比较普遍的一种形式。租赁公司根据承租人的申请，以自有资金或筹措资金向国内外厂商购进所需设备，租给承租人使用。一般租期为 3 年以上，租赁期内各方不得中途解约。

（2）售后租回。售后租回是在企业急需资金时，先将自己拥有的资产设备卖给租赁公司，再作为承租人向租赁公司租回原设备继续使用，并按期向租赁公司交付租金。这种方式既保留了设备的使用权，又能通过销售设备获得资金，是一种紧急融资方式。

（3）杠杆租赁。杠杆租赁是一种特殊的融资租赁方式，在国际上比较流行，一般涉及出租人、承租人和贷款人三方当事人。从承租人的角度来看，与其他融资租赁方式并无区别，同样按照合约获得资产的使用权并按期支付租金；但是从出租人的角度来看，出租人只垫付购买资产所需资金的 20%～40%，其余 60%～80%则以该资产为抵押，以收取租金的权利作为额外保证，向贷款人借款支付，因此，租赁公司既是出租人又是借款人，一方面可以向承租人收取租金，另一方面要向贷款人偿还借款，由于租赁收益大于借款成本，出租人因此获得财务杠杆收益。

3）融资租赁的程序

融资租赁程序如下。

（1）选择租赁公司。

（2）办理租赁委托。

（3）签订购货协议。

（4）签订租赁合同。

（5）办理验货、付款与保险。

（6）支付租金。

（7）合同期满处理设备。

4）融资租赁的优缺点

（1）优点：首先，融资租赁的融资速度快，比借款购置设备更迅速、更灵活，企业可以在最短时间内形成生产经营能力；其次，融资租赁相比于股票、债券、长期借款等方式，其限制条件较少；再次，通过融资租赁企业可以免遭设备淘汰风险，多数情况下由出租人承担此风险；此外，分期支付租金的方式可以降低企业的债务负担，减少不能偿付的风险；最后，融资租赁的租金可在税前扣除，具有抵免所得税的作用。

（2）缺点：首先，融资租赁的成本较高，租金总额通常高于设备的 30%，并且在企业面临财务困难时，固定的租赁费也会给企业带来沉重的负担；其次，承租人不能享有设备残值，租赁期满，资产的残值归出租人所有。

6.2.5 混合融资

1. 发行优先股

1）优先股的特征

优先股介于普通股和债券之间，是一种具有双重性质的混合证券。在西方国家资本市场，优先股已经是很成熟的工具，但是在我国，优先股的发行仍在起步阶段，尚未成熟。优先股相比于普通股和债券，主要有以下几个特征。

（1）优先股作为一种权益资本，属于一种股票，代表持有者对公司的所有权。

（2）优先股股东通常没有投票权，但有固定的股息，受公司经营状况和盈利水平影响较少，具有债券的性质；但公司对于这种股息的支付却带有随意性，并非必须支付，即使不支付优先股股息，也不会像债券那样使公司濒临破产境地。

（3）优先股的优先权主要表现在股票分配顺序与剩余财产的求偿顺序，都优先于普通股股东。

2）优先股的分类

优先股按不同的分类标准，可以做如下划分：①按照股利是否可以累积支付，分为累积优先股和非累积优先股；②按照是否参与额外剩余股利的分配，分为参与优先股和非参与优先股；③按照公司是否可以赎回，分为可赎回优先股和不可赎回优先股；④按照股票是否可以转换为普通股，分为可转换优先股和不可转换优先股。

3）发行优先股融资的优缺点

（1）优点：优先股作为一种权益资本，一般没有固定的到期日，无须偿还本金，有些还可以提前赎回，具有较大的灵活性。另外，优先股股息的支付具有固定性，又有一定的灵活性，它通常不构成公司的法定义务。在公司的控制权方面，优先股不会分散公司的控制权，可以在保持原有普通股股东控制权的基础上筹措权益资本。此外，优先股还可以增强公司的权益资本实力，提高公司信誉，从而增强公司的举债能力。

（2）缺点：优先股的融资成本较高，虽然低于普通股，但却高于债券融资成本；另外，发行优先股的制约因素较多。过分采用优先股融资方式会导致企业承担过大的财务负担，有时甚至影响股利支付，导致企业价值下降。

2. 发行可转换债券

1）可转换债券的特征

可转换债券是一种以公司债券为载体，允许持有者在规定的时间内按照约定的条件转换为发行公司普通股的金融工具。它兼具股权融资和债权融资的双重特性，属于混合性融资方式。可转换债券一般具有如下特征。

（1）期权性，体现在可转换的选择权，持有者有权选择转换或者放弃权利。

（2）债权性，是指发行公司在持有者转换债券之前需要定期向持有者支付利息，若持有者到期放弃转换权利，发行公司需要到期偿还本金。

（3）回购性，可转换债券一般都有回购协议，规定发行公司在可转换债券到期之前可以按照一定条件赎回债券。

（4）股权性，是可转换债券的一个隐含属性，只有在持有者将其转换为普通股之后才能成为股权投资者。

2）可转换债券的发行条件

上市公司发行可转换债券，除了满足发行债券的一般条件，还需满足如下条件。

（1）公司最近一期末经审计的净资产不低于 15 亿元人民币。

（2）最近 3 个会计年度实现的年均可分配利润不少于公司债券一年的利息。

（3）公司最近 3 个会计年度经营活动产生的现金流量净额平均不少于公司债券一年的利息。

（4）本次发行后累计公司债券余额不超过最近一期末净资产额的 40%，预计所附认股权全部行权后募集的资金总量不超过拟发行公司债券金额。

3）发行可转换债券融资的优缺点

（1）优点：首先，发行可转换债券融资可有效降低资本成本，由于其利率通常低于普通债权，故在转换前资本成本低于债券，而在转换后，可以节省股票发行费用，从而降低股票的资本成本；其次，由于可转换债券的转换价格通常高于股票的发行价格，因此有助于公司筹措更多的资本；再次，可转换债券具有股权融资和债权融资的双重性质，有利于调整资本结构；最后，由于可转换债券一般附有赎回条款，因此有利于公司避免融资损失。

（2）缺点：可转换债券融资转股后将失去利率较低的好处；若可转换债券持有者由于股价低迷而放弃转股权利，企业将承受偿债压力，若转股时股价高于转换价格，公司就会遭受融资损失；另外，可转换价格的回售条款可能会导致发行公司遭受损失。

3. 发行认股权证

认股权证是上市公司的一种特殊融资工具，它可以辅助公司进行股权融资，并可直接筹措现金。

1）认股权证的特征

认股权证是一种权利凭证，它允许持有者在规定的期限内以约定的价格购买一定数量的公司股票。从本质上看，认股权证是以股票为标的物的一种买入期权。持有者可以实施这种权利，也可以放弃实施该权利。

认股权证作为一种特殊融资工具，持有者在认购前，对发行公司不拥有股权或债权，只拥有股票认购权。它通常与优先股或债券结合发行，但也可单独发行，因此具有可分离性，可在证券资本市场上单独交易或转让。

2）认股权证的合约内容

认股权证的合约一般包括以下内容。

（1）相关股票。相关股票即认股权证可转换的对象，可以是单一股票也可以是一揽子股票。

（2）有效期限。有效期限指认股权证的权利期限，持有者只能在有效期限内进行转换。

（3）转换比率。与可转换债券一样，它是指每份认股权证可转换的股票数量。

（4）认购价格。认购价格也称换股价，指持有者行使转换权时的结算价格，相当于一般标准期权的履约价格。

3）认股权证融资的优缺点

（1）优点：吸引投资者，为公司筹集额外的资金；由于认股权证债券的票面利率低于纯债券利率，因此可以降低公司的融资成本。

（2）缺点：一方面，由于认股权证执行时间的不确定性导致公司面临资金难题；另一方面，认股权证的执行会稀释每股普通股收益，同时会稀释原股东对公司的控制权。

6.3 创业投资决策

6.3.1 投资决策过程

完整的投资决策过程一般分为三步：①数据预测；②项目评估；③项目决策。

在投资决策的过程中，数据预测是第一步，也是最为重要的一步。管理者不但要依据现有资料和市场调查的结果做出预测，还要对未来市场状况进行合理预测。通过一定的预测方法测算市场上涨和下跌的可能性，一定程度上也要依赖于管理者的主观估计。在完成数据预测后，管理者就要对项目进行评估。在评估工作完成后，管理者就要做出最终的投资决策。一般来说，项目决策必须由最高管理层决定。在实施投资决策后，管理者要对投资运行的结果进行检测，依据检测结果对项目未来的运行实时调整甚至重新评估（图 6-3）。

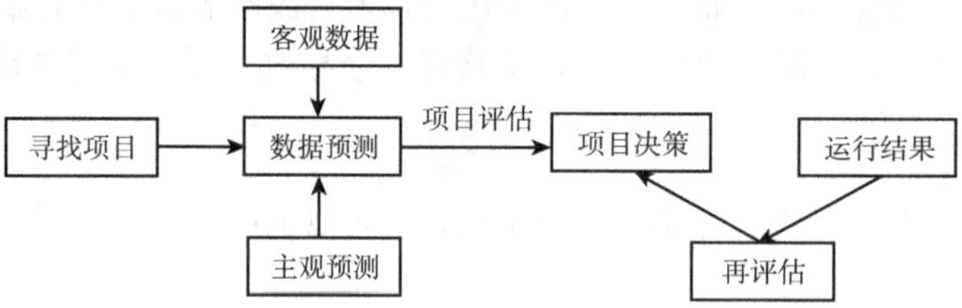

图 6-3 投资决策流程图

6.3.2 投资现金流量的分析

在投资过程中，无论是何种投资方式都需要对投资可行性进行分析，而投资可行性分析的基础就是投资项目的现金流量。在任何投资方案决策前，相关人员必须对现金流量进行实际测算，以保证投资决策的正确性。

投资现金流量是指与投资过程相关的现金流入量和现金流出量。现金流入量是指投资项目给企业带来的现金收入的增加额；现金流出量是指投资项目引起的企业现金收入的减少额。现金流入量和现金流出量的差额即构成投资项目的净现金流量，当现金流入量大于现金流出量时，现金净流量为正；反之，现金净流量则为负。

在投资项目的分析过程中，企业往往按现金流量发生的时间将其分为初始现金流量、经营现金流量和终结现金流量。本小节将详细介绍这三个方面的内容。

1. 初始现金流量

初始现金流量的内容包括以下几个方面。

（1）固定资产投资。企业投资新的项目往往需要购置相应的固定资产以及支付相关费用。在固定资产投资方面的费用又可分为设备购置费、设备安装费和建筑工程费。

（2）原有固定资产的变价收入。在项目变更时，企业会变卖企业原有的固定资产，该项收入在扣除相关税费后的净收益即企业的初始现金流入。

（3）营业资金垫支。在投资项目建成时，项目的运营需要营运资金才能运行，由于项目本身尚未产生经济收益，需要企业进行营业资金的垫支。该营业资金往往在项目终结时才能收回，属于企业的长期投资。

（4）其他费用。除了固定资产的投资外，在项目运行前企业还需支付其他费用，如培训费、开办费等。在预计现金流量时，要综合考虑以上费用的影响。

（5）不可预见费。在项目正式建设前，由于物价上涨、不可抗力等因素的影响，部分费用难以准确预测，要考虑到这部分费用以保证项目的顺利运行。

2. 经营现金流量

经营现金流量是指投资项目投入使用后，在其生命周期内由于生产经营所带来的现金流入和流出的数量。经营现金流量一般以年为单位进行计算。现金流入一般指的是营业现金收入。现金流出一般指的是营业现金支出和交纳的税金。

当投资项目每年的销售收入等于营业现金收入，付现成本（指不包括折旧等非付现的成本）等于营业现金支出时，年营业净现金流量（net cash flow，NCF）可用下列公式计算。

年营业净现金流量＝营业收入－付现成本－所得税＝税后净利＋折旧

年营业净现金流量＝营业收入×（1－所得税税率）

－付现成本×（1－所得税税率）＋折旧×所得税税率

3. 终结现金流量

终结现金流量是指投资项目完结时所发生的现金流量，具体包括如下三个方面。

（1）固定资产的残值收入和变价收入。当项目完结时，企业将购置的固定资产售出后扣除相关税费的净收入为终结现金流量。

（2）收回的垫支资金。

（3）税费支出。

6.3.3 创业投资决策方法

1. 非折现法

非折现现金流量指标主要有两个：静态投资回收期和平均报酬率。

1）静态投资回收期

（1）定义。静态投资回收期（PP）是指投资项目经营净现金流量抵偿原始总投资所需的全部时间。投资回收期越短，投资项目越有利。当建设期为 0 年，且每年的经营净现金流量相等时：

投资回收期＝原始投资额/经营净现金流量

当每年的经营净现金流量不相等时，考虑各年累计现金净流量和年末尚未收回的投资额：

投资回收期＝累计现金流量出现正值的年份－1＋（上年尚未收回原始投资/当年经营净现金流量）

【例 6-11】 假设小松鼠公司原始投资额为 500 万元，每年经营净现金流量见表 6-3，则该公司的投资回收期为多少？

表 6-3　小松鼠公司经营净现金流量　　单位：万元

年数	每年 NCF	累计 NCF	未收回投资
1	100	100	400
2	300	400	100
3	150	550	－50
4	10		

$$T=3-1+100/150=2.67\text{（年）}$$

（2）决策方法。采用投资回收期法时，一般需根据项目的特征，事先确定一个期望的投资回收期，若计算结果大于期望值，项目可行；反之则不可行。

（3）优缺点。静态投资回收期法是判定投资项目的常用方法，该方法内容简单、计算方便，但其有三个主要的缺陷：首先不同年份的现金流量具有相同的权重；其次回收期之后的现金流量一律不予考虑；最后投资回收期与投资者财富最大化没有必然的联系，仅仅反映何时能回收投资额。

2）平均报酬率

（1）定义。平均报酬率（average rate of return，ARR）是指投资项目在投资年限内平均的年报酬率。计算公式为

平均报酬率＝平均现金流量/原始投资额

【例 6-12】 接【例 6-11】，小松鼠公司经营净现金流量见表 6-4，则该公司的平均报酬率是多少？

表 6-4　小松鼠公司经营净现金流量

年数	1	2	3	4
NCF	100	300	150	10

平均现金流量＝（100＋300＋150＋10）/4＝140（万元）

ARR＝140/500＝28%

（2）决策方法。采用平均报酬率法时，一般需根据项目的特征，事先确定一个期望的平均报酬率，若计算结果大于平均报酬率，项目可行；反之则不可行。

（3）优缺点。平均报酬率的优点是简明易懂；缺点是没有考虑货币的时间价值，企业在设定必要报酬率时具有较大的主观性，不利于企业做出正确的决策。

2. 折现法

折现法指标主要有净现值、内含报酬率。与非折现法指标相比，这类指标考虑了货币

的时间价值，体现了折现现金流量的思想，使决策更加科学。

1）净现值

（1）定义。净现值（net present value，NPV）是指经营净现金流量现值之和与原始投资额的差额。计算公式为

$$净现值=未来报酬总现值-原始投资额现值$$

$$NPV=CF_0+\frac{CF_1}{(1+r)^1}+\frac{CF_2}{(1+r)^2}+\cdots+\frac{CF_n}{(1+r)^n}=\sum_{t=0}^{N}\frac{CF_t}{(1+r)^t}$$

式中，CF_t 为第 t 期的预计净现金流量；r 为投资项目的资本成本（或加权平均资本成本）；N 为投资项目的存续期。一般来说，只有一个备选方案时，净现值为正时可以采纳；当有多个备选方案时，净现值最大者为最优方案。

（2）计算步骤。

第一步：计算每年的经营净现金流量。

第二步：将每年的经营净现金流量折算成现值。当每年的经营净现金流量相等时，可以按照年金法折算成现值；当每年的经营净现金流量不相等时，对每年的经营净现金流量进行折现。

第三步：将终结净现金流量折算成现值。

第四步：将每年的经营净现金流量折现值和终结净现金流量折现值加总成未来现金流量的总现值。

第五步：计算净现值＝未来报酬总现值－原始投资额现值。

【例 6-13】小松鼠公司有一项投资项目需要 220 万元的原始投资额，项目建设期为 2 年，完工后投入流动资金 30 万元。经营期 5 年，固定资产期满净残值收入 20 万元，项目投产后预计年营业收入 110 万元，年付现成本 50 万元。按直线法提折旧，不考虑税收因素，假定折现率为 10%，求该投资项目的 NPV。

①计算投资项目各年的经营净现金流量。

固定资产折旧＝（220－20）/5＝40（万元）

建设起点投资的净现金流量 $NCF_0=-220$（万元）

建设期的净现金流量 $NCF_1=0$（万元）

建设期末投入流动资金的净现金流量 $NCF_2=-30$（万元）

经营期净现金流量 $NCF_{3\text{-}6}$＝净利＋折旧＝110－50＋40＝100（万元）

项目终结点的净现金流量 NCF_7＝净利＋折旧＋残值＋回收的流动资金＝60＋40＋20＋30＝150（万元）

②$NPV=NCF_0+NCF_1$（P/F，10%，1）$+NCF_2$（P/F，10%，2）$+NCF_6$［（P/A，10%，6）－（P/A，10%，2）］$+NCF_7$（P/F，10%，7）＝－220＋0－30×0.826＋100×（4.355－1.736）＋150×0.513＝94.07（万元）

（3）决策方法。采用净现值法时，若计算结果大于零，项目可行；反之则不可行。

（4）净现值法的优缺点；净现值法的优点是反映了货币的时间价值，可以反映出投资项目的净收益；缺点是不能反映投资方案的实际报酬率。

2）内含报酬率

（1）定义。内含报酬率（internal rate of return，IRR）是使投资项目净现值等于零时的折现率。计算公式如下：

$$NPV = CF_0 + \frac{CF_1}{(1+IRR)^1} + \frac{CF_2}{(1+IRR)^2} + \cdots + \frac{CF_n}{(1+IRR)^n} = \sum_{t=0}^{N} \frac{CF_t}{(1+IRR)^t} = 0$$

当内含报酬率大于或等于项目的最低收益率时，可以接受该投资方案；反之则不接受。在有多个项目决策时，一般选择内含报酬率高的。

（2）计算步骤。

①当每年的 NCF 相等时。

第一步：计算年金现值系数＝初始投资额/每年 NCF。

第二步：查阅年金现值系数表，根据期数在表中找出与年金现值系数相邻的两个折现率。

第三步：运用插值法，用相邻的折现率和年金现值系数求出内含报酬率。

②当每年的 NCF 不相等时。

第一步：预估一个折现率，并根据此折现率计算净现值。如果净现值大于 0，表示预估的折现率低于内含报酬率；当净现值小于 0，表示预估的折现率高于内含报酬率。根据净现值调整预估折现率，直至找出由正到负并接近 0 的两个折现率。

第二步：利用试算法求出投资方案的内含报酬率。

【例 6-14】小松鼠公司考虑开发一种新产品，假定该产品的运营期为 5 年。生产该产品的收入与成本资料见表 6-5。

表 6-5 小松鼠公司生产新产品的收入与成本资料 单位：万元

买入投资设备	20
垫支流动资金	5
每年销售收入	10
每年付现成本	3
每年设备维修费	0.5
设备残值收入	1

假定新产品的投资报酬率为 10%，不考虑税收影响。计算该投资项目每年的净现金流量以及该项目的内含报酬率。

①投资项目每年的净现金流量。

NCF_0＝固定资产投资＋垫支流动资金＝－20－5＝－25（万元）

$NCF_{1\text{-}4}$＝销售收入－付现成本＝10－3－0.5＝6.5（万元）

NCF_5＝销售收入－付现成本＋残值＋回收垫支的流动资金＋设备残值收入＝10－3－0.5＋5＋1＝12.5（万元）

②运用试算法进行测试计算内含报酬率。

当折现率为 15%时项目净现值：

NPV＝－25＋6.5×（P/A，15%，4）＋12.5×（P/F，15%，5）＝－25＋6.5×2.855＋12.5×0.497＝－0.23（万元）

因为 NPV 为负，我们用更小的折现率 14%来测试：

NPV＝－25＋6.5×（P/A，14%，4）＋12.5×（P/F，14%，5）＝－25＋6.5×2.914＋12.5×0.519＝0.43（万元）

运用插值法计算内含报酬率：

$$IRR=14\%+1\%\times[0.43/(0.43+0.23)]=14.65\%$$

（3）决策方法。采用内含报酬率法时，一般需事先确定一个期望的报酬率，若计算结果大于期望的报酬率，项目可行；反之则不可行。

6.3.4　投资决策方法应用案例分析

1. 新建项目投资决策案例分析

【例 6-15】某项目投资方案设计有 4 个可供选择的选址方案，每个方案未来 5 年现金流量预测见表 6-6。假定项目所在行业的基准收益率为 15%。试用净现值法进行各方案的比较并选择最优厂址方案。

表 6-6　各选址方案现金流量预测　　　　单位：万元

选址方案	建设期		生产期		
	1	2	3	4～5	6
A	−2024	−2800	500	1100	2100
B	−2800	−3000	570	1310	2300
C	−1500	−200	300	700	1300
D	−1600	2700	460	1000	1600

按照现值法的计算公式：

$$NPV=CF_0+\frac{CF_1}{(1+r)^1}+\frac{CF_2}{(1+r)^2}+\cdots+\frac{CF_n}{(1+r)^n}=\sum_{t-0}^{N}\frac{CF_t}{(1+r)^t}$$

当基准收益率＝15%时，各选址方案的净现值（NPV）计算结果如下。

A 方案：NPV_A＝582.5（万元）

B 方案：NPV_B＝586.0（万元）

C 方案：NPV_C＝14.3（万元）

D 方案：NPV_D＝604.7（万元）

计算结果表明，D 方案的净现值最高，是最理想的厂址方案。

2. 更新项目投资决策案例分析

【例 6-16】

（1）某公司 5 年前以 10 万元的价格购买了一台设备，预计使用寿命 10 年，10 年后的残值为 1 万元，使用直线折旧法折旧。

（2）目前市场上出现了一种新型设备，其性能及技术指标均优于现有设备，价格 15 万元，预计使用寿命5年，使用新设备可使企业每年节约经营费用5万元，寿命期满后无残值，使用直线折旧法折旧。新设备投入使用后需净增运营资本1.2万元。

（3）旧设备现在可以6.5万元出售，所得税税率为33%，折现率取15%。

问：是否应该更新原有设备？

1）初始投资

买新设备卖旧设备所需投资支出：

（1）购买新设备费用	150 000元
（2）出卖旧设备得款	−65 000元
（旧设备账面值	55 000元）
（3）卖旧设备资本收益的税款增加	3 300元
（4）净运营资本增加额	12 000元
（5）期初项目增加现金流出	100 300元

2）项目寿命期内经营现金流量增量

项目寿命期内经营现金流量增量的计算见表6-7。

表6-7 项目寿命期内经营现金流量增量的计算 单位：元

年末	1	2	3	4	5
1. 税前经营成本节约	50 000	50 000	50 000	50 000	500 000
2. 税后经营成本节约	33 500	33 500	33 500	33 500	33 500
3. 新设备折旧额	30 000	30 000	30 000	30 000	30 000
4. 旧设备折旧额	9 000	9 000	9 000	9 000	9 000
5. 折旧差额	21 000	21 000	21 000	21 000	21 000
6. 折旧税款节约	6 930	6 930	6 930	6 930	6 930
7. 净经营现金流量增量	40 430	40 430	40 430	40 430	40 430

3）期末非经营现金流量增量

（1）新设备预计残值	0元
（2）旧设备净残值	10 000元
（3）新旧设备净残值差额	−10 000元
（4）净运营资本回收	12 000元
（5）期末非经营净现金流量	2 000元

投资决策：净现值（NPV）$=40\,430\times(P/A, 15\%, 5)+2000\times(P/F, 15\%, 5)-100\,300$

$=40\,430\times3.352+2\,000\times0.497-100\,300$

$=36\,215.36$（元）

结论：此项目可行。

本章小结

创业需要资金，但对大多数创业者来说自有资金都是有限的，而创业初期公司存在太多的不确定因素，运行风险很大，融资就成为创业的一大难题。本章主要阐述创业融资的基本概念，分析资金的时间价值、资本结构和资本成本。详细论述创业融资渠道，系统地阐述股权融资、债权融资和混合融资的方法。本章还就创业投资的决策过程和方法进行了探讨，为读者创业融资提供科学的决策方法。

思考题

1. 简述题

（1）复利和单利有何区别？

（2）年金是否一定是每年发生一次现金流量？请举例说明。

（3）试分析资本成本中筹资成本和使用成本的不同特性。

（4）简述创业投资与创业融资的联系和区别。

（5）若你要创业，试分析你可能用到的融资方法。

（6）经营租赁和融资租赁的主要区别是什么？

（7）你认为在创业中，应如何应用融资租赁的功能？

（8）列出 10 种可以降低融资成本的途径。

（9）了解一个成功创业的故事，并与同学们共同探讨资金对创业成功的影响有哪些。

（10）比较折现法与非折现法的优劣。

（11）投资回收期法有哪些局限性？为什么仍然被广泛采用？

2. 计算题

（1）某企业全部用银行贷款投资兴建一个工程项目，总投资额为 8000 万元，假设银行借款利率为 16%。该工程当年建成投产。

求：

①该工程建成投产后，分 10 年等额归还银行借款，每年末应还多少？

②若该工程建成投产后，每年可获净利 2500 万元，全部用来归还借款的本息，需多少年能还清？

（2）R 公司拟发行 5 年期、利率为 6%的债券 500 万元；预计发行总价格为 550 万元，发行费用率为 2%；公司所得税税率为 25%。

求：R 公司该债券的资本成本率。

（3）T 公司普通股现行市价为每股 30 元，现准备增发 10 万股新股，预计发行费用率为 5%，第 1 年每股股利 1 元，以后每年股利增长率为 5%。

求：T 公司本次增发普通股的资本成本率。

（4）S 公司年度销售净额为 28 000 万元，税前利润为 8000 万元，固定成本为 3200 万元，变动成本为 60%；资本成本总额为 20 000 万元，其中债务资本比例占 40%，平均年利率为 8%。

求：该公司的经营杠杆系数、财务杠杆系数和联合杠杆系数。

案例分析

小松鼠公司在创业之初需要添置一台生产设备，经过市场调查有租赁和购买两种方案可供选择，该设备的市场售价为50 000元，如果决定购买，这笔资金需要通过银行贷款取得，银行贷款利率为8%；如果决定租赁，每年的租金是15 000元。

假设：（1）该设备的预计使用年限为5年，5年后的残值为5000元。采用直线法折旧。

（2）公司的所得税税率为25%，但作为新创企业享受“两免三减半”政策。

问：租赁与购买哪个方案对企业更为经济？

参考文献

荆新，王化成，刘俊彦. 2009. 财务管理学[M]. 北京：中国人民大学出版社.
李心愉，冯旭南. 2007. 公司融资[M]. 北京：中国发展出版社.
史密斯 R L，史密斯 J K. 2011. 创业金融[M]. 北京：机械工业出版社.
杨晔. 2013. 融资学[M]. 上海：上海财经大学出版社.
周惠珍. 2000. 投资项目评估案例分析[M]. 大连：东北财经大学出版社.
Block S B. 2010. 财务管理基础[M]. 北京：机械工业出版社.

第7章

企业创建

学习目标

熟悉企业法律形式，了解公司制企业、合伙企业、个人独资企业和个体工商户的区别，理解公司法人治理结构的内涵，学会设计公司治理结构，掌握企业登记注册的流程。

引例

提起新东方，不能不提到它的校长俞敏洪。这位北京大学外语系的毕业生，毕业后留在北大当英语教师，一干就是7年。

1992年8月，俞敏洪调离了北大。起初，他到处教书，后来，发现许多外语培训学校在教学管理和教学方法上都存在不少问题，于是他有了自己办班的念头。当时，很多学生都十分喜欢他，替别人管理培训班的时候学员数量也猛增，这使他办班的想法更加坚定了。于是俞敏洪和东方大学合作，在里面成立了一个外语培训部。俞敏洪充满激情的教学方式一下子吸引了无数的学员。教室座位经常不够坐，不得不改在操场或是大礼堂上课。因此，东方大学外语培训部声名鹊起，俞敏洪的事业也开始了新的篇章。积攒了足够经验之后，他想单干了，于是到海淀区成人教育局申请办学执照。

1993年11月16日，俞敏洪终于拿到了办学执照，在一间只有10平方米的简陋屋子里，新东方诞生了，并开始了艰难的创业历程。困难对俞敏洪来说真算不了什么，正如他常对学生们说的那样："绝望中寻找希望，人生终将辉煌！"在这样的逆境中，凭着毅力和智慧，俞敏洪终于开始步入辉煌。本质上说，1995年以前的新东方从法律层面上解释是个体户。

1995年，新东方的学员已经达到15 000人。俞敏洪的生活条件也得到了大大的改善，原来一心想出国的妻子也开始全力支持。有了这一切，新东方就步入迅速发展的黄金时期。1995年冬，俞敏洪飞往加拿大和美国，开始了他最重要的游说之旅。每到一个地方，他都要讲中国的变化，讲"新东方"。他经常和好朋友聊上几天几夜，朋友们都十分激动。不久，王强、徐小平、包凡一、杜子华、何庆权、胡敏等纷纷回国，这批从海外归来的精英迅速聚集在新东方，创造了新东方的第二个黄金时期。1996～2000年，这一阶段的新东方，属于合伙企业。

经过2001～2003年的结构改造阶段，到2006年9月7日，新东方在美国纽约证券交易所成功上市，成为中国第一家海外上市的教育机构。至此，新东方已经成为完整意义上的上市股份有限公司。目前新东方以语言培训为核心，拥有短期语言培训系统、职业教育系统、基础教育系统、文化传播系统、科技产业系统、咨询服务系统、发展研究系统等多个发展平台，是一家集教育培训、教育产品研发、教育服务等于一体的大型综合性教育科技集团。截至2014年5月31日，新东方已经在全国50座城市设立了56所学校、31家书店以及703家学习中心。自成立以来，新东方累计面授学员近2000万人次。

资料来源：百度文库（有改动）

如何创建一个新企业？所创企业应该是一个什么性质的企业？需要办理哪些手续？本章将详细地阐述。

7.1 企业法律形式的选择

企业的法律形式即法律确认的企业组织的存在形式，它主要由企业的业主数量和注册资本、成立条件、经营特征和利润分配以及债务责任这几个基本因素所决定。企业是一个以盈利为目的的经济组织，既然企业是一种组织，就必须得到国家的认可或者符合法律的规定，否则就成了非法组织，这样的企业是不能和外界进行任何交流的。但是，我们在看到法律对企业限制作用的同时，更应该明白法律形态可以保护企业创办者自身的权益。市场经济条件下，企业是经济上和法律上独立的经济实体，任何企业都要依法建立。在创建企业时，投资者都会面临企业法律形式选择问题。我国民营企业的法律形态有多种，适合创业者考虑的企业形式有公司制企业、合伙企业、个人独资企业和个体工商户。

7.1.1 公司制企业

1. 公司制企业的定义及分类

公司制是现代企业主要的典型组织形式。它是以法人财产制度为核心、以科学规范的法人治理结构为基础、从事大规模生产经营活动、具有法人资格并依法设立的经济组织。公司制具有两个主要特点：第一，公司就是法人。公司是一个法人团体，具有法人地位以及与自然人相同的民事行为能力，这也是现代公司制的根本特点。第二，公司实现了股东最终财产所有权与法人财产权的分离。根据现行的中国公司法，其主要形式为有限责任公司和股份有限公司。两类公司均为法人，投资者受到有限责任保护。

有限责任公司是指由一个或一个以上股东出资设立，股东以其认缴的出资额为限对公司承担责任，公司以其全部法人财产对其债务承担责任的经济组织。它作为公司制度发展中最晚出现的一种公司形式，综合了股份有限公司股东与公司人格分离、股东承担有限责任、股东的变动不影响企业存续等优点和合伙企业的合伙人相互信任、设立简单、活动便捷等优点，是最适合中小企业的一种企业组织形式。

股份有限公司是指由一定人数以上的股东组成，公司将其注册资本分成等额股份，每个股东以其所认购的股份为限对公司承担责任，公司则是以其全部财产对其债务承担责任的经济组织。本质上说，股份有限公司是法律为适应大型企业的需求而进行的制度安排。

2. 公司制企业的相关法律规定

在《中华人民共和国公司法》(以下简称《公司法》)中，对公司制企业中的有限责任公司和股份有限公司有很明确的法律规定，如公司的设立条件、设立程序、债务分配、出资规定及股东的权利、义务及其法律责任等。这里以有限责任公司为例来说明。

1）设立条件[①]

设立有限责任公司，应当具备以下条件。

（1）股东符合法定人数。有限责任公司由50个以下股东共同出资设立，一个自然人或者一个法人也可以单独设立有限责任公司。

（2）有符合公司章程规定的全体股东认缴的出资额。

（3）股东共同制定公司章程。有限责任公司章程应当载明下列事项：①公司名称和住所；②公司经营范围；③公司注册资本；④股东的姓名或者名称；⑤股东的出资方式、出资额和出资时间；⑥公司的机构及其产生办法、职权、议事规则；⑦公司法定代表人；⑧股东会会议认为需要规定的其他事项。此外，股东应当在公司章程上签名、盖章。

（4）有公司名称，建立符合有限责任公司要求的组织机构。

（5）有公司住所。公司住所是公司主要办事机构所在地，是法定的注册地址，不同于公司的生产经营场所。

2）设立程序

有限责任公司的设立原则上主要采用准则主义，即除法律法规明确规定须经审批的外，只要具备有限责任公司的设立条件即可向公司登记机关直接办理注册登记。根据《公司法》规定，设立有限责任公司一般应经过如下程序。

（1）发起人发起。这是设立有限责任公司的预备阶段。由发起人明确设立公司的意向，并做出必要准备。若发起人为多人，发起人之间应签订发起人协议，以明确各发起人在公司设立过程中的权利与义务。

（2）公司名称的预先核准。在我国，实行公司名称预先核准制度。在设立有限责任公司时，应向公司登记机关申请拟设立公司的名称预先核准。只有获得核准后，才能进行设立公司的后续行为。

（3）制定公司章程。公司章程应当由全体发起人共同商议起草，并经全体股东共同同意通过后方可生效。同时，全体股东应当在公司章程上签名、盖章。

（4）必要的审批手续。如果所设立的有限责任公司是法律、行政法规规定需要报经批准的有限责任公司，则应当按照相关法律的规定履行必要的批准手续。

（5）缴纳出资。除法律、行政法规规定不得作为出资的财产外，股东可以用货币出资，也可以用实物、知识产权、土地使用权等可以用货币估价并可以依法转让的非货币财产作价出资。注册资本认缴期限由股东自己约定，法律不做限制。也就是说在办理营业执照的时候，市场监督管理部门不再需要验资报告，而且注册资本金的多少以及注册资本认缴的期限都是由股东自行约定，只要在公司章程中载明就可以了。股东应当按期足额缴纳公司

① 中华人民共和国公司法. 第二十三条[Z]. 2018-10-26.

章程中规定的各自所认缴的出资额。

（6）验资。由依法设立的验资机构对股东缴纳的出资进行检验并出具证明。不按法律规定缴纳出资的股东，除应当向公司足额缴纳外，还应当向其他已按期足额缴纳出资的股东承担违约责任。

（7）申请设立登记。股东认足公司章程规定的出资后，由全体股东指定的代表或者共同委托的代理人向公司登记机关报送公司登记申请书、公司章程等文件，申请设立登记。法律、行政法规规定需要经审批的，还需要提交批准文件。

（8）登记发照。公司登记机关对设立登记申请进行审查，对符合公司法规定条件的，予以登记，发给营业执照。营业执照签发之日即为有限责任公司成立之日，此时公司取得法人资格，开始对外开展生产经营活动。

3）债务分配

《公司法》中规定：在有限责任公司中股东以出资额为限对公司负责，公司以其全部资产构成公司债务的总担保。这就是说，在清偿债务时，用公司的资产来进行清偿的，公司资不抵债宣告破产，公司债权人不得要求股东以个人财产来清偿公司的债务。所以说，股东的有限责任是对于公司的而不是对于公司债务的。同时，有限责任公司的股东不能证明公司财产独立于股东自己的财产的，应当对公司债务承担连带责任。

4）出资规定[①]

《公司法》对有限责任公司的股东出资是有明确规定的，股东必须按规定进行相应的出资，下面是对有限责任公司股东出资的法律规定的具体介绍。

（1）公司在登记机关登记的全体股东认缴的出资额即是公司的注册资本。

（2）股东可以用货币出资，也可以用实物、土地使用权、知识产权等可以用货币估价并可以依法转让的非货币财产作价出资，法律、行政法规规定不得作为出资的财产除外。在对作为出资的非货币财产进行估价时，应当客观公正，不得高估或者低估作价。法律、行政法规对评估作价有规定的，从其规定。

（3）股东应当按期足额缴纳公司章程中规定的各自所认缴的出资额。股东以货币出资的，应当将货币出资足额存入有限责任公司在银行开设的账户；以非货币财产出资的，应当依法办理其财产权的转移手续。

（4）股东缴纳出资后，必须经依法设立的验资机构验资并出具证明。

（5）股东认足公司章程规定的出资后，由全体股东指定的代表或者共同委托的代理人向公司登记机关报送公司登记申请书、公司章程等文件，申请设立登记。

（6）有限责任公司成立后，发现作为设立公司出资的非货币财产的实际价额显著低于公司章程所定价额的，应当由交付该出资的股东补足其差额；公司设立时的其他股东承担连带责任。

（7）有限责任公司成立后，应当向股东签发出资证明书。出资证明书应当载明下列事项：①公司名称；②公司成立日期；③公司注册资本；④股东的姓名或者名称、缴纳的出

① 中华人民共和国公司法. 第二十七条～第三十条[Z]. 2018-10-26.

资额和出资日期；⑤出资证明书的编号和核发日期。出资证明书由公司盖章。

5）股东的权利、义务及其法律责任

（1）股东的权利。股东的权利是指有限责任公司的股东基于股东的资格在公司的法律地位。一般来说，有限责任公司股东享有的权利主要有以下两种：①自益权——股东基于自己的出资而享受利益的权利。如获得股息红利的权利，公司解散时分配财产的权利以及不同意其他股东转让出资额时的优先受让权，等等。这是股东为了自己的利益而行使的权利。②共益权——股东基于自己的出资而享有的参与公司经营管理的权利，如表决权、监察权、请求召开股东会的权利、查阅会计表册权等。这是股东为了公司利益，同时兼为自己利益行使的权利。

（2）股东的义务。从狭义上说，股东的义务是对股东的出资义务而言的，即对公司章程所记载的各股东出资额，各个股东都负有在公司章程规定的出资期限内全部缴足的义务。从广义上说，股东义务是指每个股东都应当履行有限责任公司章程上规定的股东各项义务。由两个以上股东共同出资设立的有限责任公司，其股东负有下列义务：①遵守公司章程。②按期缴纳所认缴的出资。③对公司债务负有限责任。有限责任公司的股东对于公司的债务只以其出资额为限负有间接责任。④出资填补义务。在以下情况下，有限责任公司的股东承担出资填补的义务：在公司设立时，如果某股东不是以货币出资，而是以实物、工业产权、非专利技术、土地使用权出资的，进行评估作价后如其实际价额显著低于公司章程中评定的价额，则应当由交付该出资的股东补交差额，其他股东应对其承担连带责任。⑤追加出资义务。追加出资，就是股东除了按照各自认缴额出资以外，股东会还可以做出决议，要求股东超过其出资金额再次缴款。追加出资义务在公司章程中属于任意记载事项，即《公司法》并不列举其内容，但一经记载，就应发生效力。⑥在公司核准登记后，不得擅自抽回出资。⑦对公司及其他股东诚实信任。⑧其他依法应当履行的义务。

（3）股东的法律责任。《公司法》对股东的法律责任有明确的规定：①公司股东应当遵守法律、行政法规和公司章程，依法行使股东权利，不得滥用股东权利损害公司或者其他股东的利益；不得滥用公司法人独立地位和股东有限责任损害公司债权人的利益。公司股东滥用股东权利给公司或者其他股东造成损失的，应当依法承担赔偿责任。公司股东滥用公司法人独立地位和股东有限责任，逃避债务，严重损害公司债权人利益的，应当对公司债务承担连带责任。②公司的控股股东、实际控制人不得利用其关联关系损害公司利益。违反前款规定，给公司造成损失的，应当承担赔偿责任。

3. 公司制企业的特征与区别

1）有限责任公司的特征

（1）股东有最高人数的限制。《公司法》将股东人数限制在50人以下。

（2）股东承担有限责任。股东承担有限责任也是《公司法》的基石。有限责任公司的股东仅以认缴的出资额为限对公司负责，对超出其出资额范围的公司债务股东不承担责任，公司债权人也不得直接向股东主张债权。

（3）设立程序便捷。有限责任公司只有发起设立，不存在募集设立，因而设立程序相对简单。

（4）组织机构可以简化。有些有限责任公司股东人数相对较少或者公司规模较小，可以不设董事会与监事会，而设1名执行董事，1～2名监事。

（5）公司兼具资合性与人合性。本质上，有限责任公司是一种资本的联合，但股东相互间又有信任的因素，所以具有人合的色彩。《公司法》中有关股东承担有限责任、对设立公司最低资本的要求、股东出资形式、实行无盈利不分配原则等规定，则体现了有限责任公司的资合性特征。股东最高人数的限制、出资证明不能自由流通转让、股东出资的对外转让须经其他股东过半数同意等规定，则体现了有限责任公司的人合性特征。

（6）有限责任公司具有一定的封闭性。这种封闭性主要体现在：不向社会发行股份募集资本；股权可以有条件地转让；无须向社会公开其财务会计资料、经营状况等。

2）股份有限公司的特征

股份有限公司的特征主要有以下几点：股份有限公司是独立的经济法人；股份有限公司的股东人数不得少于法律规定的数目（我国公司法规定股份有限公司的股东人数在2人以上）；以股东应交付的股金额为限，股份有限公司的股东对公司债务负有限责任；股份有限公司的全部资本划分为等额的股份，通过向社会公开发行的办法筹集资金，任何人在缴纳了股款之后，都可以成为公司股东，没有资格限制；公司股份不能退股但可以自由转让；为了便于投资人了解公司情况，进行选择，公司账目须向社会公开；公司设立和解散的法律程序严格，手续复杂。我们可以看出，股份有限公司就是典型的“资合公司”。决定一个人能否成为公司股东的是他是否缴纳了股款，购买了股票，并不取决于他与其他股东的人身关系，这也是股份有限公司能够迅速、广泛、大量地集中资金的原因。

3）有限责任公司与股份有限公司的共同点和不同点

（1）有限责任公司与股份有限公司的共同点：在两种公司中，股东都以对公司的投资额为限对公司承担有限责任；股东的财产与公司的财产是分离的，股东将财产投资公司后，该财产即构成公司的财产，不再受股东直接控制和支配。同时，公司的财产与股东没有投资到公司的其他财产是没有关系的，即使公司出现资不抵债的情况，股东也只以其对公司的投资额为限承担责任，不再承担其他的责任。有限责任公司和股份有限公司对外都是以公司的全部资产承担责任。

（2）有限责任公司与股份有限公司的不同点：①两种公司在成立条件、股东人数、募集资金方面有所不同。成立条件方面：有限责任公司的成立条件比较宽松一点，而股份有限公司的成立条件比较严格；股东人数方面：有限责任公司的股东人数，有最高要求，没有最低要求，股份有限公司的股东人数，有最低要求，没有最高要求；募集资金方面：有限责任公司只能由发起人集资，而不能向社会公开募集资金，股份有限公司则可以向社会公开募集资金。②两种公司的股份转让难易程度不同。在有限责任公司中，股东转让自己的出资有严格的要求，受到的限制较多，比较困难；与之相比，在股份有限公司中，股东转让自己的股份比较自由。③两种公司的股权证明形式不同。在有限责任公司中，股东以出资证明书证明股权，出资证明书不能转让或流通；在股份有限公司中，股东的股权证明是股票，即股东所持有的股份是以股票的形式来体现，而股票是公司签发的证明股东所持股份的凭证，可以转让或流通。④在两种公司中，股东会、董事会权限大小和两权分离程度不同。在有限责任公司中，由于股东人数有上限，人数相对来说比较少，召开股东会等也比较方便，因此股东会的权限较大，董事经常是由股东自己兼任的，所以，所有权和经营权的分离程度较低；而在股份有限公司中，由于股东人数没有上限，人数较多且分散，召开股东会比较困难，股东会的议事程序也比较复杂，所以股东会的权限有所限制，董事会的权限较大，所有权和经营权的分离程度也比较高。⑤两种公司财务状况的公开程度不同。在有限责任公司中，由于公司的人数有限，财务会计报表可以不经过注册会计师的审计，也可以不公告，只要按照规定期限送交各股东就行了；在股份有限公司中，由于股东人数众多且很难分类，所以会计报表必须要经过注册会计师的审计并出具报告，还要存档以便股东查阅，若是以募集设立方式成立的股份有限公司，还必须要公告其财务会计报告。

案例拓展

发起人协议样本

为寻求合作发展，合作各方经充分协商，一致同意共同出资设立××有限责任公司（以下简称“公司”），各方依据《中华人民共和国公司法》等有关法律法规，签订如下协议，作为各方发起行为的规范，以资共同遵守。

第一条　公司概况

申请设立的有限责任公司名称拟定为××××有限责任公司（以下简称“公司”），公司名称以公司登记机关核准为准。

公司住所拟设在　　　市　　　区　　　路　　　号　　　楼（房）。

本公司的组织形式为：有限责任公司。

责任承担：甲、乙、丙、丁方以各自的出资额为限对新公司承担责任，新公司以其全部资产对新公司的债务承担责任。

第二条　公司宗旨与经营范围

本公司的经营宗旨：通过生产高质量的××××，为客户提供满意的产品，为股东创造价值，为员工提供发展机会，为社会做出贡献。

本公司的经营范围：主营：××××的研发、生产和销售，机械零部件加工制造。兼营：技术咨询服务。

第三条　注册资本

本公司的总投资拟定为2000万元人民币，出资为货币和技术形式，各方约定丙方和丁方所拥有的技术不进行无形资产评估，股权比例如下。

甲方：出资额为1000万元，以现金方式出资，占注册资本的30%。

乙方：出资额为1000万元，以现金方式出资，占注册资本的30%。

丙方：出资额为0万元，以技术方式出资，占注册资本的30%。

丁方：出资额为0万元，以技术方式出资，占注册资本的10%。

第四条　出资时间

股东应当按期足额缴纳公司章程中规定的各自所认缴的出资额。股东以货币出资的，应当将货币出资足额存入有限责任公司在银行开设的账户。甲方和乙方投入新公司的款项应于××年××月××日前存放在公司指定的账号。

第五条　出资评估

投资各方认定技术方所占股本比例为40%，技术方应在2年内完成商业计划书中所述的××个产品的研制和专利申请，或根据公司市场拓展需要完成不少于××个产品的研制和专利申请。

第六条　公司登记

全体股东同意指定×××为代表作为申请人，向公司登记机关按预先核准通过的公司名称申请设立登记。申请人应保证向公司登记机关提交的文件、证件的真实性、有效性和合法性，并承担责任。

第七条　新公司组织结构

1. 公司董事会由5名董事组成，其中甲方委派2名，乙方委派1名，丙方委派1名，丁方委派1名。各方商议确定，公司成立时公司法定代表人由××担任，董事长由××担任。

2. 公司总经理由×××担任。

3. 公司运行平稳后，将根据公司法要求的公司法人治理结构设立相应的组织结构，聘请高管人员。

第八条　各发起人的权利

1. 申请设立本公司，随时了解本公司的设立工作进展情况。

2. 签署本公司设立过程中的法律文件。

3. 审核设立过程中筹备费用的支出。

4. 在本公司成立后，按照国家法律和本公司章程的有关规定，行使其他股东应享有权利。

第九条　发起人的义务

1. 及时提供本公司申请设立所必需的文件材料。

2. 在本公司设立过程中，由于发起人的过失致使公司受到损害的，对本公司承担赔偿责任。

3. 发起人未能按照本协议约定按时缴纳出资的，除向本公司补足其应缴付的出资外，还应对其未及时出资行为给其他发起人造成的损失承担赔偿责任。

4. 公司成立后，发起人不得抽逃出资。

5. 在本公司成立后，按照本公司章程的有关规定，承担股东应承担的义务。

第十条　费用承担

1. 在本公司设立成功后，同意将为设立本公司所发生的全部费用列入本公司的开办费用，由成立后的公司承担。

2. 因各种原因导致申请设立公司已不能体现股东原本意愿时，经全体股东一致同意，可停止申请设立公司，所耗费用按各发起人的初始现金出资比例进行分摊。

第十一条　违约责任

1. 合同任何一方未按合同规定依期如数提交出资额时，每逾期一日，违约方应向其他方支付出资额的0.1%作为违约金。如逾期3个月仍未提交的，其他方有权解除合同。

2. 由于一方过错，造成本合同不能履行或不能完全履行时，由过错方承担其行为给公司造成的损失。

第十二条 声明和保证

本发起人协议的签署各方做出如下声明和保证。

发起人各方均为具有独立民事行为能力的自然人或法人，并拥有合法权利或授权签订本协议。

发起人各方投入本公司的资金，均为各发起人所拥有的合法财产。

发起人各方向本公司提交的文件、资料等均是真实、准确和有效的。

第十三条 保密

合同各方保证对在讨论、签订、执行本协议过程中所获悉的属于其他方的且无法自公开渠道获得的文件及资料（包括商业秘密、公司计划、运营活动、财务信息、技术信息、经营信息及其他商业秘密）予以保密。未经该资料和文件的原提供方同意，其他方不得向任何第三方泄露该商业秘密的全部或部分内容。但法律法规另有规定或各方另有约定的除外。保密期限为10年。

第十四条 通知

1. 根据本合同需要一方向另一方发出的全部通知以及各方的文件往来及与本合同有关的通知和要求等，必须用书面形式，可采用书信、传真、当面送交等方式传递。以上方式无法送达的，方可采取公告送达的方式。

2. 各方通信地址如下：

甲方：

乙方：

丙方：

丁方：

3. 一方变更通信地址，应自变更之日起15日内，以书面形式通知其他方；否则，由未通知方承担由此而引起的相关责任。

第十五条 合同的变更

本合同履行期间，发生特殊情况时，甲、乙、丙、丁任何一方需要变更本合同时，要求变更一方应及时书面通知其他方，征得他方同意后，各方在规定的时限内（书面通知发出15日内）签订书面变更协议，该协议将成为合同不可分割的部分。未经各方签署书面文件，任何一方无权变更本合同，否则，由此造成对方的经济损失，由责任方承担。

第十六条 各方约定的其他条款

第十七条 争议的处理

1. 本合同受中华人民共和国法律管辖并按其进行解释。

2. 本合同在履行过程中发生的争议，由各方当事人协商解决，也可由有关部门调解；协商或调解不成的，按下列方式解决。

（1）提交××市仲裁委员会仲裁。

（2）依法向人民法院起诉。

第十八条　不可抗力

1. 如果本合同任何一方因不可抗力事件影响而未能履行其在本合同下的全部或部分义务，该义务的履行在不可抗力事件妨碍其履行期间应予中止。

2. 声称受到不可抗力事件影响的一方应尽可能在最短的时间内以书面形式将不可抗力事件的发生通知另一方，并在该不可抗力事件发生后15日内向另一方提供关于此种不可抗力事件及其持续时间的适当证据及合同不能履行或者需要延期履行的书面资料。声称不可抗力事件导致其对本合同的履行在客观上成为不可能或不实际的一方，有责任尽一切合理的努力消除或减轻此等不可抗力事件的影响。

3. 不可抗力事件发生时，各方应立即通过友好协商决定如何执行本合同。不可抗力事件或其影响终止或消除后，各方须立即恢复履行各自在本合同项下的各项义务。如不可抗力及其影响无法终止或取消而致使合同任何一方丧失继续履行合同的能力，则各方可协商解除合同或暂时延迟合同的履行，且遭遇不可抗力一方无须为此承担责任。当事人迟延履行后发生的不可抗力的，不能免除责任。

4. 本合同所称“不可抗力”是指受影响一方不能合理控制的，无法预料或即使可预料到也不可避免且无法克服，并于本合同签订之后出现的，使该方对本合同全部或部分的履行在客观上成为不可能或不实际的任何事件。此等事件包括但不限于自然灾害如水灾、火灾、旱灾、台风、地震，以及社会事件如战争（不论曾否宣战）、动乱、罢工，政府行为或法律规定等。

第十九条　合同的解释

本合同未尽事宜或条款内容不明确，合同各方当事人可以根据本合同的原则、合同的目的、交易习惯及关联条款的内容，按照通常理解对本合同做出合理解释。该解释具有约束力，除非解释与法律或本合同相抵触。

第二十条　补充与附件

本合同未尽事宜，依照有关法律法规执行，法律法规未做规定的，甲乙丙丁各方可以达成书面补充合同。本合同的附件和补充合同均为本合同不可分割的组成部分，与本合同具有同等的法律效力。

第二十一条　合同的效力

1. 本合同各方或各方法定代表人或其授权代表人签字并加盖单位公章或合同专用章之日起生效。

2. 本协议一式6份，甲方、乙方、丙方、丁方各执1份，其余2份由公司存档，具有同等法律效力。

3. 本合同的附件和补充合同均为本合同不可分割的组成部分，与本合同具有同等的法律效力。

甲方（签字）：	乙方（签字）：
签订地点：	签订地点：
年　月　日	年　月　日
丙方（签字）：	丁方（签字）：
签订地点：	签订地点：
年　月　日	年　月　日

7.1.2 合伙企业

1. 合伙企业的定义及设立条件

1）定义

合伙企业，是指自然人、法人和其他组织依照《中华人民共和国合伙企业法》（以下简称《合伙企业法》）在中国境内设立的，由两个或两个以上的自然人通过订立合伙协议，共同出资经营、共负盈亏、共担风险的企业组织形式。合伙企业一般无法人资格，不缴纳所得税，缴纳个人所得税。合伙企业的类型有普通合伙企业和有限合伙企业。其中普通合伙企业又包含特殊的普通合伙企业。

（1）普通合伙企业由 2 人以上普通合伙人（没有上限规定）组成。普通合伙企业中，合伙人对合伙企业债务承担无限连带责任。在特殊的普通合伙企业中，一个合伙人或数个合伙人在执业活动中因故意或者重大过失造成合伙企业债务的，还应当承担无限责任或者无限连带责任，其他合伙人则仅以其在合伙企业中的财产份额为限承担责任。

（2）有限合伙企业由 2 人以上 50 人以下的普通合伙人和有限合伙人组成，其中普通合伙人和有限合伙人都至少有 1 人。当有限合伙企业只剩下普通合伙人时，应当转为普通合伙企业，如果只剩下有限合伙人时，应当解散。普通合伙人对合伙企业债务承担无限连带责任，有限合伙人仅以其认缴的出资额为限对合伙企业债务承担责任。

2）设立条件①

依据《合伙企业法》第二章第十四条规定，设立合伙企业，应具备以下条件。

（1）有两个以上合伙人。合伙人为自然人的，应当具有完全民事行为能力。

（2）有书面合伙协议。

（3）有合伙人认缴或者实际缴付的出资。

（4）有合伙企业的名称和生产经营场所。

（5）法律、行政法规规定的其他条件。

其中，普通合伙企业的名称中应标明“普通合伙”字样，有限合伙企业名称中应当标明“有限合伙”字样，同时，有限合伙人不得以劳务出资。以专业知识和专门技能为客户提供有偿服务的专业服务机构，可以设立为特殊的普通合伙企业。特殊的普通合伙企业名称中应当标明“特殊普通合伙”字样。

2. 合伙企业相关的法律规定

在《合伙企业法》中，对合伙企业有着明确的法律规定，包括设立程序、债务承担、出资规定、权利义务及其法律责任等。

1）设立程序

①申请人与登记机关设立合伙企业应由全体合伙人指定的代表或者共同委托的代理人向市场监督管理部门申请设立登记；②申请设立合伙企业，应向企业登记机关提交登记申请书、合伙协议书、全体合伙人的身份证明等文件；③登记机关应自收到申请人提交所

① 中华人民共和国合伙企业法. 第十四条[Z]. 2006-08-27.

需的全部文件之日起 20 日内做出是否登记的决定。予以登记的，发给营业执照，合伙企业的营业执照签发日期，为合伙企业成立之日。不予登记的，登记机关应当给予书面答复并说明理由。合伙企业领取营业执照之前，合伙人不得以合伙企业的名义从事合伙业务。合伙企业可以设立分支机构。合伙企业设立分支机构的，应当向分支机构所在地的企业登记机关申请登记，领取营业执照。

2）债务承担

（1）《合伙企业法》规定：合伙企业对其债务，应先以其全部财产进行清偿；合伙企业财产不足清偿到期债务的，各合伙人应当承担无限连带清偿责任。根据上述规定，合伙人对合伙债务的清偿责任的性质属于补充性责任，合伙债务的债权人应当先向合伙财产求偿；只有该合伙财产不足清偿时，才应向各合伙人求偿。

无论是合伙企业还是个人合伙，对外（对合伙的债权人）承担的都是无限连带责任。“无限”即承担责任不以出资额为限；“连带”则意味着每个合伙人均须对全部合伙债务负责，债权人可以依其选择，请求全体、部分或者个别合伙人清偿，被请求的合伙人即须清偿全部的合伙债务，不得以自己承担的份额为由拒绝。对内（合伙人之间）则是按份之债，某个合伙人由于承担连带责任所清偿债务数额超过其应当承担的数额时，有权向其他合伙人（按份）追偿。

（2）《合伙企业法》中规定，合伙企业的利润和亏损，由合伙人依照合伙协议约定的比例分配和分担；合伙协议未约定利润分配和亏损分担比例的，由各合伙人平均分配和分担。合伙协议不得约定将全部利润分配给部分合伙人或者由部分合伙人承担全部亏损。同时，以合伙企业财产清偿合伙企业债务时，其不足的部分，由各合伙人按照本法规定的比例，用其在合伙企业出资以外的财产承担清偿责任①。

3）出资规定

根据《合伙企业法》的规定，合伙人可以用货币、实物、土地使用权、知识产权或者其他财产权利出资；上述出资应当是合伙人的合法财产及财产权利。

（1）货币出资。对货币以外的有价实物或者土地使用权的出资，可以由全体合伙人协商确定，也可以由全体合伙人委托法定评估机构进行评估。

（2）劳务出资。经全体合伙人协商一致，合伙人也可以用劳务出资，其评估办法由全体合伙人协商确定。

（3）知识产权出资。合伙企业的出资要求没有公司法人那么高，因为合伙人之间对合伙企业的债务是要承担连带责任的，而专利、商标、著作权等知识产权作为无形资产，在公司的出资中不易评估，但完全可以作为合伙企业的出资方式。

4）合伙企业合伙人的权利

根据《合伙企业法》和《中华人民共和国民法通则》有关合伙企业的相关规定，合伙企业合伙人所享有的权利有如下方面。

（1）合伙人投入的财产和经营积累的财产，由合伙人统一管理和使用。如合伙人提供

① 中华人民共和国合伙企业法. 第三十三条～第四十二条[Z]. 2006-08-27.

的厂房、机械设备等，各合伙人在共同经营、共同劳动中有使用的权利；合伙经营积累的财产，归合伙人共有。非经全体合伙人同意，任何人不得擅自转让、抽出、处分共同所有的财产。

（2）个人合伙的经营活动，由合伙人共同决定，合伙人有执行和监督的权利。

（3）根据合伙经营的需要，合伙人有权推举负责人，负责合伙经营的主要工作。

（4）合伙人对于合伙经营所取得的收益，享有按约定分享的权利。

（5）合伙人对于偿还合伙债务超过自己应承担数额的，有向其他合伙人追偿的权利。

5）合伙企业合伙人的义务

（1）合伙人有按照合伙协议提供约定的资金、实物、技术等的义务。合伙人无论是提供资金、实物还是技术，都应在合伙协议中明确规定，合伙人应按协议约定的数量、质量等具体要求履行义务，否则，应负担相应的民事责任。

（2）合伙人有直接参与共同经营、共同劳动的义务。这种共同的经济利益是通过合伙人的合伙经营和共同劳动，否则就不能取得合伙人的资格。对于按照协议提供资金或者实物并约定参与合伙盈余分配，但不参加合伙经营、劳动的公民，或者提供技术性劳务而不提供资金、实物，但约定参加盈余分配的公民，根据最高人民法院的司法解释，均视为合伙人。

（3）合伙人有接受监督和检查的义务。个人合伙事业经营好坏，与各合伙人的利益密切相关。为此，就要求各合伙人齐心协力、相互监督，如合伙负责人应定期向合伙人公布经营情况、账目、财务及其他重大事项，接受合伙人的监督检查。合伙负责人因自己的过错给其他合伙人造成损失的应承担相应的民事责任，情节严重的，还可由全体合伙人协商解除其负责人资格。

（4）合伙人对合伙的债务负无限连带责任，法律另有规定的除外。合伙人对被推举的负责人和合伙其他成员的经营活动承担民事责任。

（5）合伙人对于其他合伙人因连带责任为自己偿还一定数额的债务的，负有偿还的义务。

6）合伙企业合伙人的法律责任①

《合伙企业法》中对合伙人的法律责任有很详细的描述，如合伙人不得自营或者同他人合作经营与本合伙企业相竞争的业务。除合伙协议另有约定或者经全体合伙人一致同意外，合伙人不得同本合伙企业进行交易；合伙人不得从事损害本合伙企业利益的活动。再者，合伙人执行合伙事务，或者合伙企业从业人员利用职务上的便利，将应当归合伙企业的利益据为己有的，或者采取其他手段侵占合伙企业财产的，应当将该利益和财产退还合伙企业；给合伙企业或者其他合伙人造成损失的，依法承担赔偿责任；等等。法律相关条款的完善，为我国合伙企业的正常运营提供了基本保障。

3. 合伙企业的特征

1）生命有限

合伙企业比较容易设立和解散。合伙人签订了合伙协议，就宣告合伙企业的成立。新

---

① 中华人民共和国合伙企业法. 第九十六条～第九十九条[Z]. 2006-08-27.

合伙人的加入，旧合伙人的退休、死亡、自愿清算、破产清算等均可造成原合伙企业的解散以及新合伙企业的成立。

2）责任无限

合伙组织作为一个整体对债权人承担无限责任。按照合伙人对合伙企业的责任，合伙企业可分为普通合伙和有限责任合伙。普通合伙的合伙人均为普通合伙人，对合伙企业的债务承担无限连带责任。有限责任合伙企业由一个或几个普通合伙人和一个或几个责任有限的合伙人组成，即合伙人中至少有一个人要对企业的经营活动负无限责任，而其他合伙人只能以其出资额为限对债务承担偿债责任，因而这类合伙人一般不直接参与企业经营管理活动。

3）相互代理

合伙企业的经营活动，由合伙人共同决定，合伙人有执行和监督的权利，可以推举负责人。合伙负责人和其他人员的经营活动，由全体合伙人承担民事责任。换言之，每个合伙人代表合伙企业所发生的经济行为对所有合伙人均有约束力。因此，合伙人之间较易发生纠纷。

4）财产共有

合伙人投入的财产，由合伙人统一管理和使用，不经其他合伙人同意，任何一位合伙人不得将合伙财产移为他用。只提供劳务，不提供资本的合伙人仅有权分享一部分利润，而无权分享合伙财产。

5）利益共享

合伙企业在生产经营活动中所取得、积累的财产，归合伙人共有。如有亏损则亦由合伙人共同承担。损益分配的比例，应在合伙协议中明确规定；未经规定的可按合伙人出资比例分摊，或平均分摊。以劳务抵作资本的合伙人，除另有规定者外，一般不分摊损失。

7.1.3 个人独资企业

1. 个人独资企业的定义及设立条件

1）个人独资企业的定义

根据《中华人民共和国个人独资企业法》（以下简称《个人独资企业法》）中第一章第二条定义，个人独资企业，是指依照本法在中国境内设立，由一个自然人投资，财产为投资人个人所有，投资人以其个人财产对企业债务承担无限责任的经营实体①。个人独资企业是最古老、最简单的一种企业组织形式，主要盛行于零售业、手工业、农业、林业、渔业、服务业和家庭作坊等。

2）个人独资企业的设立条件②

根据《个人独资企业法》的规定，我国对个人独资企业的设立，在立法上采取了准则主义，即只要符合法律规定的设立条件，企业即可直接办理注册登记，一般无须经过有关

① 中华人民共和国个人独资企业法. 第二条[Z]. 1999-08-30.

② 中华人民共和国个人独资企业法. 第九条[Z]. 1999-08-30.

部门批准。具体来说，设立个人独资企业应当具备下列条件。

（1）投资人是中国公民。个人独资企业中的“人”只能是自然人，自然人之外的法人、其他组织不能投资设立个人独资企业。申请设立个人独资企业的投资人应当具有相应的民事权利能力和民事行为能力。法律、行政法规禁止从事营利性活动的人，如政府公务员，不得作为投资人申请设立个人独资企业等。

（2）有合法的企业名称。企业的名称应当真实地表现企业的组织形式特征，并应符合法律法规的要求。就个人独资企业而言，其名称不仅应当与公司企业和合伙企业相区别，而且应当与其他的个人独资企业区别开来。因此，个人独资企业名称应与其责任形式及从事的营业相符合。

（3）有投资人申报的出资。《个人独资企业法》对设立个人独资企业的出资数额未做限制，投资人可以用货币出资，也可以用实物、土地使用权、知识产权或者其他财产权利出资。

（4）有固定的场所和必要的生产经营条件。生产经营场所包括企业的住所和与生产经营相适应的处所。住所是企业的主要办事机构所在地，是企业的法定地址。

（5）有必要的从业人员，即要有与其生产经营范围、规模相适应的从业人员。关于从业人员的人数，法律并没有做出具体规定，由企业视情况而定。

2. 个人独资企业相关的法律规定

1）设立程序

（1）提出设立申请。申请设立个人独资企业，应当由投资人或者其委托的代理人向个人独资企业所在地的登记机关提出设立申请。

（2）核准登记。登记机关应当在收到设立申请文件之日起 15 日内，对符合《个人独资企业法》规定条件的予以登记，发给营业执照；对不符合《个人独资企业法》规定条件的，不予登记，并发给企业登记驳回通知书。个人独资企业营业执照的签发日期，为个人独资企业成立日期，在领取个人独资企业营业执照前，投资人不得以个人独资企业名义从事经营活动。

（3）设立分支机构登记。个人独资企业设立分支机构，应当由投资人或者其委托的代理人向分支机构所在地的登记机关申请设立登记。分支机构的登记事项应当包括：分支机构的名称、经营场所、负责人姓名和居所、经营范围和方式。登记机关应当在收到按规定提交的全部文件之日起 15 日内，做出核准登记或者不予登记的决定。核准登记的，发给营业执照；不予登记的，发给登记驳回通知书。

2）债务承担①

《个人独资企业法》中有关个人独资企业投资人承担企业债务的法律规定如下。

（1）个人独资企业投资人在申请企业设立登记时明确以其家庭共有财产作为个人出资的，应当依法以家庭共有财产对企业债务承担无限责任。

---

① 中华人民共和国个人独资企业法. 第三章[Z]. 1999-08-30.

（2）个人独资企业解散后，原投资人对个人独资企业存续期间的债务仍应承担偿还责任，但债权人在5年内未向债务人提出偿债请求的，该责任消灭。

（3）个人独资企业财产不足以清偿债务的，投资人应当以其个人的其他财产予以清偿。

3）出资规定

我国相关法律对设立个人独资企业的出资数额未做限制。根据相关法律的规定，设立个人独资企业可以用货币出资，也可以用实物、土地使用权、知识产权或者其他财产权利出资，采取实物、土地使用权、知识产权或者其他财产权利出资的，应将其折算成货币数额。投资人申报的出资额应当与企业的生产经营规模相适应。投资人可以个人财产出资，也可以家庭共有财产作为个人出资。以家庭共有财产作为个人出资的，投资人应当在设立（变更）登记申请书上予以注明。

4）个人独资企业投资人的权利

（1）所有权。作为独资企业的投资人，对独资企业的财产依法享有所有权。而且，有关权利还可依法进行转让或继承。

（2）管理权。如果自己善于管理，投资人可以自己管理独资企业事务；如果投资人自己太忙或者缺乏管理经验，也可以聘请一位经理来管理自己的企业。

（3）申请贷款、取得土地使用权。依照《个人独资企业法》，投资人可以以独资企业的名义申请贷款。如果企业越办越大，地盘小了，还可以以企业的名义依法取得土地使用权。

（4）设立分支机构的权利。独资企业可以在外地设立分支机构。设立分支机构，由投资人或者其委托的代理人向分支机构所在地的登记机关申请登记，领取营业执照。同时，分支机构经营过程中的一切民事责任由设立该分支机构的个人独资企业承担。

5）个人独资企业投资人的义务

个人独资企业是一种个人“专制”的企业。正是因为这一点，法律为投资人设定了一些义务。这些义务要求投资人在一定的限度内“专制”。

（1）责任形式。投资人以其个人财产对企业债务承担无限责任。即使个人独资企业解散了，原投资人仍须对个人独资企业存续期间的债务承担偿还责任。

（2）停业限制。投资人在登记机关登记成立独资企业后，必须在6个月内开门营业；同时，开业后，不得自行连续停业6个月以上。

（3）企业解散时的义务。如果企业由于经营不善或其他原因不得已要解散，必须对企业进行清算。同时，必须在清算前15日内书面通知独资企业的债权人，要他们向投资人申报债权，如果无法通知债权人，则应当在报纸或其他地方发布公告，让债权人尽量知道清算的消息。个人独资企业解散，必须按照独资企业法规定的顺序清偿债务。第一顺序是偿还所欠职工工资和社会保险费用；第二顺序是缴纳所欠税款；最后才是偿还其他债务。

另外，投资人在对自己的独资企业进行清算期间，不得转移、隐匿企业财产，不得开展与清算目的无关的经营活动。

6）个人独资企业投资人的法律责任

《个人独资企业法》对个人独资企业的投资人的法律责任有详细的描述，如对于提交虚假文件或采取其他欺骗手段，取得企业登记的，责令改正，处以5000元以下的罚款；情节严重的，并处吊销营业执照；未领取营业执照，以个人独资企业名义从事经营活动的，责令停止经营活动，处以3000元以下的罚款。个人独资企业登记事项发生变更时，未按本法规定办理有关变更登记的，责令限期办理变更登记；逾期不办理的，处以2000元以下的罚款等。良好的运营机制必须靠完善的法律来保障。

3. 个人独资企业的特征

（1）投资主体方面的特征。个人独资企业仅由一个自然人投资设立。这是独资企业在投资主体上与合伙企业和公司的区别所在。

（2）企业财产方面的特征。个人独资企业的全部财产为投资人个人所有，投资人是企业财产的唯一所有者。基于此，投资人对企业的经营与管理事务享有绝对的控制与支配权，不受任何其他人的干预。

（3）责任承担方面的特征。个人独资企业的投资人以其个人财产对企业债务承担无限责任。这是在责任形态方面独资企业与公司（包括一人有限责任公司）的本质区别。

（4）主体资格方面的特征。个人独资企业不具有法人资格。尽管独资企业有自己的名称或商号，并以企业名义从事经营行为和参加诉讼活动，但它不具有独立的法人地位。

7.1.4 个体工商户

1. 个体工商户的定义及设立条件[①]

1）定义

个体工商户，是指有经营能力并依照《个体工商户条例》的规定经工商行政管理部门登记，从事工商业经营的公民。《个体工商户条例》第二条规定："有经营能力的公民，依照本条例规定经工商行政管理部门登记，从事工商业经营的，为个体工商户。"

2）设立条件

个体工商户对注册资金实行申报制，没有最低限额基本要求：①有经营能力的城镇待业人员、农村村民以及国家政策允许的其他人员，可以申请从事个体工商业经营；②申请人必须具备与经营项目相应的资金、经营场地、经营能力及业务技术。

2. 个体工商户相关的法律规定

1）设立程序

个体工商户的设立应按照以下步骤进行。

（1）办理名称预先登记。此步骤一般包含以下几点：①咨询后领取并填写《名称（变更）预先核准申请书》，同时准备相关材料；②递交《名称（变更）预先核准申请书》，等待名称核准结果；③领取《企业名称预先核准通知书》，同时领取《个体工商户开业登记申请书》；经营范围涉及前置许可的，办理相关审批手续。

（2）递交申请材料，材料齐全，符合法定形式的，等候领取《准予行政许可决定书》。

① 个体工商户条例. 第二条[Z]. 2016-02-06.

（3）领取《准予行政许可决定书》后，按照《准予行政许可决定书》确定的日期到工商局交费并领取营业执照。

2）债务承担

个体工商户不同于自然人个人，是以户的名义享受权利，也是以户的名义负担义务和承担责任。因此，个体工商户的债务也就应以个体工商户的财产来清偿。但个体工商户的财产与经营者个人的财产并不是分离的，个体工商户的责任财产也就是经营者的全部财产。因此，对于个体工商户的债务，个体经营的，要以个人的全部财产清偿；家庭经营的，要以家庭所有的财产清偿。

因为个体工商户可以是家庭成员中个人经营的，也可以是家庭成员共同经营的，而个人财产与家庭财产又是不同的，因而在确定个体工商户的财产责任时，既要区分该个体工商户是个人经营的还是家庭经营的，还要区分个人财产与家庭财产。在个人经营时，用于清偿个体工商户债务的财产即应包括经营者注明投入个体工商户的个人财产，个体经营的收益，也还应当包括该个人在家庭财产中应得的部分。但不能以家庭财产的全部用于清偿个体工商户的债务。

在区分个体工商户是个人经营还是家庭经营上，应采取实质主义，包括两个方面：一是投入个体工商户的财产是个人财产还是家庭财产；二是个体工商户经营中的收益是仅经营者个人享用还是家庭共同享用。但若为个人名义申办的个体工商户，其收益的主要部分为个人享用，而次要部分用于家庭共同消费的，则不应认定为家庭经营。

3）出资规定

设立个体工商户资金无法定要求，其经营收入归公民个人或家庭所有。但个体工商户不属于经济组织，不具有法人资格，要对自身债务负无限连带责任。

4）享受权利[①]

我国相关法律对个体工商户所享有的权利有详细的描述，如对核准登记的名称在规定范围内的专用权；对自有资产的占有权、经营权、处分权、收益权；依法取得土地使用权，用于生产经营；在银行及其他金融机构设立账户，申请贷款；在核准登记的范围内自主生产经营；自主决定用工形式、职工工资分配方式和工资水平，但不得低于本市规定的最低工资标准；依照国家和省价格管理规定自主制定商品价格与服务收费标准；等等。

5）承担义务

个体工商户和私营企业应当依法履行下列义务。

（1）在核准登记的范围内从事生产经营活动，遵守职业道德，文明经营。

（2）按时足额缴纳税、费。

（3）亮照、亮证经营。

（4）使用法定计量单位和器具，明码标价。

（5）法律法规规定的其他义务。

---

① http：//wenwen.sogou.com/z/q189362221.htm.

6）法律责任[①]

《个体工商户条例》明确规定，个体工商户有以下法律责任。

（1）个体工商户提交虚假材料骗取注册登记，或者伪造、涂改、出租、出借、转让营业执照的，由登记机关责令改正，处4000元以下的罚款；情节严重的，撤销注册登记或者吊销营业执照。

（2）个体工商户登记事项变更，未办理变更登记的，由登记机关责令改正，处1500元以下的罚款；情节严重的，吊销营业执照。个体工商户未办理税务登记的，由税务机关责令限期改正；逾期未改正的，经税务机关提请，由登记机关吊销营业执照。

（3）在个体工商户营业执照有效期内，有关行政机关依法吊销、撤销个体工商户的行政许可，或者行政许可有效期届满的，应当自吊销、撤销行政许可或者行政许可有效期届满之日起5个工作日内通知登记机关，由登记机关撤销注册登记或者吊销营业执照，或者责令当事人依法办理变更登记。

3. 个体工商户的特征

（1）个体工商户的主体是个体劳动者，是个体经济的一种法律形式。"户"既包括个体劳动者，也包括从事工商劳动经营的家庭。

（2）个体工商户必须在法律允许的范围内从事工商经营活动。根据现行的法律和政策，这里的工商经营活动，包括工业、手工业、建筑业、交通运输业、商业、饮食业、服务业、修配业和其他行业。但不管从事上述哪一种工商经营活动，均应在法律允许的范围内进行，方能受到法律的保护。同时还要依照市场监督管理部门核准登记的生产经营方式、项目、范围进行生产经营活动。在生产经营活动中，也必须遵守国家的法律、法规、政策。

（3）个体工商户必须依法核准登记。个体工商户的资格需要具备一定条件并履行一定的法律程序才能取得。这是因为个体工商户并不是公民个人或家庭的简单重复，而是一种具有一定资金、人力因素的存在。领取营业执照后，方能对外从事工商经营活动。无照经营以及转让经营执照牟取暴利等违法行为是被严格禁止的。市场监督管理部门的审核，主要是审查申请从事的经营项目是否符合国家的规定，申请人是否具备从事该项经营的条件等。只有审查合格，才能批准发给营业执照。

7.1.5 选择合适的法律形式

创业者在了解相关企业法律规定的同时，更要根据创业初始的经营业务所属的行业、资金条件、创业者的价值观、创办企业所在地的环境和政策与个人财富的保护等综合因素，来选择适合自己切入市场的经营组织主体。

1. 经营业务所属的行业

若是制造业类企业，因厂房设备投资大，而且技术要求比较高，采用合伙企业或有限责任公司不失为一种合适的形式，可以弥补技术或管理上的不足，扩大融资渠道。若是服

① 个体工商户条例.第二十三条～第二十五条[Z]. 2016-02-06.

务类企业如律师事务所、专利事务所、审计事务所等多采用合伙企业形式；若是技术很强、资金投入要求不高的企业，如美容店、茶社、维修部等，个人又具备良好技术条件，则个人独资企业是理想的选择；若是种植养殖等生产周期相对较长，资金占用时间长、周转慢，受自然环境影响大的产业，则采用有限责任公司较好。

2. 创业者个人自有资金

若个人自有资金比较充足，则选择独资企业形式比较易于成功。若个人资金不足，则采用合伙企业或有限责任公司更利于事业的发展。

3. 创业者的价值观

若创业者乐于发号施令，有强烈的权力欲望和主见，往往不愿采纳别人意见，又极具有领导才能，则选择独资企业为宜。若是一个有主见、心境平和、善于合作、善于整合周边资源、善于乘势发展的创业者，则采用有限责任公司或募集设立的股份有限责任公司为宜。

4. 创办企业所在地的政策和环境

目前，由于我国经济发展的不平衡性，各地对企业发展的政策和环境有很大差异。所以，不同地区根据其不同阶段的发展目标都有不同的导向性政策，创业者可根据当地政府对不同企业的优惠政策，选择最小创业成本的企业形式。如不少地区对私营企业有优惠政策，有利于独资企业和合伙企业的发展。有些地区对高新技术企业有优惠政策，选择有限责任公司则比较经济实用。

5. 个人财富的保护因素

有的创业者在创业初始资金投入时比较谨慎，在不是十分有把握的情况下会考虑法律上不具有连带责任的、投入资金安全系数更高的企业形式，如有限责任公司或者是股份有限公司等。而有的创业者更有闯拼的势头，相对来说较少考虑个人财富保护等因素，所以只要其他条件适合，他们不会考虑责任连带与否。

总之，创业企业法律形式的选择应考虑的因素很多。创业者必须通盘考虑、全面把握，同时还要根据个人的事业发展需要而及时调整，才能使所创事业更持久、更长远地可持续发展。

7.2 企业法人治理结构的设计

企业法人治理结构的说法其实并不确切，准确的说法应该是公司法人治理结构，它主要是指公司制企业的治理问题，是一种对公司进行管理和控制的体系。它不仅规定了公司的各个参与者，如董事会、经理层、股东和其他利益相关者的责任与权利分布，而且明确了决策公司事务时所应遵循的规则和程序。本节以有限责任公司为例对公司治理结构进行论述。

7.2.1 公司治理结构构成分析

1. 股东大会

股东大会是公司的最高权力机关，它由全体股东组成，对公司重大事项进行决策，有权选任和解除董事，并对公司的经营管理有广泛的决定权。

1）职权

股东大会作为公司的权力机构，是相对于公司董事会而言的，并不能理解为其职权的无限性。股东大会由全体股东组成，只能决定涉及股东权益的事项，主要是一种否定性的权力。在公司存在控制股东的情况下，股东大会主要反映控制股东的意志，公司中小股东的意志难以在股东大会中得到反映和体现。股东大会制度作为公司法中的一个制度，是与其他制度紧密相连的，确定股东大会职权事项，必须考虑与公司法中的其他制度协调。公司股权结构不同，股东大会所起的作用就不同。从应然的角度看，公司利润分配、董监事任免和涉及公司组织形式变更的事项应该专属于股东大会，其他事项可由股东根据公司的具体情况由公司章程规定。具体来说，股东大会具有以下职权[①]。

（1）决定公司的经营方针和投资计划。

（2）选举和更换非由职工代表担任的董事、监事，决定有关董事、监事的报酬事项。

（3）审议批准董事会的报告。

（4）审议批准监事会或者监事的报告。

（5）审议批准公司的年度财务预算方案、决算方案。

（6）审议批准公司的利润分配方案和弥补亏损方案。

（7）对公司增加或者减少注册资本作出决议。

（8）对发行公司债券作出决议。

（9）对公司合并、分立、解散、清算或者变更公司形式作出决议。

（10）修改公司章程。

（11）公司章程规定的其他职权。

2）构成

股东大会是公司投资者的大会，由全体股东组成。股东大会由公司全体股东组成，可以从两方面理解：第一，只要具有公司股东身份，不论其所持有的公司股份多少，其所持有的股权是否拥有表决权，均可参加公司股东大会。第二，股东大会只能由股东参加，不具有股东身份的人，如公司债权人、公司职工等，虽然可以列席股东大会，但不能享有股东在股东大会上可以行使的各项权利。强调股东大会由公司全体股东组成具有非常重要的意义。公司任何股东都可以参加股东大会，对公司重大事项行使决策权，能够使公司决策凝聚全体股东的智慧，减少决策失误，从而确保公司盈利目标的实现。

3）会议形式

股东大会以会议的形式形成决议，通过参加股东大会，股东行使自己参与公司管理的

---

① 中华人民共和国公司法. 第三十七条[Z]. 2018-10-26.

权利。股东大会的会议可根据召开的时间及原因不同，分为定期会议与临时会议两种。

（1）定期会议。定期会议又称普通会议、股东常会，在股份有限公司中还可称为股东年会，是依照法律规定和公司章程的规定必须按时召开的会议。定期会议是股东参与公司管理的基本形式，其召开具有强制性的特点。定期会议主要决定股东大会职权范围内的例行重大事项，也可以安排一些特殊事项进行决议。

（2）临时会议。临时会议是必要时在两次会议之间召开的会议，又叫特别会议。由于股东大会的召开必然要花费一定的费用，过于频繁地召开会议牵涉董事会的精力，影响公司的经营，所以股东大会临时会议的召开不能太过随意。然而，当一些特别情况出现时，又必须召开股东大会临时会议，以保障公司的顺利运营及股东权利行使的通畅。

2. 董事会

1）组成

董事会是依照有关法律、行政法规和政策规定，按公司或企业章程设立并由全体董事组成的、对内掌管公司事务、对外代表公司的经营决策机构。公司设董事会，由股东会选举。董事会设董事长一人，副董事长若干，董事长、副董事长由董事会选举产生。董事任期 3 年，任期届满，可连选连任。董事在任期届满前，股东会不得无故解除其职务。值得一提的是，法律规定，董事会表决时实行一人一票制度，在实践中为避免僵局的出现，董事会成员的人数通常为单数。

2）职权

《公司法》规定的董事会所能行使的职权有以下几点①。

（1）召集股东会会议，并向股东会报告工作。

（2）执行股东会的决议。

（3）决定公司的经营计划和投资方案。

（4）制订公司的年度财务预算方案、决算方案。

（5）制订公司的利润分配方案和弥补亏损方案。

（6）制订公司增加或者减少注册资本以及发行公司债券的方案。

（7）制订公司合并、分立、解散或者变更公司形式的方案。

（8）决定公司内部管理机构的设置。

（9）决定聘任或者解聘公司经理及其报酬事项，并根据经理的提名决定聘任或者解聘公司副经理、财务负责人及其报酬事项。

（10）制定公司的基本管理制度。

（11）公司章程规定的其他职权。

3）会议

董事主要通过参加董事会会议并对董事会职权范围内的事项进行投票来行使权力。董事会会议是董事会借以行使权力和履行职责的手段，是董事会形成各种决议的前提。

（1）会议种类。董事会会议一般分为两类：例会与临时会议。

---

① 中华人民共和国公司法. 第四十六条[Z]. 2018-10-26.

例会。例会又称常会，是按照公司章程规定的时间定期召开的会议。公司法对有限责任公司的例会召开次数没有要求，其召开的时间与次数都由公司章程规定。

临时会议。临时会议是介于两次例会之间的会议，通常是出现特殊情况时召开，特点是不定期。公司法没有对有限责任公司的董事会临时会议召开情形加以规定，由公司根据实际情况在公司章程中做出规定。

（2）会议的召集与主持。我国法律规定：董事会会议由董事长召集和主持，董事长不能履行职务或不履行职务的由副董事长召集和主持；副董事长不能履行职务或不履行职务的，由半数以上股东共同推举一名董事召集和主持。对于董事长产生之前的第一次董事会会议，实践中一般是由公司当选董事中得票最多的董事召集和主持。

（3）会议的召开与规则。公司法关于有限责任公司的董事会更多的是任意性规范，其会议召开的规则，由公司章程规定，公司股东可以决定出席的最低人数与出席人员的资格。

3. 监事会

监事会是公司的一个重要机构，是依照法律规定和公司章程规定，代表公司股东和职工对公司董事会、执行董事和经理依法履职情况进行监督的机构。有限责任公司设立监事会，并通过监事会的监督活动，维护公司股东的利益和保护职工的合法权益。监事会对股东会负责并报告工作。

1）组成

根据规定，有限责任公司应设立监事会，有限责任公司不设立监事会的，必须符合法定条件。股东人数较少或者规模较小的有限责任公司，可以设 1～2 名监事，不设立监事会。有限责任公司不设立监事会不等于这类公司不需要建立内部约束机制，不设立监事会的公司，必须设 1～2 名监事，由该监事依法行使监督职责。监事会必须由 3 人以上组成，至于具体人数，可由公司根据自身情况，在公司章程中做出具体的规定。

监事会的性质决定了监事会成员只能从股东和职工中产生；监事会成员中的股东代表，只能由公司股东担任。如何确定股东代表，可以由公司章程做出规定。监事会成员中的职工代表，只能由公司职工担任。为了构建能够体现保护公司职工合法权益的公司内部监督机构，法律对股东代表与职工代表的要求是不同的。一是职工代表在监事会中的比例不得低于全体成员的 1/3，此为法定最低比例。至于具体的比例，则由公司章程规定；二是职工代表的产生，职工代表只能由公司职工通过职工代表大会、职工大会或者其他形式民主选举产生，而不能由董事长、经理等指定。此外，公司的董事、高级管理人员，也应当是公司的职工，但因其担任特定的职务，履行特定的职权，属于监督的对象，所以法律明文规定其不得兼任监事。

监事会通过会议形式行使职权。监事会设主席 1 人，召集和主持监事会会议。监事会主席由全体监事过半数选举产生，具体的选举办法，可由公司章程规定。为了保证监事会的正常运行，当监事会主席不能履行职务或者不履行职务的，由半数以上监事共同推举 1 名监事召集和主持监事会会议。

根据规定，监事的任期，每届为 3 年。监事 3 年任期届满后，应当退任，但是法律允许监事连任，前提条件是必须获得连选。至于监事可以连任多少届，法律没有做出限制性规定。

2）职权[①]

监事会、不设监事业会的公司的监事的职权主要有以下几个方面。

（1）检查公司财务。

（2）对董事、高级管理人员执行公司职务的行为进行监督，对违反法律、行政法规、公司章程或者股东会决议的董事、高级管理人员提出罢免的建议。

（3）当董事、高级管理人员的行为损害公司的利益时，要求董事、高级管理人员予以纠正。

（4）提议召开临时股东会会议，在董事会不履行公司法规定的召集和主持股东会会议职责时召集和主持股东会会议。

（5）向股东会会议提出提案。

（6）依照《公司法》第一百五十一条的规定，对董事、高级管理人员提起诉讼。

（7）公司章程规定的其他职权。

3）会议

监事会会议是监事会行使职权最重要，也是最主要的方式。监事会会议分为定期会议和临时会议。定期会议由公司章程规定每年的召开次数和召开时间。依据《公司法》中有关规定，有限责任公司的监事会每年度至少召开一次会议，而临时监事会会议应在何种情况下召开，由公司章程规定，但监事依法可以提议召开临时监事会会议。监事提议召开临时监事会会议的，监事会主席应当召集会议。

监事会会议应当对每个列入议程的议案以书面形式做出决议，并且应当经全体监事的半数以上监事通过。由此可以说明，监事会会议须有半数以上的监事参加会议才有决议能力。

为促使监事尽职尽责地行使职权，法律要求监事会对所议事项的决定做成会议记录，并要求出席会议的监事在会议记录上签名。

4. 执行机构

执行机构不具有法律上的财产权，似乎并不是公司的重要角色，但执行机构却行使公司法人之代理权，代理法人在一定范围内实际支配着法人财产。出资者的利益实现，公司职工的切身利益，乃至公司利益相关者的利益，都与执行机构的法人代理权的行使密切相关。

1）构成

在公司治理结构中，执行机构由总经理、副总经理、财务总监等高层执行官员组成。他们受聘于董事会，在董事会授权范围内拥有对公司事务的管理权和代理权，负责处理公司的日常经营事务。执行机构的负责人通常由总经理担任，有时也由董事长担任，现在有许多公司的执行机构负责人称首席执行官，往往由董事长兼任，下面以总经理为例进对其职责进行论述。

2）职责

总经理对董事会负责，一般行使下列职权。

（1）主持公司的生产经营管理工作，并向董事会报告工作。

① 中华人民共和国公司法. 第五十三条[Z]. 2018-10-26.

（2）为年度报告的编制提交业务报告或在股东大会上做公司业务报告。

（3）拟订公司年度生产经营计划、投资方案及实现计划、方案的主要措施。

（4）组织实施董事会决议、公司年度计划和投资方案。

（5）拟订公司内部管理机构设置方案。

（6）拟订公司内部改革方案。

（7）拟订公司有关基本管理制度。

（8）制定公司具体规章。

（9）提请董事会聘任及解聘公司副总经理、总会计师、总经济师、总工程师。

（10）聘任或者解聘除应由董事会聘任或者解聘以外的中层行政管理人员，并根据其工作业绩，决定对他们的奖惩方案，报董事会批准后实施。

（11）拟订公司职工的工资、福利、奖惩，决定公司职工的聘任和解聘。

（12）经董事会授权代表公司处理对外事宜和签订包括投资、合作经营、合资经营等在内的经济合同。

（13）管理或指导、协调分子公司的生产建设和经营工作。

（14）签发日常行政业务和财务文件。

（15）提议召开董事会临时会议。

（16）公司章程规定或董事会授予的其他职权。

案例拓展

华达公司原有的组织机构如图7-1所示，随着公司业务的发展，现有的组织机构制约着企业的发展，而且公司原有的股份为公司创始人王力一人所有。由于公司股份属于一个

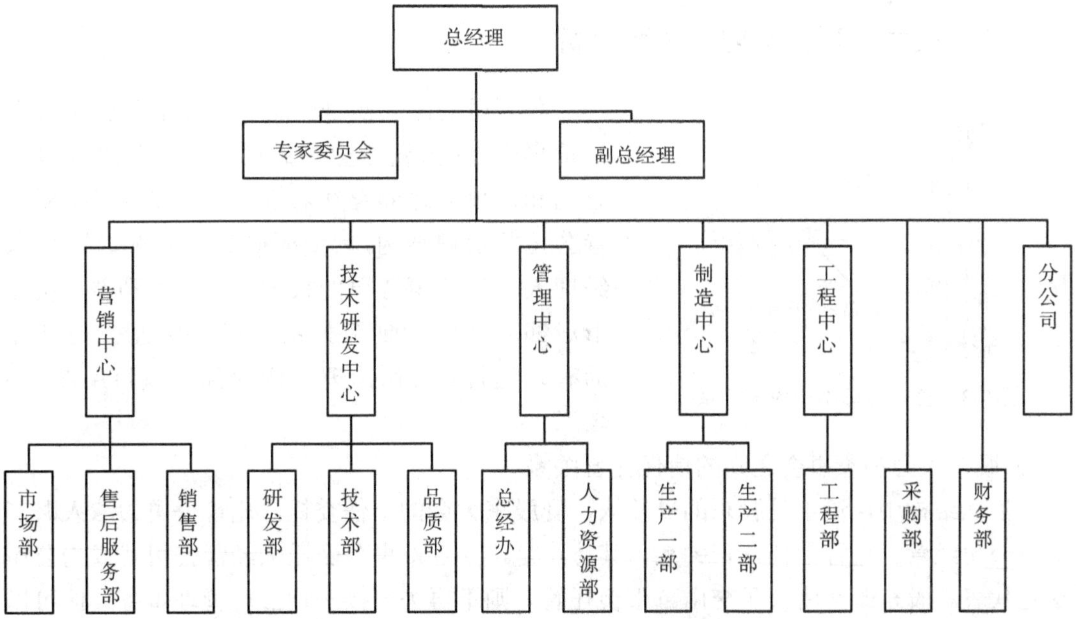

图7-1 华达公司原有的组织机构

人，因此权力过于集中，常存在决策失误的情况，而且员工的归属感不强，核心技术人员和中高层管理人员时常有跳槽的情况出现。由于公司所在行业处在快速发展期，因此创始人王力决定采取股权激励和适度分权的模式。王力拿出公司股份的10%通过期股的方式授予公司的中高层管理人员和核心技术人员。并对公司的组织机构进行了重新的设计（图 7-2），完善了公司的治理结构，从而使得公司步入良性的发展轨道。

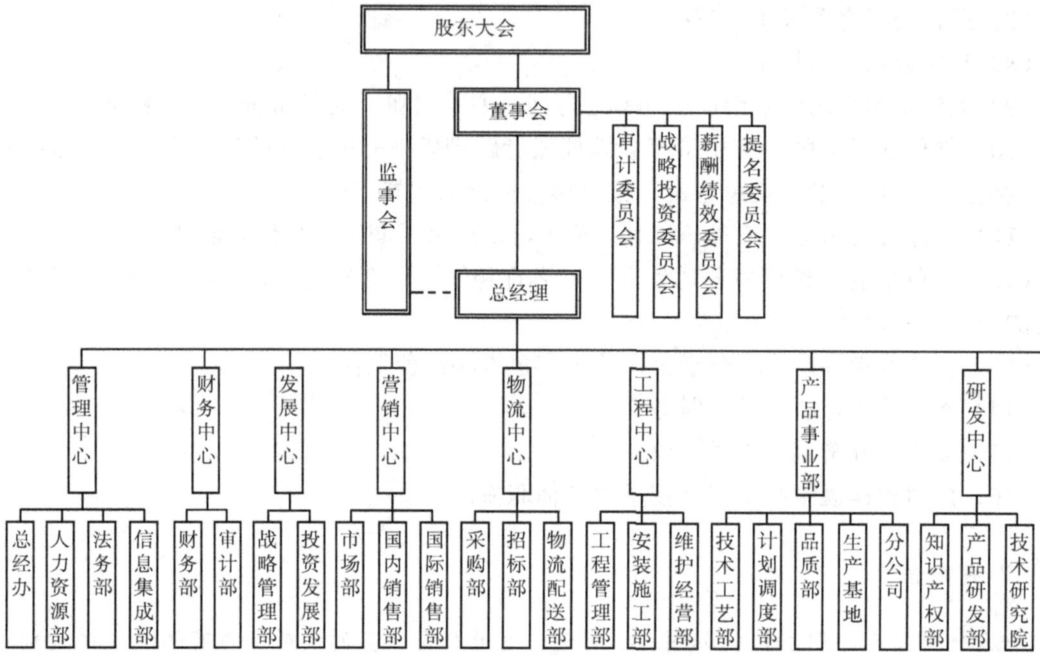

图 7-2 华达公司优化后的组织机构

7.2.2 公司治理结构内部关系分析

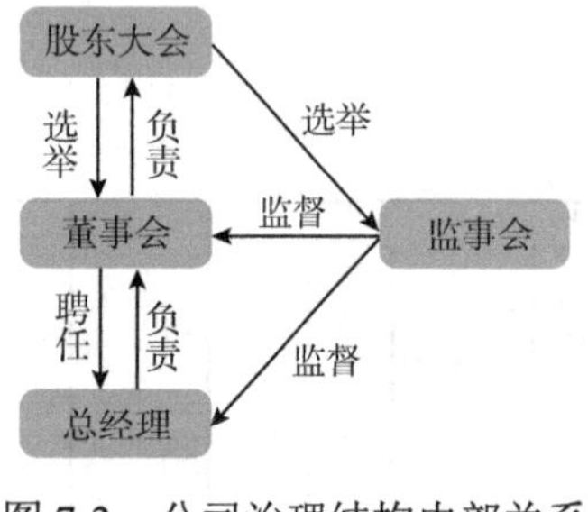

图 7-3 公司治理结构内部关系

在公司的法人治理结构中，股东及股东大会与董事会之间、董事会与高层执行官员之间以及它们和监事会之间存在着性质不同的关系，要完善公司的治理结构，就要明确划分股东、董事会、经理人员和监事各自的权力、责任和利益，从而形成四者之间的制衡关系，最终保证公司制度的有效运行。公司治理结构内部关系可用图 7-3 表示。

1）股东大会和董事会之间的信任托管关系

在治理结构中，董事是股东的受托人，受股东大会的信任委托，托管公司的法人财产和负责公司经营。这种信任托管关系，其特点是，一旦董事会受托来经营公司就成为公司的法定代表。股东既然将公司交由董事会托管，则不再去直接干预公司管理事务，但可以以玩忽职守、未尽到受托责任而起诉董事，或者不再选举他们连任。不过选举不能由单个股东决定，而要取决于股东大会投票的结果。受托经营的董事不同于受雇经理人员，不兼任执行人员的董事（独立董事）一般不领取报酬，只领取一定的津贴或称车马费以表明不是雇佣关系，而只是信任托管关系。

2）董事会与公司经理人员之间的委托代理关系

董事会以经营管理组织、经验和创利能力为标准，挑选和任命适合于本公司的经理人员。经理人员作为董事会的意定代理人，拥有管理权和代理权。前者是指经理人员对公司内部事务的管理权，后者是指经理人员在诉讼方面之外的商业代理权。这种委托代理关系的特点在于如下两方面。

（1）经理人员作为意定代理人，其权力受到董事会委托范围的限制，包括法定限制和意定限制，如营业方向的限制、处置公司财产的限制等。超越权限的决策和被公司章程或董事会定义为重大战略的决策，要报请董事会决定。

（2）公司对经理人员是有偿委任的雇用，经理人员有义务和责任依法经营好公司事务，董事会有权依经理人员的经营绩效进行监督，并据此对经理人员做出奖励或激励的决定。应当注意的是，在现代现实经济生活中，董事会的主要职能已经从经营管理作用转为战略决策和监督作用，而作为董事会意定代理人的高层经理人员的权力要比法律上的规定来得更大。因此，如何加强对他们的监督和激励就成为完善现代公司治理结构的一项重要课题。

应该看到，委托人和代理人各自追求的目标是有不同之处的。作为委托人的董事，要求经理人员尽职尽责，执行好经营管理的职能，以便为公司取得更多的“剩余收入”即利润；而作为代理人的高层经理人员所追求的，则是他们本身的人力资本和收入的最大化。为此，在经理人员握有很大权力的条件下，董事会就尤其需要建立一套有效的激励机制，根据经理人员的工作绩效对他们实行约束与激励。

3）监事会与董事会和经理人员之间的监督与被监督关系

从董事会与股东大会的关系来讲，董事会要向股东大会负责并接受其监督。但在实践中，商业环境的复杂性和执行机构自主权的增加，加之权力机构的临时性和股东的分散性，使得股东不便经常性地对董事会及经理的经营行为进行监督，因而又设立了专门从事监督的机构——监事会，以把董事会和经理执行业务的活动置于自己的视野范围之内，形成一种以避免股东与经营者利益冲突为目的的制约与平衡制度。监事会代表股东，通过对董事会和经理工作的监督，以保证公司的利益和股东利益的最终实现。在实际生产经营中，对于公司经营状况的好坏，究竟是由管理者的才能还是外部客观环境所致是很难判断的，因此，监事会的作用更多的是对管理者在公司中的经营管理过程进行监督。

7.2.3 新创企业法人治理结构设计

1. 新创企业法人治理结构设计的原则

创业团队注册成立企业后，为确保企业持续稳定地发展，应该从成立初始就按照法人治理模式来运作企业。新创企业设计法人治理结构，应当遵循一定的原则，这些原则如下。

（1）法定原则：这是首要的原则。公司法人治理结构关系到公司投资者、决策者、经营者、监督者的基本权利和义务，凡是法律有规定的，应当遵守法律规定。

（2）职责明确原则：公司法人治理结构的各组成部分应当有明确的分工，在这个基础上各司其职、各尽其责，避免职责不清、分工不明而导致的混乱，影响各部分正常职责的行使，以致整个功能的发挥。

（3）协调运转原则：公司法人治理结构的各组成部分是密切地结合在一起运行的，只有相互协调、相互配合，才能有效地运转，有成效地治理公司。

（4）有效制衡原则：公司法人治理结构的各部分之间不仅要协调配合，而且要有效地实现制衡，包括不同层级机构之间的制衡，不同利益主体之间的制衡。

（5）资源整合原则：公司治理结构的设置应能充分发挥公司各方面的资源优势，以达到资源整合、资源有效运用的目的。

2. 新创企业董事、监事的选举与工作的开展

1）董事的选举与工作的开展

创业团队在登记注册企业之前应签订发起人协议书，在发起人协议书中明确股东及其股本比例，并根据股本比例分配好由股东推荐的董事人数。虽然有限责任公司在市场监督管理部门登记时并不需要成立董事会，但新创企业在实际运作中最好还是建立董事会，以便在公司经营决策中形成群体决策，降低决策风险。新创企业由于规模较小，所以董事人数不宜多，一般为 3 人或 5 人。董事名额的分配一般是根据股权的比例来确定的，如董事人数为 3 人，则拥有股份 30%左右的股东推荐一名董事候选人，如董事人数为 5 名，则拥有股份 20%左右的股东推荐一名董事候选人，拥有股份 40%左右的股东推荐两名董事候选人，以此类推。一些创业公司引入了天使投资的，其董事候选人的名额分配可以不按照股权比例来设置，创业团队可以多一些董事人选，各股东方协商约定，并可以写入公司章程中。按照法人治理结构的原则，各股东推荐的董事候选人仍需要经过股东大会选举才能成为公司的董事。实际运作中，新创企业各股东方的关系比较融洽，彼此信任度比较高，因此各股东推荐的董事人选可能没有召开股东大会就直接成为公司董事。董事的报酬由股东大会决定，如没有天使投资等其他投资者，由创业团队自己组建的公司，一般情况下，董事均由创业团队成员担任，因为董事们均在公司中担任行政职务，加上初创企业公司的盈利状况一般，所以大多数企业董事没有另外的报酬。

董事会一旦成立就应尽快开展工作，第一届第一次董事会会议需要形成的决议内容有：①选举董事长，董事长在董事中产生，由董事会成员选举产生，一般情况下先确定董事长候选人，董事长候选人一般由大股东推荐，然后由董事会成员进行投票表决，董事长候选人获得的票数超过董事人数的 1/2 即可当选；②聘任总经理及其高管人员，总经理由董事长提名，董事会投票表决，总经理候选人获得的票数超过董事人数的 1/2 即可当选，公司其他高管人员（董事会秘书除外，如设董事会秘书，则由董事长提名）由总经理提名，董事会投票表决，公司高管人员候选人获得的票数超过董事人数的 1/2 即可当选；③决定公司内部管理机构的设置，创业公司成立之初无须完善的组织机构，但基本配置需要有，一般设置的部门有综合管理部（负责人事、行政、财务）、营销部（负责市场、销售）、技

术部（负责产品研发、技术支持）、生产制造部（负责采购、库存管理和生产），企业可以根据自身的企业属性来设定最低部门配置；④决定公司的经营目标和经营计划，公司一旦成立就需要明确经营目标，并根据设定的经营目标制订相应的经营计划。

2）监事的选举与工作的开展

大多数新创企业规模较小，一般不成立监事会，创业企业大多设一名或两名监事。设一名监事的一般由股东方派出候选人，创业企业无天使投资的，一般监事人选由第二大股东推荐，有天使投资的一般由天使投资人推荐；设两名监事的，一名监事由股东方推荐，推荐方式同设一名监事的模式，另一名监事由员工中产生，一般情况下员工监事是从创业团队中不担任公司董事或高管的成员中挑选。按照法人治理结构的原则，推荐的监事候选人仍需要经过股东大会选举才能成为公司的监事。

规模较大的企业应该成立监事会，监事会人数一般设定为 3 人，其中两名监事候选人由股东推荐，一名监事候选人由职工代表大会选举产生。监事会成立后应召开监事会第一届第一次会议，选举监事会主席。监事会主席候选人的推荐原则一般是：创业企业无天使投资的，一般监事会主席人选由第二大股东推荐，有天使投资的一般由天使投资人推荐。由监事会成员进行投票表决，监事会主席候选人获得的票数超过监事人数的 1/2 即可当选。监事会成员列席董事会，并发表自己的观点。

3. 新创企业高管人员的聘任与工作的开展

1）高管人员的聘任

创业团队组建时一般会考虑好团队成员的角色配置，确定好公司高管人员的候选人，按照公司法人治理结构的原则，所有公司高管人员都应由董事会聘任，在董事会表决通过后正式聘任。

2）公司高管人员工作的开展

公司成立初期，公司经营班子的工作是比较繁忙的，比较紧迫的工作主要有：根据董事会确定的经营目标和经营计划，制订详细的年度经营计划并落实实施，初创企业重点需要关注的是市场和产品的研发，公司高管人员必须制订较为详细的营销方案和产品研发的可行性论证方案；编制年度预算方案交董事会审批，初创企业的资金量是有限的，因此必须做好资金预算方案，以保证公司运行中不会出现资金链断裂的情况；拟定企业的基本管理制度交董事会审批，企业必须要在规则下运行，一些关系到员工切身利益的制度（如公司职工的招聘、培训、工资、福利、奖惩等管理制度）必须尽快出台；人员的招募与聘用，初创企业最缺的就是人才，组织机构设好了，但人员没有，所以新创公司一项非常重要的工作就是招募人才。

7.3 企业登记注册

7.3.1 企业登记注册流程

目前，中国经济正处于“新常态”下，政府正在积极倡导经济转型、升级发展。与此同时，政府也极力地鼓励创业，并出台了一系列有关创业优惠的条件。例如 2014 年 2 月 18 日，国务院印发了《注册资本登记制度改革方案》，取消有限责任公司最低注册资本 3 万元、一人有限责任公司最低注册资本 10 万元、股份有限公司最低注册资本 500 万元的限制。在新的时代浪潮下，创业不再是一件大家遥不可及的事。本节以有限责任公司为例来说明企业登记注册的流程。

1. 公司名称核名

（1）在当地市场监督管理部门领取并填写《企业名称预先核准申请书》《投资人授权委托意见》。或者在当地市场监督管理部门网站上进行公司名称核准申请。设定公司名称是件比较费脑筋的事情，由于我国注册的企业特别多，所以很容易重复而注册不成，用常用词汇取两个字的名称很难成功，所以一般取三字以上的名称，并且要多取一些名称。在网上进行公司名称核准申请时，系统中会出现重复或相似的提示，出现重复的就不能申请了，出现相似的但不是同行业的，也就是经营范围不一样的可以尝试。

（2）递交《企业名称预先核准申请书》、投资人身份证（全体股东身份证原件及复印件、法人股东提交加盖公章的营业执照复印件）、备用名称若干、公司投资决议、全体股东授权的委托人身份证原件及复印件，等待名称核准结果。

（3）领取《企业名称预先核准通知书》。

2. 办理营业执照

（1）到市场监督管理部门领取公司设立登记的各种表格。包括公司设立登记申请表、股东（发起人）名单、董事经理监理情况、法人代表登记表、指定代表或委托代理人登记表。填好后连同核名通知原件、公司章程、房租合同、房产证复印件一起交给市场监督管理部门。

（2）现在是营业执照、机构代码证和税务登记证三证合一，因此后续不再需要单独去办理机构代码证和税务登记证。

（3）公司开业注册登记费。企业法人（包括具备法人条件的私营企业，不包括外商投资企业）开业注册登记收费，注册资金总额在 1000 万元以下（含 1000 万元）的，按注册资金总额的 1‰收取；注册资金总额超过 1000 万元（不含 1000 万元）的，超过的部分按 0.5‰收取；注册资金总额超过 1 亿元（不含 1 亿元）的，超过的部分不再收取开业登记费，收费最低款额为 50 元。

（4）领取营业执照。携带准予设立登记通知书、办理人身份证原件，到市场监督管理部门领取营业执照正、副本。

3. 刻章

（1）携带营业执照副本原件及复印件、法人身份证原件及复印件和经办人身份证原件及复印件到公安局特行科指定的刻章地点去刻公章、财务章、发票专用章、合同专用章。

（2）领取公章、财务章、发票专用章、合同专用章。

4. 开立银行基本账户

凭营业执照去银行开立基本账户。开立基本账户需要填很多表，最好把能带齐的东西全部带上，包括营业执照正本原件、股东身份证原件及复印件、代理人身份证原件和复印件（复印件要盖公司公章）、公司财务章、法人章、授权书。

5. 购买发票，开始实际经营

企业向所在地税务局申请，领取由税务局监制的发票购用印制簿，企业申领发票时，必须向税务机关出具发票购用印制簿。办税人员本人和公司财务负责人员同去税务部门，第一次领发票需法人签字，即需要法人同去税务部门。办理购买发票时需要携带的资料包括：公章、法人章、财务专用章、法人身份证复印件、基本账户管理卡、填写纳税专户材料、营业执照副本原件。

7.3.2 企业登记注册相关说明

企业登记注册应关注以下几个方面的内容。

（1）决定注册公司之前，需要进行详细的可行性分析调查，创业团队应该做好充分的沟通，成立公司容易，经营公司难，切不可一时冲动而创建公司。

（2）签订公司发起人出资协议书，虽然在市场监督管理部门注册登记时不需要出资协议书，但创业团队在讨论出资协议书时就已经将公司的经营方向及各方的利益进行了充分的讨论，可以有效减少内部矛盾，公司注册前的争议都是容易解决的，一旦公司成立了再产生争议就比较麻烦。出资协议书包括的内容有：公司概况、公司宗旨与经营范围、注册资本、出资时间、出资评估、出资证明、出资的转让、公司登记、新公司组织结构、各发起人的权利、发起人的义务、费用承担、财务、会计、合营期限、违约责任、声明和保证、保密、通知、合同的变更、各方约定的其他条款、争议的处理、不可抗力、合同的解释、补充与附件和合同的效力等。

（3）一般注册公司用不到半年时间，但最快也需20天，且地区不同注册公司的费用也有所不同。在选择注册地时最好研究一下当地的政府政策，现在很多城市都有大学生创业的扶植政策，包括房租补贴、税收优惠和各种奖励基金等。

（4）公司必须建立健全的会计制度。做企业必须规范，不规范的企业迟早会出问题的，尤其是财务上一定要按照法律规范来做事。刚成立的公司业务少，会计的工作量也非常小，可以请一个兼职会计或会计师事务所来代账。

（5）每个月1日至10日按时向税务申报税，即使没有开展业务不需要缴税，也要进行零申报，否则会被罚款。

（6）对企业所得税，做账很关键，如果账面上的利润很多，所交的税就很多。可以通过税收筹划来合理节税。

（7）增值税是对销项和进项之间的差值部分也即增值部分征税，因此在经营中一定要在采购付款时向供应商要增值税发票，以便可以抵税；所得税，是对利润征税，利润就是营业额扣减各种成本后剩余的钱，只有赚了钱，才会征所得税。

（8）有限责任公司可以注册分公司。

案例拓展

南京市工商局企业注册登记办事指南

办理事项：营业单位开业登记提交材料规范

发布时间：2015-09-30 00：00：00

联系地址：全市各级企业注册登记窗口一览表

单位名称	地址	电话
南京市工商局注册大厅	江东中路 265 号（市政务服务中心）	68505358
高新开发区工商分局	高新开发区丽景路 2 号	58641215
经济开发区工商分局	新港大道 100 号（开发区管委会政务大厅一楼）	85801539
化工园工商分局	六合区大厂街道园西路 180 号（化工园政务服务中心）	57066907
玄武区注册登记大厅	珠江路 455 号西一楼	83681323
秦淮区注册登记大厅	太平南路 69 号	84556806
建邺区注册登记大厅	雨润大街 99 号 3 幢 C 厅	58950802
鼓楼区注册登记大厅	中山北路 540 号	58805237
栖霞区注册登记大厅	栖霞区尧佳路 20 号	85562318
雨花台区注册登记大厅	雨花台区软件大道 106 号	68213902
江宁区注册登记大厅	江宁区东山街道杨家圩路 2 号	69977037
浦口区注册登记大厅	江浦街道龙华路浦口区行政服务中心	58287165
六合区注册登记大厅	六合区雄州东路 1 号	57130511
溧水区注册登记大厅	溧水区永阳镇后巷 5 号溧水区政务服务中心	57207113
高淳区注册登记大厅	高淳区淳溪镇康乐路 195 号	57358915

办理时间及时限：市工商局政务大厅办理时间为每周一至周五，9:00—12:00，13:30—17:30（各区以窗口公布为准）。时限：20 日

服务对象：营业单位

办理条件：材料齐全，符合法定形式。

需要提交的材料：营业单位开业登记提交材料规范

1.《营业单位登记申请书》。

2.《指定代表或者共同委托代理人授权委托书》及指定代表或委托代理人的身份证件复印件。

3. 负责人的任职文件及身份证件复印件。

4. 主管部门（出资人）主体资格证明。

主管部门（出资人）为事业法人的，提交事业法人登记证书复印件。主管部门（出资人）为社团法人的，提交社团法人登记证复印件。主管部门（出资人）为民办非企业单位的，提交民办非企业单位证书复印件。其他主管部门（出资人）提交有关法律法规规定的资格证明。

5. 主管部门（出资人）或企业法人出具的资金数额证明。

6. 营业单位地址的使用证明及经营性市场主体住所（经营场所）登记承诺书。

7. 法律、行政法规和国务院决定规定设立营业单位必须报经批准的，提交有关的批准文件或者许可证件的复印件。

8. 营业单位经营范围涉及法律、行政法规和国务院决定规定登记前必须报经审批项目的，提交有关部门批准文件。

注：

依照《中华人民共和国企业法人登记管理条例施行细则》设立的不具备企业法人条件的联营企业、其他从事经营活动的单位，申请开业登记领取《营业执照》适用本规范。

办理依据：《中华人民共和国企业法人登记管理条例》《中华人民共和国企业法人登记管理条例施行细则》。

收费标准：依据财政部《关于取消、停征和免征一批行政事业性收费的通知》（财税〔2014〕101号）要求，自2015年1月1日起暂停征收企业注册登记费。

工作流程：

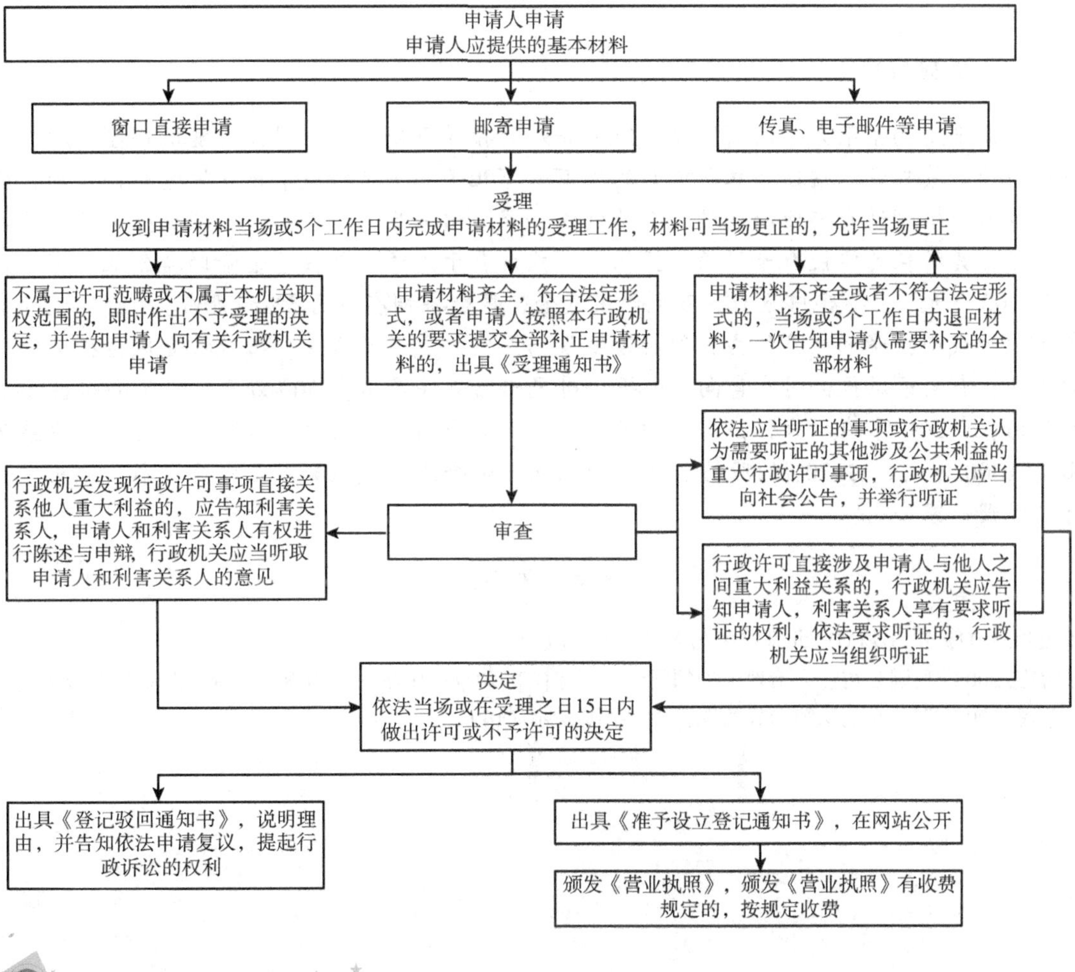

本章小结

当创业者决定组建创业团队决定创业后，需要成立一家公司来实现自己的创业梦想。

本章着重论述企业的法律形式，详细阐述公司制企业、合伙企业、个人独资公司和个体工商户等不同法律形式的企业的特征、设立条件和设立程序。阐述公司法人治理结构的内涵，论述公司治理结构的设计。并向读者介绍了企业登记注册的详细流程，使读者清楚如何去注册创建一个企业。

思考题

1. 请说明有限责任公司与股份有限公司的相同点和不同点。
2. 选择合适的企业法律形式要考虑哪些因素？
3. 请简要说明企业治理结构的构成及其相互关系。
4. 企业法人治理结构设计应遵循的原则是什么？
5. 一人独资有限责任公司的登记注册步骤是什么？

案例分析

尚立平是南京某大学的研究生，他在导师的指导下研究出一种高性能的微型电机，其市场应用前景广泛。摆在尚立平前面的路有如下几条：一是将技术出售给电机制造商，已经有 3 家电机制造商与他洽谈过；二是创立一家公司来生产该产品，但创立公司就涉及融资问题，其所在的学校有专门的创投基金，校方表示愿意用创投基金资助其创业，可以资助其 100 万元，3 年后归还 100 万元创投资金，学校将拥有公司 5%的股份，100 万元的资金可以形成小批量的生产能力，但后续发展仍然需要更多的资金；三是接受风险投资公司的资金，有两家风投公司有意向，风投公司提出的条件是出资 500 万元，风投公司占 52%的股份，成立一家有限责任公司；四是与一家实业公司合资成立一家股份公司，对方愿意出资 1000 万元，占 70%的股份。请你为尚立平做个决策，假如不是出售技术，他应该如何去注册一家公司？

参考文献

魏敬淼. 2011. 公司法[M]. 北京：中国人民大学出版社.
张宝霞. 2008. 我国公司法人治理结构的问题及对策[R]. 北京：中华—博略现代咨询（北京）有限公司.
张项民. 2007. 创业企业法律形式的选择[J]. 中国人才（14）.

第 8 章

新创企业管理

学习目标

了解企业战略的基本内容，掌握市场营销管理、财务控制管理和创新能力管理的方法，熟悉企业成长管理的特征、了解新创企业成长管理的基本内容、掌握新创企业成本控制和风险控制的方法。

引例

李书福的创业之路

2018 年 2 月 24 日，吉利控股集团通过其官方公众号确认，已通过旗下海外企业主体以 90 亿美元收购戴姆勒股份公司 9.69%具有表决权的股份，一跃成为奔驰母公司的最大股东。近年来，吉利汽车通过收购的方式，屡有斩获，并逐步形成一个庞大的、市场细分的汽车品牌版图。2017 年，吉利收购了马来西亚汽车企业宝腾 49%的股份、豪华跑车品牌路特斯 51%的股份、英国跑车品牌莲花汽车的控股股权以及美国飞行汽车公司。2017 年 12 月 27 日，吉利又以 39 亿美元入股沃尔沃集团，成为这家卡车制造商的最大股东。而吉利最著名的对外收购必定是对沃尔沃的收购。2010 年 3 月 28 日，中国浙江吉利控股集团有限公司董事长李书福与美国福特汽车公司首席财务官刘易斯·布思郑重地在一份协议书上签下了各自的名字。中国人以 100%的股份，成为顶级品牌汽车沃尔沃轿车公司的老板：这个被称为“平民汽车之父”的李书福有着非同寻常的创业之路。

1982 年，高中毕业的浙江台州青年李书福，就像很多浙江生意人一样，开始了自己的“创业”生涯。当时，李书福拿着父亲给的 120 元“创业基金”，买了台照相机，骑着自行车满街给人照相。此时的李书福，与其说开始创业，不如说是暂时找到了一个混饭吃的临时工作更贴切。照相馆生意不错，足以养家糊口。但不安分的李书福在洗相片的时候发现了另一条生财之道——用药水从废弃物中提取金银。于是，1983 年，李书福关掉照相馆，用开照相馆赚来的钱，专心做起了这个买卖。不久之后的 1984 年，李书福又机缘巧合地接触到电冰箱零部件生产，成立了冰箱配件厂，并在这个行业掘到了人生的第一桶金。严格意义上来说，李书福的创业生涯，正是从此起步。冰箱配件显然无法满足李书福的胃口。1986 年，李书福开始生产电冰箱。到 1989 年，李书福旗下的北极花冰箱已成为国内冰箱行业的名牌产品，26 岁的李书福此时的身家已经超千万。

1989 年 6 月，国家电冰箱实行定点生产，民营背景的李书福不得不放弃电冰箱业务。当年，李书福离开浙江，怀揣上千万元来到深圳某大学进修。在深圳学习期间，因为装修宿舍，李书福发现一种进口装修材料市场前景不错。随即返回浙江台州，联合兄弟重新创业，生产这种材料。装修材料给李书福家族带来了巨大的成功，直到现在，这份产业每年还有上亿元的利润。李书福的生意历程，并非都是一帆风顺。1992 年，海南掀起房地产开发热潮，李书福带着数千万元赶赴海南淘金，却不幸成为击鼓传花游戏的最后接棒者，几千万元资金全部赔掉，孑然一身返回浙江。这段经历，成为李书福心中难以忘却的痛。可以说，从照相起家，到变身千万富豪，李书福用了 10 年时间，转战多个行业，将自己打造成了一名老练的生意人。

真正让李书福从一个生意人转变为一个明星级企业家的，是轿车。不过，李书福造车，却是始于生产摩托车。海南的遭遇让生意人李书福大受打击。从海南回来后，李书福开始反思自己的投资战略，重新寻找事业的起点。有一次，台州市政府组织参观一个摩托车厂。李书福发现制造摩托车原来如此简单且利润惊人，就毫不犹豫地杀入摩托车行业。1992 年，李书福成立了浙江吉利摩托车厂；1994 年，李书福开发出国产豪华型踏板式摩托车。到 1998 年，吉利集团摩托车产量达 35 万辆，产值连续几年高达 20 亿～30 亿元，出口到 22 个国家，跻身全国民营企业前四强。尽管摩托车生意让李书福的财富进一步增值，但李书福更大的野心却是造汽车！早在 1991 年，李书福就打起了造汽车的主意。后来因为牌照问题，李书福先进行摩托车生产，但生产汽车的想法随着摩托车业务的快速发展而不断膨胀。1994 年，李书福做出了一项令人吃惊的决定：造汽车。当李书福将生产小轿车的想法告诉其家人之后，家人们极力反对，从而逼出了李书福“一个沙发带四个轮子”的经典言论，并表示：“哪怕是倾家荡产、头破血流，我也要干！”当时，国家禁止民营企业造汽车，李书福耍起了先上船后买票的“手段”。为了获得牌照，李书福面对国家汽车权威部门的领导，恳求“请国家给我们一次失败的机会吧”。1998 年，第一辆吉利“豪情”在浙江省临海市下线，标志着李书福的汽车梦变为现实。在随后的 10 多年时间里，李书福通过不断地兼并扩张，在中国汽车行业杀出了一条血路，成为中国民营汽车“第一人”。2009 年，吉利汽车销量达 33 万辆，比 2008 年净增 10 多万辆，同比增长达 48%；销售收入超过 140 亿元人民币。相比吉利的销售业绩，更让同行记忆深刻的是李书福的一些“疯狂言论”。“要像卖西瓜一样卖汽车”“通用、福特迟早要关门”“合资就像是勾引我们抽鸦片”“让中国的汽车走向全世界，而不是让全世界的汽车跑遍全中国”……正是这些言论，让李书福获得了“汽车狂人”这一头衔。

2012 年 6 月 19 日，身着白衬衫未打领带的李书福出现在北京大学“第六届中国民营企业投资与发展论坛”上，身上不再是那件熟悉的藏青色西装。他表示，中国汽车面临两难：知识产权和品牌。而这两难在未来 20 年内，中国汽车业恐怕无法真正解决。“如果把中国汽车卖到美国或者欧洲，知识产权问题无法回避。”李书福认为，解决中国汽车品牌问题的方法是，和吉利一样购买一个在全球本身就受人尊敬的品牌。“中国汽车的品牌建设需要一个很长的过程，就像可以在一夜之间成为一个富翁，但要想成为一个贵族或一个受人尊敬的人，那是不可能的。”与日韩车企最初的发展一样，中国汽车普遍存在知识产权的问题，作为汽车从业者，李书福没有回避，他并购了沃尔沃后，就不再担心知识产权问题了。李书福的吉利汽车走到现在，与模仿分不开。1998 年 8 月 8 日，第一辆吉利“豪情”在浙江省临海市下线，这款投入批量生产并面市的两厢轿车，模仿夏利，采用天津丰田发动机公司为夏利配套的四缸发动机。也因为模仿，让李书福一度差点被丰田彻底挤出汽车业。当走出模仿的阴影后，李书福把目光集中在了高端车。李书福表示，吉利从 2002 年开始，就有这个愿望。实际上，据吉利内部人士透露，这个愿望最初只是李书福的个人愿望，当时根本没人相信，吉利未来会实现这个愿望。如今，李书福得偿所愿，收购沃尔沃获得国家发展和改革委员会的最终批准。他可以就此解决中国汽车业的两难。对于沃尔沃未来的发展，李书福称，首先要恢复沃尔沃往日的竞争力，继续保持沃尔沃在安全和环保领域的传统领先地位，并且尊重沃尔沃原有的核心价值理念和成熟的商业文明。

对于沃尔沃品质高、产量低的现状，他表示，将拉长并拓宽沃尔沃产品线，满足多层次用户对安全环保型汽车的需求，重新打造沃尔沃曾经有过的绝对全球领先地位。“收购沃尔沃，不只是收购品牌，还有商标权、知识产权、专利等都在收购之列，这是个‘全收购’。对于这家世界上最安全的汽车企业，大众或许了解得有限，其实今天习以为常的安全带、安全气囊、汽车安全玻璃等等都是沃尔沃发明的，甚至用铁皮做的汽车车厢结构，也是沃尔沃第一个启用的。可以说沃尔沃费油，但不能说它不安全。”李书福说。

然而并购沃尔沃，业内最初的评价并不利于李书福。对此，李书福表示：“坐在岸上看海里游泳来评判谁游得最成功是比较轻松的，但真正进入大海去游泳就会知道不容易。”对于这场或许很久才会体现优势的比赛，李书福对《投资者报》记者表示，既然已经跳进海里游泳，就会坚持到底；“有失败，也总会有成功，甚至有更成功的结果。”李书福面向吉利汽车下一步发展的从容，也因为有了沃尔沃这张底牌。虽然李书福对外一直坚称，会独立经营沃尔沃，“沃尔沃是哥哥，吉利是弟弟”，是一家人，但不会互相干扰。不过，从吉利汽车以往的发展来看，显然不会那么简单。李书福手中握有沃尔沃这个世界顶级品牌，当消费者再购买吉利汽车的时候，不会再想到“一张沙发，四个轮子，一个铁壳”，而会想到，这是一家能够生产世界上最安全汽车的企业。由此而生的优势，不言而喻。李书福也一直在力图表明，吉利汽车有某种特质与沃尔沃相近。他早在心中存有做中国的“贵族车”的愿望，这从当初把自己的奔驰车拆了，让员工作为参照物时就可见一斑。从 19 岁给人照相开始创业以来，李书福 30 年创造了无数个奇迹。到现在，李书福个人身家已经超过百亿元了。2012 年吉利汽车的年报显示，吉利汽车 2012 年取得净利润 11.82 亿元，同比上升 35%，值得注意的是，吉利当年全年营业收入 140.69 亿元，同比上涨高达 228%。获得超两倍的营收增幅，这主要得益于中国车市 2012 年的强劲增长。2012 年，吉利共售出 32.7 万辆轿车，同比上升 60%，在国内轿车的市场份额增至 4%以上。带着沃尔沃安全为首的优质 DNA，李书福坚信吉利汽车能够取得更优异的成绩，借此告别廉价车，而戴上沃尔沃徽章的李书福，如果能够克服并购初期的诸多困难，跻身世界一流车企也将不再是梦想。

收购沃尔沃以及成为戴姆勒最大的股东，让李书福从汽车狂人一跃成为汽车大佬，并大步走向国际舞台。吉利在汽车业已经铺开了巨大的摊子，对李书福来说，汽车很可能成为其职业生涯的最后一环。现在，李书福已经到达了职业生涯的最辉煌时期，收购沃尔沃使其俨然成为全球汽车产业版图的一个醒目标点。但名扬天下的背后，李书福将踏上更为艰辛的征途。拥有全球顶级豪车品牌以及核心技术之后，李书福和吉利能否最终修成正果，现在仍是前途未卜。吉利从 2007 年开始由“造老百姓买得起的好车”，到“造最安全、最环保、最节能的好车”，再到如今的“2020年实现年产销200万辆目标，进入全球汽车企业前十强，同时成为最具竞争力和受人尊敬的中国汽车品牌”转变的战略转型，收购行为是战略转型的有力支撑。由此也可以说，李书福将要修炼的正果，也是中国汽车业由大变强的正果。

资料来源：http：//www.people.com.cn/GB/186327/11387291.html（有改动）

8.1 新创企业战略的形成

8.1.1 新创企业战略管理

1. 新创企业管理的表现形式

“战略”一词源于军事上的术语，原指战场上的指挥员指挥战争或战斗的谋略和艺术。《辞海》上将“战略”一词解释为“对战争全局的筹划和指导”。随着社会的不断发展，人类社会的政治、经济、社会、文化、教育、科学等各个方面都被纳入战略管理范畴。因此《辞海》中对战略的进一步解释为“战略泛指重大的，带全局性的或决定全局的谋划”。在现代市场经济条件下，企业面对的环境日益复杂和多变，客观上要求企业的领导人必须具备长远发展的观点和运筹帷幄的能力，以提高企业的市场竞争能力。一般来说，初创期的管理基本依靠自有资金，关键是使事业开始赚钱并进入良性循环。新创企业管理通常存在以下表现形式。

（1）新创企业管理是“以生存为首要目标”的管理方式。新事业的首要任务是从无到有，把自己的产品或服务卖出去，掘到第一桶金，从而在市场上找到立足点，使自己生存下来。在创业阶段，生存是第一位的，一切围绕生存运作。在创业阶段最忌讳的就是提出不切合实际的扩张目标，盲目乱铺摊子、扩大规模，结果只能是“企者不立，跨者不行”。那么如何生存呢？只有赚钱。在创业阶段，亏损—赚钱—再亏损—再赚钱，可能要经历多次反复，直到最终持续稳定地赚钱，才算是度过了创业生存阶段。新创企业要超越已有的竞争对手，一定要探索新的成功的生存模式，这是创业初期企业管理的本质所在。

（2）新创企业管理是“主要依靠自有资金创造自由现金流”的管理方式。现金对企业来说就像是人的血液，企业可以承受暂时的亏损，但不能承受现金流的中断。企业自由现金流，就是不包括融资、资本支出以及纳税和利息支出的经营活动现金流。自由现金流一旦出现赤字，企业就会发生偿债危机，严重的可能导致破产。自由现金流的大小直接反映企业的赚钱能力，它不仅是创业阶段的重点，也是成长阶段的重点，区别在于对创业管理来说，由于融资条件苛刻，只能依靠自有资金运作来创造自由现金流，从而管理难度更大。创业管理要求经理人必须锱铢必较，像花自己的钱那样花企业的钱，千方百计增收节支、加速周转、控制发展节奏。

（3）新创企业尽管建立了正式的部门结构，但很少有按正式组织方式运作的。典型的情况是，虽然有名义上的分工，但运作起来是哪里急、哪里紧、哪里需要就都往哪里去。这种看似“混乱”，实际是一种高度“有序”的状态。每个人都清楚组织的目标和自己应当如何为实现组织目标做贡献，没有人计较得失，没有人计较越权或越级，相互之间只有角色的划分，没有职位的区别，也就是所谓的团队精神。即使将来事业发展了，组织规范化了，这种精神仍在，并最终发展成为企业文化。在创业阶段，经理人必须尽力使新企业成为真正的团队，否则很难成功。这种在创业时期锻炼出来的团队领导能力，是经理人将来领导大企业高层管理班子的基础。

（4）新创企业管理是一种“经理人亲自深入运作细节”的管理方式。经历过创业的经理人大都有过这样的体验：曾经直接向顾客推销过产品，亲自与供应商谈判过折扣，亲自到车间里追踪过顾客急要的订单，到库房里卸过货、装过车，跑过银行，策划过新产品方案，制订过投资计划，被经销商骗过，让顾客当面训斥过，等等。这才叫创业。对全过程的细节了如指掌，才使企业越做越精，“细节是魔鬼”，企业不赚钱，往往就是在细节上下的功夫不够。

2. 新创企业战略不同于成熟企业的表现特征

美国哈佛商学院教授安德鲁斯认为企业战略是一种决策模式，把企业的目的、方针、政策和经营活动有机地结合起来，使企业形成自己的特殊战略属性和竞争优势，将不确定的环境具体化，以便较容易地着手解决问题。新创企业的战略是创业者在创业环境分析的基础上，识别创业机会，并根据创业资源状况，对新创企业的生存和发展进行全局性的规划与谋略。新创企业战略具有不同于成熟企业的表现特征。

（1）新创企业战略是创业机会与创业资源综合匹配的过程。新创企业战略是创业者在环境中识别机会，分析自身资源状况，促使创业机会与创业资源相匹配的结果。创业机会的识别本身不能单独地形成创业战略，同样，创业资源的拥有也不能决定创业战略的制定。创业机会与创业资源在新创企业战略的形成过程中，相互匹配，缺一不可。

（2）新创企业战略是空间维度与时间维度相互结合的过程。空间维度是指创业战略在空间上要着眼于新创企业的全局，把握新创企业与环境构成的有机联系，从整体上设计新创企业的发展和运作模式。时间维度是指创业战略在实践上要着眼于未来，新创企业战略的形成要还原历史，也要面对现实，但是它更着眼于未来，创业战略是在做未来的事情。新创企业战略是综合考虑了空间因素和时间因素的结果。

（3）新创企业战略是可控因素与不可控因素动态组合的过程。新创企业战略是创业者在考虑新创企业中的可控因素与创业环境中的不可控因素的基础上进行的动态组合，其实质就是找到新创企业自身情况与外部机遇的最佳契合点和组合方式。由于环境是不断变化的，因此，二者的契合点和组合方式也不会一成不变，创业者就是在这种变化的环境中实现二者的动态组合，寻求新创企业的立身之地。

3. 新创企业战略管理的基本特征

新创企业战略是企业为谋求生存和发展而做出的长远性、全局性的谋划或方案，实质上是企业的一种“谋划或方案”。新创企业战略管理是企业为实现战略目标，制定战略决策、实施战略方案、控制战略绩效的一个动态管理过程，实质上是对企业战略的一种“管理”。可以看出，新创企业战略管理不仅涉及战略的制定和规划，而且也包含将制定出的战略付诸实施的管理，因此是一个全过程的管理；新创企业战略管理不是静态的、一次性的管理，而是一种循环的、往复性的动态管理过程。它是需要根据外部环境的变化、企业内部条件的改变，以及战略执行结果的反馈信息等，而重复进行新一轮战略管理的过程，是不间断的管理。新创企业战略管理的基本特征如下。

1）战略管理具有全局性

新创企业战略的全局性是对根本目标的确立，对总体力量的部署，对企业整体的指导方案。创业战略界定了新创企业的经营方向，明确了新创企业的经营方针和行动指南，并筹划指导性的措施、对策，在新创企业运营活动中起着导向作用。新创企业的战略管理是以企业的全局为对象，根据企业总体发展的需要而制定的。它所管理的是企业的总体活动，所追求的是企业的总体效果。虽然这种管理也包括企业的局部活动，但是这些局部活动是作为总体活动的有机组成在战略管理中出现的。具体来说，新创企业战略管理不是强调企业某一事业部或某一职能部门的重要性，而是通过制定企业的使命、目标和战略来协调企业各部门自身的表现，强调它们对实现企业使命、目标、战略的贡献大小。

2）战略管理具有前瞻性

新创企业战略的前瞻性是对新创企业未来的规划和布置，是对未来的预见，能够辨别面临的风险性质。只要创业者本身及创业环境没有重大的变化，创业战略可以在未来一段时期内继续指导创业活动的实施和运营。在任何一种情况下，战略决策都需要在相当长的一段时间内致力于一系列的活动，而实施这些活动需要有大量的资源作为保证。因此，为保证战略目标的实现，就需要对企业的资源进行统筹规划、合理配置。

3）战略管理具有纲领性

新创企业战略的纲领性是指创业战略对新创企业的创业主体、创业资本、创业路径、创业领域、创业导向及创业竞争等战略内容都做了选择和规定，能够指导具体的创业运营活动。战略管理中的战略决策是对企业未来较长时期（5 年以上）内，就企业如何生存和发展等进行统筹规划。虽然这种决策以企业外部环境和内部条件的当前情况为出发点，并且对企业当前的生产经营活动有指导、限制作用，但是这一切是为了更长远的发展，是长期发展的起步。

4）战略管理具有生存性

新创企业的创业战略把生存性放在了首要位置。新创企业从诞生的那一刻起，首先面临的就是如何生存的问题。显然，弱小的新创企业只有在激烈竞争的环境中生存下来，才能进一步考虑发展的问题。由于战略决策涉及新创企业活动的各个方面，它需要企业上、下层管理者和全体员工的参与和支持。在未来竞争的环境中，新创企业要使自己占据有利地位并取得竞争优势，就必须考虑与其相关的因素，这包括竞争者、顾客、资金供给者、政府等外部因素，以使企业的行为适应不断变化的外部力量，企业才能够继续生存下去。

5）战略管理具有权变性

创业战略的权变性，是指新创企业在动态的环境下，其战略主动适应变化、利用变化和制造变化，在变化中谋求新创企业的生存空间。由于创业者自身能力的局限，以及创业资源的限制，创业战略往往是在思考不完全的情况下制定的，因而没有办法一开始就明晰创业战略。新创企业的创业战略是融合在创业环境中动态发展的。这一点与企业战略具有明显不同，而企业战略一开始就比较明晰，具有相对的稳定性。

8.1.2　新创企业战略的基本内容

1. 创业主体分类

（1）个人创业。个人创业是指单个人出资和经营，由出资人对企业债务承担责任的创业行为和过程。个人创业者，是企业的所有者，企业的控制权、经营权、资产所有权、收益权都归个人所有。创业者对于企业任何事务具有绝对的决策权。个人创业的优点在于：起步规模小、启动资金少，容易组建；经营管理上制约因素少，可以按个人意愿展开经营；处理问题快捷、简便；决策自主，拥有完全决策权；企业的信息完全保密；不同领域的利润或损失可以互相冲抵等。缺点在于：融资难度大，不容易获取信贷；注册资金相对较少，抗风险能力差；独立承担风险；资源有限，力量单薄。

（2）团队创业。团队创业是指两个或两个以上的创业者按照约定或者协议来承担自己相应的出资比例，同时享受与其出资比例相应的利润分配，并承担与其出资比例相应的法律责任的创业行为和过程。团队创业中各合伙人是共同出资、合伙经营、共享收益、共担风险的关系。选择团队创业时应注意以下几点：首先，朋友并不一定是团队创业的理想合伙人。理想的合伙人要求双方知根知底、相互信任，而且要求双方在能力、性格上都有较好的互补性。所以，在选择合伙人时，不能感情用事。其次，在团队创业中一定要做到账目清晰。对于每一笔账目的进出情况、收益和损失情况都要定期在合伙人中进行核对，要严格执行当初签订的合作协议中规定的相关内容。团队创业的优点在于：启动资金规模较大；团队成员之间可以互相增强信心，分担责任，形成技能与知识互补，加强社会网络；风险共担等。缺点在于：协调困难，可能产生内耗；可能产生信任问题；团队财产转让困难，容易引起利益纠纷等。

2. 创业融资战略

资金是企业的血脉，是创业活动的启动资源。创业融资战略是考虑创业资本的来源和构成的战略。融资的方式和渠道多种多样，创业者需要进行比较，并确定适合于自己的融资战略。创业融资战略按创业资本的来源可划分为出资创业、贷款创业和引资创业三种。

1）出资创业

出资创业是指创业者利用自有资金或借来的资金进行创业。一般而言，在创业初期，创业者更多的是选择出资创业。出资创业的资金又分为个人储蓄和亲朋好友的资金。

（1）个人储蓄。个人储蓄是个人资金一个重要的来源，它往往构成了创业的起步资金。在创业初期，很少创业者选择借贷资金进行创业，而是依靠自己的储蓄启动创业。利用个人储蓄创业的优点在于：不用担心外部干扰资金的决策，可以按照自己的意愿去经营；无须承受商业借贷资金那种巨大的压力；不用因为投资失败而承受债务负担等。缺点在于：企业发展受到资金规模限制；缺乏他人监督，造成经营上的失误；不怕失败而过分自信等。

（2）亲朋好友的资金。很多创业者在创业初期还会选择向亲朋好友寻求资金帮助。可以说，亲朋好友是创业者创办企业所用资金的第二种主要来源。很多实践也证明，亲朋好友在创业初期的资金融通方面起着关键性作用。利用亲朋好友资金创业的优点在于：不用担心外部资金的进入而影响决策，可以按照自己的意愿去经营：不用承受因贷款带来巨大的压力等。缺点在于：在亲朋好友需要资金时创业者不能及时归还，造成双方的尴尬；创业者可能因为某些原因而伤害到亲朋好友，致使双方反目；亲朋好友要求入股时，可能干扰到创业者的决策等。

2）贷款创业

贷款创业是指创业者利用贷款进行创业活动。贷款创业要求债务人必须按照协议约定的期限归还所借的资金，并且要按照事先确定的利率分期支付利息或到期一次支付全部的利息。贷款创业一般可分为商业银行贷款和信用担保贷款。

（1）商业银行贷款。商业银行贷款是新创企业负债资金的主要来源。新创企业可以以一定价值的资产作为抵押或担保向商业银行贷款。随着金融市场化程度的加深以及商业银行体制改革的不断深化，商业银行对创业者也逐渐关注，尤其是中小型商业银行以及各级农村信用社可以说是创业者获得贷款的一个重要来源。商业银行贷款的优点在于：资金充足能够满足新创企业的发展要求；不会给创业者决策带来干扰等。缺点在于：还贷压力大，在还贷时间和还贷规模上都有严格限制；门槛高，申请条件比较苛刻，申请手续复杂并且等待时间较长等。

（2）信用担保贷款。对于新创企业来说，信用担保贷款主要是小企业信用担保贷款。它是指以政府出资为主、依法设立主要从事小企业贷款信用担保业务的担保机构，以及政府为实现特定政策目标独立出资或与其他出资人共同出资设立担保资金，并委托担保机构运作的以政府产业政策为导向，对具有发展潜力的小企业提供信用保证，协助其获得银行贷款，扶持和促进小企业快速健康发展的一种贷款业务。信用担保贷款的优点在于：解决创业初期抵押、质押物不足的问题，能够得到政府政策的支持等。缺点在于：项目必须符合政府的相关产业政策要求，存在还贷的压力，对还贷时间及还贷规模都有要求等。

3）引资创业

引资创业是指创业者引入创业投资者进行创业，主要包括风险投资和天使投资两种。

（1）风险投资。风险投资是指由专业化人才管理的投资机构向特别具有潜能的企业投入风险资本的过程，这是协调风险投资家、技术专家、投资者的关系，利益共享、风险共担的一种投资方式。风险投资为企业投入的权益资本一般占该企业资本总额的30%左右。风险投资的优点在于：有利于创业者管理风险、驾驭风险；投资周期长、资金充足，有利于企业扩大规模等。缺点在于：经营管理不能由创业者自身决定，创业决策受影响等。

（2）天使投资。天使投资是指富有的个人出资协助具有专门技术或独特概念的原创项目或小型初创企业，进行一次性的前期投资。天使投资的优点在于：审查不严格，更多的是投资者个人的主观判断；投资者理解创业者面临的困难；能够带来社会网络等。缺点在于：投资额比较小；创业决策受影响等。

3. 创业路径战略

创业路径战略是指创业者对创业行动路径的考虑，路径分为直接创业和迂回创业两种。

1）直接创业

直接创业是指创业者不经过相关的工作磨炼而直接进入创业实践。在我国改革开放初期涌现出的很多个体户，他们都是直接创业者。随着经济社会的发展，直接创业对创业者的要求不断提高，往往要求创业者具有一技之长或者受过高等教育。直接创业的优点在于创业动力与激情高，可以及时抓住创业机会等。缺点在于：缺乏相关知识和经验，存在眼高手低的心理障碍，社会网络资源缺乏，对风险的反应较迟钝等。

2）迂回创业

迂回创业是指创业者先学习相关行业经验再进行创业。先就业再创业是当下很多从业者特别是大学生的选择。大学生毕业之后，由于刚走出校门，往往各方面阅历和经验都不足，先工作学习一段时间，等到积累了一定的知识和经验再进行创业是一个较明智的选择。迂回创业的优点在于：积累了相关知识与经验，使创业更加理性化；积累了社会网络资源，有利于创业活动的展开；积累了一定的创业资金，可以选择更好的创业项目等。缺点在于：创业时间较晚，可能失去最佳创业时机；遇到问题容易打退堂鼓等。

4. 创业领域战略

创业领域战略是考虑创业的产业领域选择的战略。产业可划分为第一产业、第二产业和第三产业。第一产业是指农、林、牧、渔业。第二产业是指采矿业、制造业、电力与燃气及水的生产和供应业、建筑业。第三产业是指除第一、二产业以外的其他行业。经济飞速发展的今天，创业者要想在创业中获得成功，就必须分析产业领域的特点，选择适合自己的领域进行创业。

产业分析要找出具有吸引力的产业。产业吸引力通常体现在高利润水平和高增长率上。有些产业的利润水平高于其他产业，但未来不一定有很好的发展前景；有些产业的利润水平虽然暂时低于其他产业，但可能其发展潜力不可限量。

产业分析还要结合自身的资源状况等条件，虽然有些产业具有很高的利润水平和很大的发展潜力，但如果资源条件不允许，创业活动也无法开展。因此，创业者首先要考虑自身拥有的资源和机会成本，然后再分析如何进入具有较高吸引力水平的产业。在现实社会生活中，每个创业领域都有成功的案例，正所谓“三百六十行，行行出状元”。

5. 创业导向战略

创业导向战略是考虑新创企业的行为导向的战略。行为导向战略可分为市场导向战略、技术导向战略、竞争导向战略及政策导向战略。在创业初始阶段，创业者要认真思考企业战略具体属于何种导向。

1）市场导向战略

市场导向战略是指创业者因发现未被满足的市场需求或潜在需求，而识别创业机会，进行创业的战略。市场导向战略主要源于市场环境及结构的变化，如经济发展的不同阶段、发达国家或地区产业转移、市场垄断的打破等都会诞生新的市场需求。创业者以此为导向，抓住机会，实施创业活动。

2）技术导向战略

技术导向战略是指创业者在某种产品或服务上具有技术领先优势，以此为出发点进行创业的战略。创业者可以利用自己的专业技术在行业内成为领先者。具有领先技术，新创企业的产品可能会成为行业的标准，从而提高进入壁垒，阻止竞争者的侵入。但是采取这个战略时，创业者要不断完善与改进现有技术，从而保持领先优势。

3）竞争导向战略

竞争导向战略是指创业者发现依靠自身所拥有的资源，可以比市场上现有的厂商做得更好，从而选择进行创业的战略。如果创业者通过分析创业环境，发现现有的厂商在产品或服务的价格、功能、特色等方面还存在改进的地方，则可以对现有产品或服务系统进行创新和改进，进而可以比现有厂商更能赢得顾客的满意，获取一定的市场份额，成功实施创业。

4）政策导向战略

政策导向战略是指创业者由于关注政府制定的法律、法规、政策等变动而带来的创业机会，选择相关行业进行创业的战略。政策导向往往要求创业者在信息方面比别人更加灵通，从而抢占创业的先机。在我国，许多创业者正是由于把握了政府的政策出台带来的创业机会，从而获得了创业的成功。

6. 创业竞争战略

创业者在创业过程中也面临竞争战略的选择问题，在这方面，迈克尔·波特从产业组织的观点，运用结构主义分析方法提出企业竞争战略。这一战略也适用于创业的竞争战略。创业竞争战略包括成本领先战略、差异化战略和集中化战略。

1）成本领先战略

成本领先战略又称低成本战略，是指企业努力发掘现有的资源和能力优势，大规模生产一种标准化的产品，在行业内保持整体成本领先地位，从而以行业最低价格为其产品定价的竞争战略。它是以较低成本赢得竞争优势的战略，在实施过程中，通常是以较低的单位产品价格为价格敏感客户提供标准化的产品。

2）差异化战略

差异化战略又称差别化战略，是指企业向顾客提供的产品或服务在行业范围内独具特色，这种特色可以给产品或服务带来额外的溢价。如果一个企业的产品或服务的进出价格超过因其独特性所增加的额外的成本，那么拥有这种差异化的企业就将在竞争中取得优势。差异化的目的是创造产品或服务的差异性和独特性，因此很难通过一种简单的程序和方法获得这种差异化。为了保证差异化的有效性，企业必须了解自身的资源和能力是否能够提供差异化的产品或服务。同时，由于差异化优势的前提和基础是企业提供的产品或服务能够与顾客需求、偏好相一致，因此差异化也必须以顾客需求为核心，深入了解其需求和偏好的变化。

3）集中化战略

集中化战略又称聚焦战略，是指企业集中满足细分市场目标的战略。集中化战略是企业主攻某个特定的客户群、某产品系列的一个细分区段或某一个地区市场的战略。从整个行业范围来看，集中化战略可能并未取得差异化或成本领先优势。但是，集中化能在较狭窄的市场范围内满足特定顾客的需求，获得区域市场竞争优势。因此，对于资金、实力、经验不足的新创企业来说，集中化是比较适合的战略。实施该战略时一般选择对替代品最有抵抗力或竞争对手最弱之处作为目标市场。

8.2　新创企业的初期管理

新创企业是指成立时间在 42 个月以内的企业。这类企业已经具有独立的法人资格，能够为社会提供产品或服务，并以盈利作为组织存在的价值和目标。新创企业在初期管理中由于通常不具备成熟企业运行良好的管理制度、高度认同的组织文化和合理流动的人力资源等必要因素，容易陷入各种各样的管理风险中。识别、防范并有效应对这些风险对于新创企业的初期管理具有十分重要的意义。通俗而言，风险是指发生某种负面事件或造成损失的各种可能情况的总和。这里的可能情况，就是指负面事件发生的可能性、或然性、变动性和不确定性等。构成风险的两个基本要素是损失或不利事件和损失或不利事件出现的概率。风险具有多种类型，如按照风险来源可分为主观风险和客观风险，按照风险内容可分为技术风险、管理风险、环境风险等。在新创企业所面临的风险之中，管理风险是最为突出，也是最亟待解决的一类风险。这是因为当企业依靠技术优势、商业模式等方式建立起盈利的可能性之后，保持长效机制就成为首要任务，而管理能力则是完成这一任务的首要条件。新创企业的初期管理风险可以进一步细分为团队破裂风险、财务失控风险和创新乏力风险等。

8.2.1　市场营销管理

新创企业市场营销管理与企业内部管理不同，它是存在于时刻变化的市场环境中的管理，企业的发展与生存都需要创新市场营销管理，提高企业的核心竞争力。所以，在激烈的市场竞争环境下，新创企业市场营销管理可以时刻提醒企业管理者，一切工作都要以市场为中心，围绕市场这个中心进行各项计划的制订和各项工作的分配，以科学、合理的手段对企业的生产、成本、财务、资源等进行有效的管理。新创企业的市场营销管理并不是一成不变的，它需要企业时刻把握市场的发展动态，随时调节企业内部各个部门的工作，使各个部门的工作都围绕实现企业目标的中心团结协作，从而有条不紊地进行各项工作。新创企业要想快速发展，需要企业管理者能够有创新的领导与管理理念，还要具备足够的专业知识，能够与其他员工很好地沟通，时刻将企业的发展作为工作的重点来看待。众所周知，新创企业发展与产品销售存在直接关系，一旦产品销售不好，大量积压，那么不仅企业不能获利，而且可能陷入困境，面临生存危机。所以，新创企业市场营销管理能够对企业资源进行有效分配，生产出符合市场需求的产品。

市场营销管理是企业对产品和劳务的设计、定价、促销等活动的管理，是为了满足消费者的需求而制定的有效促进消费者与企业之间的交换顺利进行的过程，同时也是企业运用科学的管理理念与合理的管理手段进行的、有利于实现企业目标、提高企业效益的重要工作。预防和应对初创企业的市场营销风险，首先，需要树立“产品质量第一”的生产理念，保证产品的质量。产品的质量是企业顺利进行各项企业创新市场营销管理的基石，只有高质量的产品，才能刺激消费者的购买欲望，才能得到消费者的好评，进而提高企业产品在市场中的占有份额，提高企业的核心竞争力，促进企业的发展。在企业生产过程中，应该树立“产品质量第一”的生产理念，合理有效地利用企业的资源，对产品生产的每一个环节都进行严格的管理，无论是产品的品种、特色、性能，还是产品的包装、款式等，都要进行严格的检验，保证为消费者提供最优的服务。高质量的产品才是能够刺激消费者购买欲望的产品，企业与消费者建立特定的价值倾向关系，才会为企业带来经济效益，同时带来社会效益，进而促进企业的发展。其次，建立以市场为导向的管理理念，时刻注意市场的发展。新创企业的市场营销管理必须是以市场为导向的，这样才能在掌握市场的需求后，企业积极进行有关产品生产、包装等设计，合理调配人力资源与物力、财力资源，生产出高质量的产品，再针对市场需求与消费者的消费心理制订出一系列的营销方案，并以“市场第一，消费者至上”的营销理念为指导思想进行营销活动，开拓企业市场营销网络，使消费者能够从多角度详细地了解企业产品，进而提高企业产品在市场中的占有率，促进企业利益的获得。最后，新创企业市场营销管理需要引进高科技的管理技术，以技术力量推动企业发展。随着科技的发展，很多科技产品已经走进千家万户，人们对于科技力量也越来越重视，新创企业需要应用创新的管理技术，有效地提高市场营销管理水平，进而促进企业的发展。新创企业管理技术的创新是市场营销管理的关键。创新的管理技术可以包括创新的生产技术、工艺、材料等，还可以包括创新的管理理念与手段，企业管理者应用创新的管理技术可以有效地提高员工的工作积极性，促进企业产品质量的提高，促进企业创新能力与生产力的提高。这样，企业才可以走在同行业的市场前列，引领市场的发展。

8.2.2 财务控制管理

人与财是一个企业创立、成长、持续发展过程中最重要的两个元素。初创企业往往将更多的精力放到人的方面，而忽略了严格的财务控制。“财务控制是指在企业的经济活动中，控制主体利用相关财务信息，对资金的收入、支出、占用、耗费进行审核，发现实际与目标之间的财务偏差，并采取相应措施予以纠正，使财务活动按预定的目标进行，为最终实现企业财务管理目标和企业目标提供合理保证的一个控制过程。”由此可见，对财务控制给予的重视程度不够会带来何等的隐患。

与成熟企业不同，初创企业的运转主要依赖的是创业团队中的情感、奉献和一致性的目标等非理性因素。在这样的背景下，感性的方面就会凌驾于理性的方面。例如团队成员结婚，初创企业埋单；团队成员因私借款，初创企业不好拒绝；团队成员因个人原因造成的企业损失，初创企业无法追责而只有群体分担。这样一来，初创企业的财务就会失控，并且因为“分赃不均”，造成团队成员之间的关系破裂。

财务失控的原因有很多。具体而言，一是管理者意识不到财务的重要性。有的初创企业对于财务的理解还停留在“算算账、管管钱”的阶段，没有深刻意识到财务成本管理、财务流程控制等对于企业发展的重要性，更谈不上在财务上“精打细算”。例如有的餐饮企业中，某些领导成员拥有随意性的“免单权”。二是财务人员的专业性相对较弱。有的初创企业的财务人员不是“用人唯贤”，而是“用人唯亲”，由于制度上的不完善，无法有效遴选更具有岗位胜任力的专业人士进入企业。三是财务的作用无法发挥。财务是维系企业机体正常运转的血液，既为全身带去“营养成分”，又能表征“病情”。有的初创企业还不能够充分发挥财务的功能，尤其是利用其为风险管理、战略管理等服务。这实际上是说，在初创企业之中，财务管理的水平还处于初级层次，而初级层次的财务管理如果不能随着企业的发展壮大而不断升级，那就会导致初创企业因财务失控而土崩瓦解。

预防和应对初创企业的财务失控风险，首要的问题并不是要做到何种程度的专业性，如一味追求注册会计师或会计学高层次人才等，而是要首先在意识上高度重视并建立起行之有效的财务制度。在有的初创企业中，财务人员并不具有多高的专业水准，但是财务管理的效率和效果非常突出，这就证明财务专业技能并不在其中起到最核心的作用。实际上，在初创企业之中，财务也并没有复杂到需要高度专业化的程度。但是，团队领导者要明白，经营一个企业必须要恰当地利用好财务这一武器，对于产品成本的核算、人员工资支出、营销收入进项等每一笔资金的流向都要清楚明白地反映到财务账目表中。唯其如此，财务才能准确反映企业的病灶。须知，即便是每一项上的微小误差，累积起来在总的财务状况方面就会造成巨大影响。有的成功企业家即便是在生活中也表现得“精打细算”“十分抠门”，而绝不是如许多人想象的那样“花钱如流水”，就是因为他们懂得“积少成多”“失之毫厘，谬以千里”的道理，并且已然形成了习惯。

同样地，和树立财务意识一样，建立并实行合理的财务制度也是至关重要的。财务制度一般应当包括资金管理制度、成本管理制度、利润管理制度。资金管理制度主要包括资金指标的分解、归口分级管理办法、资金使用的审批权限、信用制度、收账制度、进货制度；成本管理制度包括成本开支范围和开支标准、费用审批权限、成本降低指标以及分解等；利润管理制度主要包括利润分配程序、利润分配原则、股利政策等。如“经营性采购支出的审批流程：①采购前必须报资金计划，并填写请款单，并与对方签订购销合同，采购完成后需及时办理验收、入库和出库手续；②审批流程：经办人填写请款单并签名—部门经理签字—分管副总签字—财务负责人签字—总经理（或董事长）签字—出纳付款”。规范、严谨、科学的程序有效地保障了财务的安全。然而现实中，有的企业虽然建立了成套的、具体的、繁杂的财务体系，但在执行上遇上了巨大的疑难。例如挪用部分办公经费发放员工津贴、抵补某些不方便报销的账目等几乎是财务报销中的常见现象，但是这种不规范会造成财务人员在核算部分事项的具体成本时出现问题，从而削弱了财务功能的发挥。由此可见，对待财务问题，新创企业不能掉以轻心。相反，要在思想上、制度上等多个层面积极应对。

8.2.3　创新能力管理

新创企业大都是依靠某项核心业务建立起来的。例如科技型企业一般拥有具体的专利和技术，并以此为核心，研发一系列的产品，同时组织相配套的营销模式以实现盈利。依靠创新推动企业发展是一条合理、高效、健康的道路，但是其中隐含了三个核心要素，如果三要素之间的关系处理不善，就有可能导致创新乏力。而创新乏力是新创企业面临的重大风险之一，没有持续的创新驱动，企业就会昙花一现。日本电子企业的挫折就是明证。“过去数十年间，日本电子企业在本土资源短缺的背景下，依仗高度细分的产业体系，对外扩张如群狼抱团与猎物厮杀，凶残而精准，几乎垄断了全球电子产品领域，最终成为世界电子市场的霸主。然而，狭隘的岛国意识，使日本电子企业偏执保守，错过了互联网时代二次创业的机遇，又在智能化浪潮扑面而来时犹豫彷徨，正日渐式微。”具体地说，三个核心要素是指专业人才、资金投入和创新意识。

第一个要素是专业人才。技术掌握在专业人才手中。随着新创企业的发展，专业人才可能会由于种种原因流失。这是因为专业人才尤其是优秀的专业人才是稀缺资源，如果不善加管理，就必然会被“挖走”；再者，技术升级的压力也对专业人才提出了更高要求，如果研发人员不能持续不断地更新知识库和与时俱进地学习并掌握新技术，就会造成创新乏力的风险。第二个要素是资金投入。技术研发需要大量的经费投入，世界上一流企业的研发投入能占到其总收入的4%以上，而这些企业的总收入是以百亿乃至千亿美元计算的。例如微软在整个2012年财政年度的研发费用则达到了98亿美元。职业社交网站LinkedIn的数据显示，研发部门员工在微软员工总数中的比例高达51%。彭博社的统计数据显示，三星电子将每年大约6%的营收投入研发之中。国内的中型企业研发投入也在营收的6%～10%。对于新创企业而言，由于受规模所限，要保持持久的创新优势所投入的资金有可能会远远大于其营收的10%，这对于一个盈利能力欠缺的新创企业而言具有较大压力。第三个要素是创新意识。新创企业由于前期投入较大，往往开始盈利后就急于压缩成本，收回投资，创新意识已经不再像筹办企业之时那么强烈。相反地，营销意识占据了更为重要的地位。一旦“以技术立企”的原则盲目地转变成“以营销为导向”，企业的研发投入就会大打折扣。并且，对现有产品的升级换代、市场细分等工作也会出现懈怠。团队领导层如果没有居安思危的创新意识，就很有可能满足于无限制地扩大现有产品的产能以图快速牟利。这种“暴发户”似的心理会使得新创企业的发展丧失可持续性。

解决创新乏力的根本对策主要包括：一方面团队领导者要具有战略眼光，并能够进行合理的战略布局。不会仅仅看重眼前利益而忽略了长远发展。20世纪初，管理学家法约尔就曾提示管理者对企业内部的管理活动进行整合，并将工业企业中的各种活动划分成六大类：技术活动、商业活动、财务活动、安全活动、会计活动和管理活动。这就是说要通过战略管理，系统规划企业战略，整合资源，在此战略基础上，制定并执行管理细则。例如在经费和其他资源的投入上，明确研发、营销、薪酬等各方面的支出比例，要杜绝在经费分配比例上某项费用一家独大的局面。在中国，新创企业尤其要防范普遍研发不足、营销过度、不健康的委托代理等方面的问题。另一方面新创企业要形成具有创新意识内容的组织文化，配套一系列尊重人才、引进人才、培养人才和发展人才的制度，将新创企业建成学习型的组织，只有这样，企业的发展才有充足的动力源泉。“所谓企业创新文化是指在一定社会历史条件下，企业在创新及其经营管理活动中所形成的具有自我鲜明特色的创新精神财富与创新物质形态的总和。企业创新文化所涵盖的内容非常广泛，主要有创新价值观、创新准则、创新制度、创新模范、创新网络及其创新环境等。其中创新价值观是企业创新文化的核心，创新准则决定企业创新文化的特色，创新制度是企业创新文化的保证，创新模范是企业创新文化的支撑，创新网络是企业创新文化的底蕴，创新环境决定着企业创新文化的内涵和外延。企业创新文化一旦形成，就会对企业成员产生影响，触发其创新动机，并诱导其形成创新行动。适宜的企业创新文化应该有助于创新动机的产生及创新行为的维持，有助于创新效率的提高和创新成果的取得。”文化对人的培养具有潜移默化的作用。高度的文化认同会大大增强企业的凝聚力和向心力。例如四川海底捞餐饮股份有限公司致力于为顾客提供“贴心、温心、舒心”的服务，在管理上勇于改革、勇于创新，倡导双手改变命运的价值观，为员工创建公平公正的工作环境，实施人性化和亲情化的管理模式，提升员工价值。员工不断地创新服务方式，创造性地工作。这样一种组织文化，使得顾客在用餐时能真正找到“上帝的感觉”，抛开其产品口味、质量不提，其服务就已经征服了绝大多数的火锅爱好者，从而吸引越来越多的人到海底捞，一种类似于“病毒式传播”的效应就此显现。

以上所述的三大方面管理对于新创企业的生存而言，都是十分关键的。所谓万事开头难，新创企业由于自身发展规模、领导团队经验等问题，抵御风险的能力较弱。但是辩证地看，风险高发期同样也可能是盈利高速增长期。关键是领导团队要分清哪些风险是可以防范的，哪些风险是始终存在的。管理风险就属于可以防范或者至少可以提前准备应对的一类。这就是说，新创企业要始终抱有风险意识，并能识别风险、应对风险进而利用风险。

案例拓展

职业双通道下的创新能力设计

南京萨特科技发展有限公司（以下简称“萨特公司”）是一家专业从事电路保护元器件研发、生产、销售的企业。公司特别注重创新和体系建设，自成立以后，先后通过了 ISO 9001、ISO 14001、ISO/TS 16949 和 QCO 80000 等体系认证，产品符合 RoHS（Restriction of Hazardous Substances,《关于限制在电子电气设备中使用某些有害成分的指令》）要求，并通过了中国质量认证中心、美国 UL（Underwriters Laboratories Inc.美国保险商试验所）、日本 PSE（日本强制性安全认证）等多项专业认证。在取得自主知识产权的基础上，公司凭借经验丰富的研发和 FAE（Field Application Engineer，现场应用工程师）团队、最先进的进口制造设备、检测设备以及专业的电子电路保护元件工程技术研究中心，建立了完善的研发、制造、质量和营销体系，成为在保护类电子元器件开发领域颇具影响力的高新技术企业。

随着公司的发展，目前已成为“国际 IEC / SC32 小型熔断器秘书处成员单位”和“全国熔断器标准化技术委员会小型熔断器分技术委员会副主任委员单位”。曾经荣获“江苏省高新技术产品”“江苏省自主创新产品”等证书，并被江苏省科技厅授予“高新技术企业”的称号。累计申请国内外专利 20 多项，并获得多项发明及实用新型专利的授权，已在业界形成了“服务优异、品质卓越”的良好口碑。

公司不但注重产品的研发，也特别注重员工的职业发展和创新能力的培养。2015 年，公司聘请了南京佑佐管理咨询有限公司的咨询专家为公司设计了员工职业发展通道，并设定了各职位的创新能力要求（图 8-1），从而为公司未来的发展奠定了更为扎实的基础。

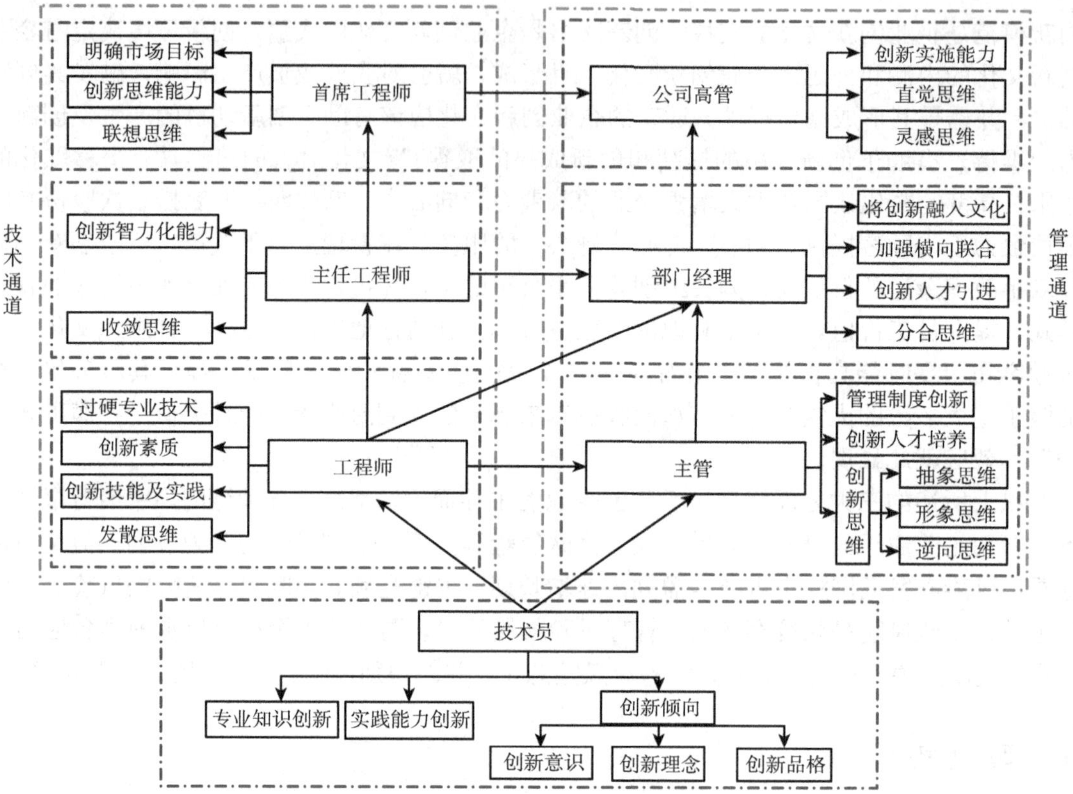

图 8-1　萨特公司各职位的创新能力要求

8.3　新创企业成长管理

8.3.1　新创企业成长管理的特征

创业成长管理是指创业者基于新创企业未来发展的考虑，对创业期形成的业务模式进行的一种过渡性的管理行为及过程。其主要包括以下三层含义：创业成长管理是承前启后的过渡性管理。创业成长管理承接了新创企业的创业期及成长期的管理，是一种承上启下的过渡管理。这个过程中，创业者既要对创业阶段的管理经验进行总结，又要对未来进行理性思考。在此过程中，创业者既要思考自己如何向企业家的角色转变，又要思考如何制定新创企业未来的发展战略。创业成长管理是对新创企业的规范性管理。创业成长管理是在对新创企业创新性活动成果的总结基础上进行成果管理。新创企业的创业阶段，形成了相对成熟的组织管理经验、生产运作标准等创新性成果。创业成长管理正是在总结这些成果的基础上，对这些成果进行固化，以形成企业的规范性管理模式。创业成长管理是对新创企业的扩张性管理。创业成长管理建立在新创企业快速成长的基础上，在这一时期新创企业各个方面都不同程度地表现出整体扩张态势。人力资源、物质资源以及财务资源等方面大多急剧扩张，技术资源、组织资源和信息资源亟须完善与改进。创业成长管理要对新创企业的这种扩张性发展进行管理。

创业成长阶段的特殊性，也形成了创业成长管理的一些特征，主要有传承性、知识性、控制性及调整性。

（1）传承性。创业成长管理的传承性突出表现在业务模式的承接上，以促进新创企业扩大发展规模、提升发展速度。

（2）知识性。创业成长管理的知识性体现在对新创企业的知识性管理上。一方面，新创企业将明晰的知识形成规章制度进行规范化管理；另一方面，新创企业的很多经验在一定程度上是难以表达和编码的，具有隐性知识的特征，它源于新创企业的创立过程，存在于具体的管理和协调任务的组织系统与习惯中，是其他任何企业或者组织无法在某一时间段或者某一阶段能够模仿的。

（3）控制性。创业成长管理的控制性体现在既要维护创业阶段形成的成果，防范风险的冲击，又要对这一阶段的问题进行总结，避免再犯类似的错误，从而为企业进入一般的管理阶段奠定基础。新创企业的成长管理还要将创业期形成的业务模式固化，强化企业的核心能力，以便进一步扩大企业发展规模。

（4）调整性。创业成长管理的调整性体现在对创业成果的承接及对未来发展的适应两方面。一方面，创业成长管理要传承、固化创业阶段形成的成果，并根据环境的变化进行适当调整；另一方面，创业成长管理要基于未来发展的考虑，对新创企业的发展战略、经营策略等进行新的探索，以赋予新创企业新的活力，使其成功过渡到一般的企业管理阶段。

8.3.2　新创企业成长管理的基本内容

相对于一般企业的成长管理而言，新创企业的成长管理有其独特之处，其独特之处包括长期发展目标从模糊向清晰转化、业务模式从创新向常规转化、组织结构从非正式向正式转化。而在新创企业这个转化成长过程中，其本质是创新向控制的转化，最终目的是通过这种转化，使企业形成有机的统一体，达到和谐发展的状态。因此，创新与控制的统一应当成为创业成长管理遵循的基本原则。在遵循创新与控制统一原则的前提下，新创企业创业成长管理要围绕资源的重新配置展开，主要包括以下五个方面的内容。

1. 目标管理明晰化

目标管理明晰化是指与新创企业创业阶段相比，新创企业创业成长阶段的战略目标、市场定位、竞争战略等由原来的模糊状态逐步向清晰转化。通过目标的明晰化过程，将企业的整体目标逐级分解，转换为各部门、各成员的分目标。从整体目标到经营单位目标，再到部门目标，最后到个人目标。这些目标方向一致、环环相扣、相互配合，形成协调统一的目标体系。每个成员完成了自己的分目标，整个企业的总目标才有完成的可能。

2. 组织结构规范化

新创企业成立阶段，组织结构往往比较模糊，并且处于非正式状态，权责也难以明确，创业者进行了初步分工协调。在成长阶段，新创企业要将组织结构逐步正式化和规范化。要根据创业阶段组织成员的分工协调情况，进行分析，总结经验，重新对工作任务的分工、协调合作进行规划和设计。明确各部门及成员的职能和职权，制定规范的规章制度，从而提高组织成员的工作效率。

3. 制定决策程序化

新创企业创立阶段，对于创业者来说，面临的都是新问题，且由于缺乏相关的决策经验，进行的都是例外的及非结构化的决策，往往表现出试探性。经过创业阶段的检验，在成长阶段，创业者应该将之前的这些例外的及非结构化的决策进行总结归纳，形成制定决策的程序化流程。以后如果遇到创业阶段出现过的问题，则可以按照程序化决策的流程进行解决。

4. 生产运作标准化

创业阶段形成的业务模式，实际上也积累了产品或服务生产运作的经验，包括产品设计、生产流程设计等。在成长阶段，创业者应该依据经验将生产运作中的一系列指标确定出来，从而提高企业的生产效率。对于生产型的新创企业来说，生产运作标准化的一个重要体现是机器设备的运用，因此其成长的一个重要标志就是购置机器设备。

5. 组织知识归核化

在创业阶段，对于创业者来说，环境分析、机会识别、资源整合、战略确定、计划制订及创业运营都是创新性的活动。在这些创新性活动中，新创企业形成了独特的思考方式、机会识别能力、资源配置方式、核心竞争力等隐性知识及显性知识。在成长阶段，新创企业需要实现知识沉淀、共享、学习、应用和创新的思路与方法，将这些知识转化为企业的核心竞争力，并以此为核心形成企业文化。

以上五个方面的内容是遵循创新与控制统一原则的体现，贯穿于创业成长管理的始终，具体体现在创业成长管理的人力资源管理、财务管理、营销管理等各个方面。随着创业成长管理进程的推进，新创企业逐渐走向规范，创业者日益成为一个成熟的企业家，新创企业管理也随之迈向企业管理的新阶段。

8.3.3 新创企业成长管理的要素分析

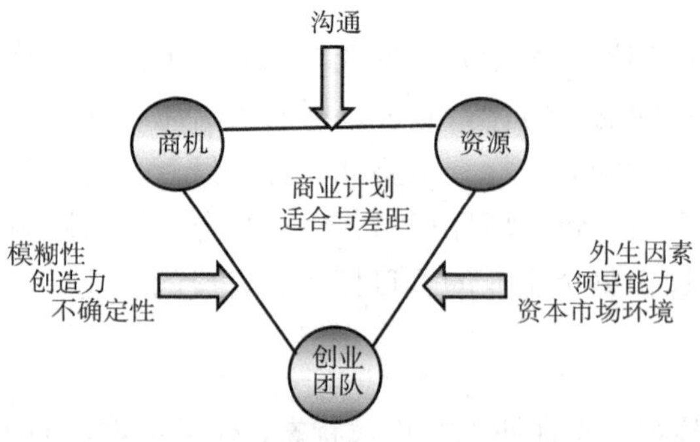

图 8-2 Timmons 创业管理模型

在众多的创业模型中，Timmons 模型是比较有代表性的新创企业成长管理模型。成功的创业活动必须对商机、创业团队和资源三者进行最适当的匹配，并且要随着事业的发展而不断进行动态平衡。创业过程由商机启动，在创业团队建立以后，就应该设法获得为创业所必需的资源，这样才能顺利实施创业计划。Timmons 创业管理模型如图 8-2 所示。

Timmons 创业管理模型将创业视为一种高度动态的过程，并将商机、资源和创业团队看作创业过程最重要的驱动因素。Timmons 认为，商业机会是创业过程的核心要素，创业的核心是发现和开发机会，并利用机会实施创业。因此，识别与评估市场机会是创业过程的起点，也是创业过程中的一个关键阶段。资源是创业过程不可或缺的支撑要素，为了合理利用和控制资源，创业者往往要制定设计精巧、用资谨慎的创业战略，这种战略对创业具有极其重要的意义。而创业团队则是实现创业这个目标的关键组织要素。创业者或创业团队必须具备善于学习、从容应对逆境的品质，具有高超的创造、领导和沟通能力，但更重要的是具有柔性和韧性，能够适应市场环境的变化。在 Timmons 创业管理模型中，商机、资源和创业团队这三个创业核心要素构成一个倒立三角形，创业团队位于这个倒立三角形的顶部。在创业初始阶段，商业机会较大，而资源较为稀缺，于是三角形向左边倾斜；随着新创企业的发展，可支配的资源不断增多，而商业机会则可能会变得相对有限，从而导致另一种不均衡。创业者必须不断寻求更大的商业机会，并合理使用和整合资源，以保证企业平衡发展。商机、资源和创业团队三者必须不断动态调整，以最终实现动态均衡。这就是新创企业的成长过程。

夏清华以产业机会、创业者资源、新企业战略和新企业的学习机制为核心要素构成了新创企业成长模型，她认为新创企业成长是一个环境依赖的动态学习过程，又是一个转换机会、资源创造的战略行为。企业成长的效果主要取决于创业战略的实施，正确的战略能够促进企业的迅速成长，而创业战略的制定则主要取决于创业机会的具体特征。

综合国内外学者的研究成果可以看出，新创企业成长是一个动态过程，商机、资源、创业者或创业团队、创业战略、商业模式、创业学习等因素，决定了新创企业的成长。结合 Timmons、夏清华的研究成果，本书构建了新创企业成长模型，如图 8-3 所示。

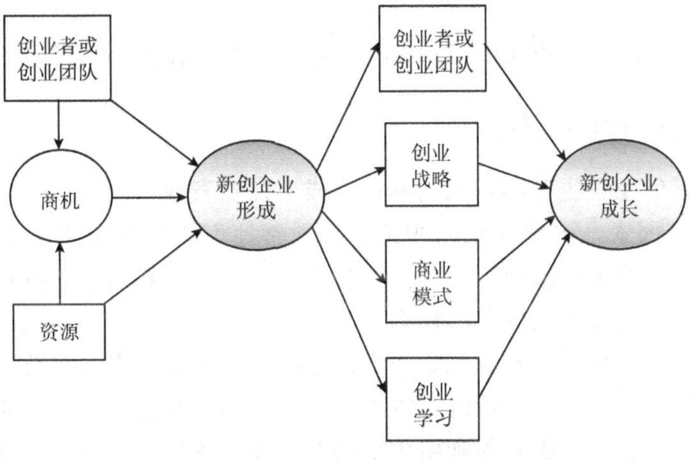

图 8-3 新创企业成长模型

新创企业成长模型阐释的创业成长机理为：首先，以商机为核心，围绕商机的识别、开发，新创企业形成。创业者或创业团队要善于识别、发现商机，然后整合企业资源来开发商机，从而形成一个新创企业。围绕着新创企业成长的效果，分析其影响因素，主要包括创业者或创业团队、创业战略实施、商业模式和创业学习。即新创企业的持续成长，有赖于创业者或创业团队、创业战略、商业模式及创业学习。

商机非常重要，新创企业特别强调对潜在机会的发掘来创造新的价值。成功发现并利用创业机会是由机会本身的特性和企业家所拥有的创业信息与认知能力共同决定的。创业者须拥有敏锐的商业远景力、市场洞察力和分析判断力，还要有勇于冒险和不畏失败的创业精神，以及以技术专长为核心的经验和经历等。新创企业成功的关键在于创业领导者和创业团队能否发现各种商机，并有效组织内外部各种资源来抓住商机。这些资源包括企业内部资源，如企业内部的知识与能力，形成了企业的核心竞争力，还包括企业外部的各种有利于企业发展的资源，如产业集群。

新创企业创立后，能否取得成功，很大程度上取决于该企业的创业团队。创业家凭借商业智慧、商业眼光发现了市场机会，也寻找到了能源抓住商机的资源，则新创企业创立。但是新创企业成长还需要有善于经营和管理的团队，要制定创业发展战略，寻找合适的商业发展模式等。新创企业的成功在很大程度上还取决于其战略的实施。很多新创企业在其创立与成长过程中，紧紧依托于特色产业集群，并与产业集群形成良性的互动发展，从而能够快速成长起来。新创企业的战略能力决定了将机会资本化的成本和方式，也最终决定了新创企业的盈利水平以及创造与维持竞争优势的能力。新创企业的成功在很大程度上还取决于是否有创新。对新创企业来说，商业模式的创新至关重要。例如，戴尔电脑的商业模式创新。所以，新创企业发现了机会，也寻找到了可以利用机会的资源，还需要创新商业模式。创新还需要团队成员的学习。创业学习因素指的是通过学习不断开发和利用新知识，克服成长过程中面临的难题，提高知识积累水平。创业学习主要通过提升经验知识、机会识别、问题解决、能力培育的中介效应，进而作用于新创企业成长。

8.4 新创企业的成本与风险控制

8.4.1 新创企业的成本控制

成本控制是新创企业生存和发展的基础。成本外部表现为同行业竞争、政府课税和经济环境逆转等不利因素，内部表现为职工要求改善他们的待遇和股东要求分红的各种压力。目前，成本已经不仅是影响新创企业利润高低的一个重要因素，也是衡量新创企业竞争力大小和生存发展潜力高低的重要标准。

新创企业成本控制包括成本预测、成本决策、成本计划、成本调节、成本核算、成本考核、成本分析等环节。新创企业进行成本控制的目的主要包括：降低成本；在资源限制条件下，通过成本控制提高资源的利用效率；通过成本控制增加企业的利润；配合企业取得竞争优势等。成本控制的主体主要包括：对企业各项生产经营活动拥有决策权的企业高层管理；对成本发生具有重大影响的科技人员；按职责权限，对各部门、各环节工作负有责任的管理者；专设成本机构中的工作人员等。成本控制的客体是生产经营过程中的资本耗费。产品成本是成本控制的落脚点，成为日常成本控制的重点内容，对生产各要素成本控制实施控制的结果，最终会通过产品成本体现出来。成本控制按对象内容可以分为：工程项目的成本控制；产品设计和改造过程中的成本控制；产品生产过程中的成本控制；供应、后勤保障、管理过程中的成本控制。成本控制按所涉及的时间可以分为事前成本控制、事中成本控制、事后成本控制。目前，新创企业成本控制存在的问题主要表现在如下方面。

第一，成本控制的市场观念淡薄。新创企业生产经营效率可以直观地通过生产成本反映，是企业投入和产出的对比关系。低成本意味着高效率，但是低成本未必就是高效益，它是以较少的投入提供更多的产品或服务。在我国，许多新创企业降低成本的模式一般都是通过大幅度提高产量从而降低单位产品固定成本的分担。因而，产量越高，单位产品成本就越低，在销售量不变的情况下，企业误认为简单地降低成本就意味着增加效益，失真的信息导致生产成本控制决策出现误区，似乎产量越大就意味着成本越低、利润越高。

第二，成本控制流于表面。成本控制是新创企业的一项综合而且复杂的管理，是企业得以良性延续发展的重要因素。但许多新创企业只是把生产成本控制当成一种表面形式，而忽略了其中的过程。它们实施生产成本控制的目的，仅是遵循国家颁布的财务法律法规，或者应付上级部门的检查，或者向上级主管部门汇报工作的需要。这只是为美化自身年度经营管理业绩的一种表面功夫，却真正忽略了生产成本控制对企业经营管理产生的重大效用。

第三，成本控制使用方法单一。生产成本控制方法单一、构成简单，也是新创企业进行生产成本控制常出现的问题，导致其反映经营全过程不深入，提供各个环节的成本信息不全面，以及各个环节成本发生的前因后果没有关联，从而误导企业经营战略的制定。另外，传统的生产成本控制对象局限于财务成本方面的信息，不能提供决策人员、管理人员所需的资源、作业、产品信息。

第四，成本控制管理制度不规范。随着新创企业规模的壮大，库存的原辅材料、在制品、半成品、产成品等物资的数量逐年递增，但物资的存储空间、管理人员的数量和质量并没有按比例相应增加。材料的使用也缺乏精确的计算，验收和领用也缺乏有效的监督控制，量化管理体系不完善，盘存不及时，财产清查不严格，材料物资的日常管理缺乏科学、规范的制度。

第五，员工薪酬管理比较简单，很多新创企业员工的劳动报酬比较固定，相互之间的差距不大，在报酬上存在着平均主义，或者是存在同工不同酬、同酬不同工的现象，也存在着部门之间的分配不公、责权利关系不够明确、员工工作的被动性较强、劳动效率不高等问题。

现代的成本控制是企业根据一定时期预先建立的成本管理目标，由成本控制主体在其职权范围内，在生产耗费发生以前和成本控制过程中，对各种影响成本的因素和条件采取的一系列预防与调节措施，以保证成本管理目标实现的管理行为。因此，需要对新创企业的成本控制进行管理创新。

（1）树立成本意识，增强成本观念。成本控制是一个全局性的问题，成本控制不能仅仅局限于产品的生产过程，而是应该将视野向前延伸到产品的市场需求分析、相关技术的发展态势分析，以及产品的设计；向后延伸则是要考虑顾客的售后问题保障，都要用严格、认真、仔细的科学手段对这些成本内容进行合理有效控制，使企业在激烈的市场竞争中处于不败之地。另外，让企业的每个部门、每个员工都要意识到自己是一个相对的成本控制点，而不是独立存在，都应该将自身纳入成本控制的范围内，树立产品成本意识，增强危机意识，成本节约工作要努力做好，使企业的成本控制真正地落到实处，从而把企业的生产费用降到最低，实现产品利润最大化。

（2）采用作业成本管理思维。作业是以人为主体的，现代企业管理尽管自动化机械程度高，但没有人的参与仍然无法正常运行。所以在企业中，不管是过去还是现在，人都是整个生产经营活动中不可缺少的主体。作为细化成本控制的有效途径，作业成本管理思维瞬间显现出来。以作业为基础的管理信息系统就是一些人所谓的作业成本管理，它是以将产品为中心转移到以作业为中心上来，通过确认作业成本，尽可能地将无收益或是收益少的作业消除掉，将高收益的作业进行改进并且及时地提供有用的信息，从而把不必要的损失及费用降到最低。这是往更深的层面来探索降低成本的方法，发现成本降低的根源。作业成本管理最为重要的在于它不是就成本论成本，而是把着眼点与着重点放在成本发生的前因后果上，通过对所有作业活动进行跟踪反映，对最终产品形成的过程中所发生的作业成本进行有效控制。在当前激烈的市场竞争中，新创企业在成本管理上必须进行战略的考虑，要从单纯降低料工费项目的生产过程成本管理上，拓宽到从产品设计开始，包括技术开发制造、销售市场营销服务在内的全过程的成本管理，如果想使企业达到持续的动态成本管理，就必须做到为最终产品形成过程中发生的所有作业进行成本管理。

（3）提高技术创新能力。作为第一生产力的科学技术，技术创新是新创企业进行市场竞争和追求超额利润的内在要求，是提高竞争水平和经济效益的根本途径，应用新的科学技术，可以提高生产效率，减少废品损失；通过增加投入来提高产品科技含量和附加值，虽然在技术创新的投入初期会影响企业当期的费用，但从长远的角度看，技术创新往往能给企业带来更多的收益和发展后劲，企业可以根据市场需要，自行开发新产品，满足当今消费者越来越个性化的需求，使企业在激烈的市场竞争中占领有利的地位，增加市场份额，提高产品附加值，从而降低生产成本、扩大利润率。

（4）建立成本控制保障体系。加强成本控制是新创企业提高经济效益、增强企业竞争力的重要手段，是新创企业生存和发展的重要保障之一。为此，许多企业对如何加强成本控制提出了很多有效的成本控制方法和措施。建立成本控制的保障体系可以保证新创企业内部的各项活动按照有利于降低成本的方式进行，保证成本控制措施的顺利实施而建立的各种规范，是为了保证成本控制的有效性，建立成本控制保障体系就显得十分重要。通过对组织结构进行详细的设定分工来保证组织内的各项生产活动正常进行。建立成本保障措施主要通过建立起一系列的业务处理与报告执行规划，按照有利于进行成本控制的方式进行，这些措施虽然不是直接控制费用本身，但是作为启动或约束成本管理的行为，起到了基础防范性的作用。

8.4.2 新创企业的风险控制

创业风险是指在创业活动运行和实施过程中造成结果的不确定性或损失。创业风险主要包括风险因素、风险事件、风险损失三个方面的内容。风险因素是指能够引起或增加风险事件发生的机会或影响损失程度的因素。风险因素是事故发生的潜在条件，一般称作风险条件。风险因素从形态上可以分为物的因素和人的因素两种。物的因素是有形的情况与状态，如生产线上的关键设备故障；人的因素是道德、心理情况与状态，如欺骗、疏忽、违纪等。风险事件是风险因素综合作用的结果，是产生风险损失的原因，也是风险损失的媒介物，即风险可能变成现实，以致引起损失的后果。风险损失是指非故意的、非预期的、非计划的利益的减少。一般而言，风险和损失构成一对因果关系，风险为因，损失为果。风险损失有两种形态：一种是直接损失，包括财产损失、收入损失、费用损失等；二是间接损失，包括商业信誉、企业形象、业务关系、社会利益等损失以及由其直接损失而导致的第二次损失。

1. 新创企业运营的风险类型

通常情况下，新创企业的风险一般分为六种类型。

第一，团队风险。团队成员在创业初期，大多能够齐心协力、精诚团结，为企业的发展贡献自己的力量。但随着企业的发展，团队成员的需求、动机、价值观、内心的疑虑发生了变化，各种矛盾、难题不断出现，即形成了团队风险。此时如果成员之间不能很好地沟通以形成统一的意见，那么事后难免会相互埋怨。团队风险会随着时间的增长越来越大，最后可能导致团队的分裂。

第二，技术风险。创业技术能否通过研发得以成熟和完善，实现应有的功能和效果，达到商业化应用的程度，具有很大的不确定性。因此，技术风险是新创企业运营中最突出的一种风险。具体而言，技术风险一般包括以下几个方面；技术前景的不确定性、技术更新后的风险、技术效果的风险、技术环境的风险、产品生产和售后服务的风险等。

第三，市场风险。新创企业提供的产品或服务无论是根本性的创新、改进性的创新还是模仿性的创新，对于消费者来说，都是陌生的和没有实际体验的。因此，经营业绩也随着市场风险的变化而有较大的变化。市场风险的不确定性表现在：①对市场的实际需求缺乏了解，夸大了商业价值；②进入时机选择失误，市场拓展不明显等。

第四，管理风险。管理风险又称经营风险，是指在新创企业运营过程中因管理问题而带来的风险。创业初期，创业者往往缺乏管理经验，导致职责分工不明确，没有形成科学合理的规章制度，往往会产生管理风险。

第五，财务风险。创业运营期，财务风险在很大程度上是由财务管理的随意性和盲目性导致的。例如，创业者更多地把会计作为一种信息披露的需要或者是记账的手段，而没有视之为管理工具。而且大多数的创业期企业为了节约人工成本，职责分工不明确，往往一个会计人员身兼数职。而这些职位之间原本是互斥的，这就增加了财务风险。此外，如果创业者不注意现金流的管理，致使资金链断裂，将可能直接导致创业活动的失败。

第六，产权风险。产权风险一般由产权纠纷导致。产权包括财产的所有权、占有权、支配权、使用权、收益权和处置权。在市场经济条件下，产权是以法权形式体现所有制关系的科学合理的产权制度，用来巩固和规范商品经济中的财产关系，约束人的经济行为，维护商品经济秩序，保证商品经济顺利运行的法权工具。创业初期，如果创业者没有将产权明晰，则很容易产生产权风险。

此外，宏观政治、经济环境的变化，也会给新创企业运营活动带来诸多风险。

2. 新创企业的风险管理过程

新创企业风险管理一般分为四个步骤：风险识别、风险评估、风险应对措施、风险反馈与控制。

1）风险识别

对新创企业进行风险管理，首先要明确风险管理的对象是什么，即识别创业风险，这是创业风险管理最重要的一步。在进行风险识别时应根据风险分类，从风险产生的原因入手，识别引起风险的主要因素，并对风险后果做初步定性估计。项目的关键绩效指标（key performance indicator，KPI）是风险识别的主要参照对象，风险管理也要求风险识别有清晰的思路，先从主要的风险区域入手。在创业投资实践中，创业者可以先将项目关键成功因素（critical success factors，CSF）列出，作为项目风险区域，事先加强对风险区域的关注和分析，并进一步做出风险评估，避免遗漏对重要风险的控制。国内外创业投资机构评价项目时，通常关注的项目 CSF 包括团队、管理、市场、产权、财务和技术六方面，风险识别时先将项目 CSF 的六个方面列出，作为风险区域，再根据项目所处的不同生命周期阶段识别风险不确定性的存在，记录并建立风险清单。

确定风险清单后要对风险进行排序，确定风险指标。项目的 KPI 是 CSF 在应用中的细化指标，通过对风险清单做进一步分析，将影响项目 KPI 的主要风险因素进行筛选，对风险指标做出定性和初步的定量判断。在风险识别实践中，常常用访谈法和一些定量研究方法去识别团队素质、管理、市场销售、产品技术等方面的风险；对市场、技术方面则常采用专家个人判断法、头脑风暴法、德尔菲法进行风险识别；对财务、产权方面用文件审查法，通过分析资产负债表、损益表、现金流量表、财务记录、营业记录等文件，识别项目的风险因素，预测未来风险。

2）风险评估

风险评估是将已经辨识出来的并分好类的风险进行定量分析，并据其权重大小予以排序。风险评估是风险识别的进一步延伸，它是为有针对性、有重点地管理好风险提供科学依据。风险评估一般要从风险概率和风险后果两个方面入手，风险评估的结果可用简易模型 $R=f(P, L)$ 表示，P 和 L 分别代表风险的概率和后果的严重程度。首先进行风险等级划分，然后在进行单个风险评估的基础上对整体风险进行评估。风险评估一般采用专家调查法、风险因素取值评定法、分析报酬法等对采集到的数据进行定量估算。经过定量估算的风险评估结果是创业者进行风险管理的重要依据，但由于风险评估过程涉及主观方面的测定，有些风险因素难以量化，其分析、测定过程对风险评估结果会产生显著的影响，因此，仍需要创业者对风险评估结果进行最终判断。

3）风险应对措施

风险应对措施是根据风险识别、风险评估的结果，制订并实施消灭或减少风险可能性或损失的措施。以预防为主，制订细致有效的预防措施避免风险发生是风险应对措施的主要内容，因此，对重大风险需制订风险应急方案、风险补救方案。

创业者进行风险应对时采取的方法主要有风险回避、风险控制、风险转移、风险自留。风险回避是指考虑到风险存在和发生的可能性，主动放弃或拒绝实施可能导致风险损失的方案；风险控制是指风险管理者采取各种措施和方法，消灭或减少风险事件发生的各种可能性，或者减少风险事件发生时造成的损失；风险转移是指通过契约，将让渡人的风险转移给受让人承担的行为，通过风险转移过程有时可大大降低经济主体的风险程度；风险自留是指如果损失发生，经济主体将以当时可利用的任何资金进行支付。

4）风险反馈与控制

风险反馈与控制贯穿于创业管理整个过程的具体工作之中。随着创业企业运营的变化，风险性质会发生变化，甚至会有新的风险因素出现。风险管理要不断揭示创业运营中存在的不对称信息，识别新的风险目标，进一步对风险进行评估，提出应对措施，实施风险的控制。总体而言，对创业项目进行风险管理是一个循序渐进的过程。只有对创业项目的整个运营过程进行风险管理，才能有效实现创业目标。

本章小结

企业组建后就必须明确企业的战略，迅速拓展市场，同时有效控制成本和风险。本章着重介绍企业战略管理的基本内容。阐述市场营销管理、财务控制管理和创新能力管理的基本方法。论述新创企业成长管理的特征、新创企业成长管理的基本内容及影响因素。论述了新创企业成本控制和风险控制的方法，使得读者明确创业之后如何有效地制定战略规划，实施企业的扩张，并控制成本和风险，确保企业步入良性循环的发展轨道。

思考题

1. 简述新创企业战略管理的基本特征。
2. 简述新创企业战略的基本内容。
3. 新创企业如何进行创业团队的管理？
4. 简述新创企业成长模型的创业成长机理。
5. 新创企业成本控制存在的问题主要表现在哪些方面？
6. 简述新创企业风险管理的过程。

案例分析

一个小女孩的成功

钟慧琴，浙江财经学院金融系 2003 届毕业生。大四时和两位志同道合的朋友一起注册了杭州天齐计算机网络有限公司。公司于 2003 年 2 月开张营业，主营业务包括小型数码产品、网络工程和针对直接客户的办公耗材销售，她主要负责的是小型数码产品的销售。

创办：一波三折

其实大学的时候，钟慧琴想得最多的并不是毕业后自己出来开公司。大一时，她决心考研；大二、大三，她一心想出国，连目的地都找好了——澳大利亚；真正说到要创办公司，还得从她大四时的一次实习说起。

当时她在杭州颐高数码城的一家电脑公司实习。除了老本行财务外，她的工作还涉及电脑产品的销售。从那个时候起，她对 IT 行业的兴趣就与日俱增。后来她又在一家金融单位实习，和之前在IT业的经历相比，这里的工作重复、单调，闷头工作显然不是钟慧琴想要的，她想趁年轻出去闯一闯，就这样她下定决心和朋友一起把公司注册了下来。

开局：四面出击

公司办起来了，麻烦也接踵而来。第一个难关就是缺少客户，刚开始只能靠亲戚和熟人介绍，没有客户，公司就成了无源之水。钟慧琴意识到不能坐在家里干等业务上门，她开始主动出击，到省内的金华、丽水、宁波等地的电脑城推销自己的产品，也推销自己的公司。

万事开头难。人家第一眼看到她都以为来的是总经理秘书，没想到这么秀气、这么年轻的女孩居然会是公司的一把手，这让客户心里多少有些疑问。而钟慧琴始终觉得诚信终可以打动客户。每到一地，她都认真地去走访客户、和他们聊天；回来后时常给他们发E-mail、传真。对于本地的客户，她会时常打个电话或是亲自上门去问候一下，顺带了解一下客户近期的需求。

公司实行送货上门。就在记者采访的时候，她还刚刚给中河中路上的客户送去两个墨盒："东西再小，天气再热，只要客户需要，我们都会送货上门。"

发展：盈利来得比预想得早

客户有了，但"天齐网络"扮演的仍是一个中间商的角色，能够分得的利润可以说是微乎其微。钟慧琴开始想着如何向代理商发展，并积极寻找这样的机会。成功总是青睐有准备的人，现在的钟慧琴已经是好几个产品的浙江省总代理了。随着业务铺开，2003 年 4 月公司开始实现盈利：跟他们最初定下的第一年不亏本、第二年在第一年基础上有发展相比，他们已经成功了。

但成功的同时也有失意。在经营上打诚信牌、允许客户赊账有时并不能得到回报，公司就遇到过客户欠款卷货逃跑的情况。货不见了，钱也没了，钟慧琴除了生气，别无他法，或许这是创业过程必须交的一笔学费吧。

回忆创业之初，她觉得最困难的就是承受精神压力，毕竟这么大的投资，虽然爸妈很支持自己的事业，可就算到现在，老妈还时常在她耳边唠叨：找个稳定的工作，安安稳稳的多好！万一不成功的话……其实钟慧琴自己也早想过失败，可转念一想，年轻就是最大的资本。一旦失败，大不了从头再来。年轻没有失败！

应该看到：走创业之路的大学生毕竟不多，取得创业成功的大学生更是少而又少。可以说成功的创业者是市场经济的幸运儿，但又有谁知道他们经历了多少艰难坎坷、挥洒了多少汗水辛酸？创业不仅需要智慧和实力，也需要勇气和毅力，毕竟不是每个人都能承受创业失败的压力。因此，专家表示，创业有风险，毕业生一定要慎重选择。

上述案例给你的启发是什么？

资料来源：朱平，韩晓军. 创业档案之一个小女孩是这样成功的. 浙江新闻在线，2013-10-30（有改动）

参考文献

蔡宁宁. 2012. 基于知识管理视角的新创企业联盟管理模式研究[J]. 情报科学（5）.

陈迪. 2014. 大数据时代下创业管理与战略管理的关联性分析[J]. 东方企业文化（14）.

陈寒松. 2007. 创业管理与一般管理融合的概念框架[J]. 山东大学学报（哲学社会科学版）（5）.

陈娟，邢建国. 2018. 商业模式动态调整视角下的新创企业成长[J]. 管理现代化（3）.
杜运周，李宏贵. 2010. 基于成长视角的新创企业创新网络动态管理机制研究[J]. 科技进步与对策（13）.
杜卓君. 2006. 战略型创业：战略管理与创业之交界领域研究评述[J]. 生产力研究（1）.
官爱兰. 2005. 创业管理：民营企业持续发展的战略选择[J]. 企业经济（12）.
李乾文，张玉利. 2004. 创业管理与传统职能管理[J]. 经济管理（15）.
刘锐. 2013. 论新创企业的三大管理风险及应对策略[J]. 前沿（15）.
刘瑞晶. 2008. 新创企业之员工管理问题与对策浅探[J]. 企业活力（7）.
聂元昆. 2011. 创业管理：新创企业管理理论与实务[M]. 北京：高等教育出版社.
彭华涛，谢科范. 2004. 创业管理社会网络构建的理论研究[J]. 科学技术与工程（2）.
任凤玲，曾俊. 2004. 企业内部创业管理体制的构建[J]. 科学与管理（4）.
田杨. 2011. 新创企业财务管理问题探讨[J]. 财会通讯（29）.
吴增源，易荣华，张育玮，等. 2018. 新创企业如何进行商业模式创新？——基于内外部新知识的视角[J]. 中国软科学（3）.
谢成军. 2008. 高新科技企业创业管理模式变革研究[J]. 工业技术经济（9）.
姚苏阳. 2004. 新创企业成长管理——嘉信公司案例分析[D]. 北京：清华大学.
余红剑，喻静娴. 2017. 产业集群内新创企业知识获取研究[J]. 科学管理研究，35（5）.
张帆，姚福喜. 2006. 创业管理的西方主流研究范式——浅谈对创业理论研究的启示[J]. 晋阳学刊（6）.
张华平. 2005. 创业管理机制及其架构分析[J]. 郑州经济管理干部学院学报（1）.
张玉利，陈寒松，李乾文. 2004. 创业管理与传统管理的差异与融合[J]. 外国经济与管理（5）.
张玉利，李乾文，李剑力. 2006. 创业管理研究新观点综述[J]. 外国经济与管理（5）.
张玉利. 2008. 创业管理[M]. 北京：机械工业出版社.
周劲波，黄胜. 2009. 融合知识管理观点的新创企业国际化特征研究[J]. 科学学研究（7）.
朱开端，蒋勤峰，王重鸣. 2011. 创业管理量表探索性因素分析[J]. 上海交通大学学报（1）.
朱秀梅，蔡莉，陈巍，等. 2008. 新创企业与成熟企业的资源管理过程比较研究[J]. 技术经济（4）.

科学出版社

教师教学服务指南

为了更好服务于广大教师的教学工作，科学出版社打造了“科学 EDU”教学服务公众号，教师可通过扫描下方二维码，享受样书、课件、会议信息等服务。

样书、电子课件仅为任课教师获得，并保证只能用于教学，不得复制传播用于商业用途。否则，科学出版社保留诉诸法律的权利。

关注微信公众号“科学 EDU” → 点击“教学服务”-“样书、课件申请” → 审核（1 个工作日） → 样书 7 个工作日寄出、课件 3 个工作日发送！

科学 EDU

关注科学 EDU，获取教学样书、课件资源

面向高校教师，提供优质教学、会议信息

分享行业动态，关注最新教育、科研资讯

学生学习服务指南

为了更好服务于广大学生的学习，科学出版社打造了“学子参考”公众号，学生可通过扫描下方二维码，了解海量经典教材、教辅信息，轻松面对考试。

学子参考

面向高校学子，提供优秀教材、教辅信息

分享热点资讯，解读专业前景、学科现状

为大家提供海量学习指导，轻松面对考试

教师咨询：010-64033787　QQ：2405112526　yuyuanchun@mail.sciencep.com

学生咨询：010-64014701　QQ：2862000482　zhangjianpeng@mail.sciencep.com